独自調査と徹底取材で導く

アフターコロナ時代の働き方

テレワーク大全

日経BP 総合研究所 イノベーションICTラボ

日経BP

はじめに

人命は地球より重い――。四十三年前の一九七七年、当時の福田赳夫首相はこう述べた。日本航空機が日本赤軍にハイジャックされた事件で、犯人グループの求めに応じて身代金の支払いと拘置・服役中の政治犯などの引き渡しを決めた際の発言である。

そして二〇二〇年の今。新型コロナウイルスの感染が広がる非常事態にもかかわらず、定例会議のために出社を強いられる人がいる。感染すれば命にかかわる恐れがあるのに、交通費の精算や書類にハンコを押すために会社に向かわなければならない人がいる。人命は地球どころか定例会議より軽いのだろうかと、切ない気持ちになる。

なぜそんなことが起こるのか。それは出社しないと仕事が回らないからだ。もちろん緊急事態であっても、会社に行かなければならないことはある。会社でしかできない仕事もある。でも、自宅でこなせる作業だってあるはずだ。一人で臨む業務はもちろん、Ｗｅｂ会議などのＩＴツールを駆使すれば複数のメンバーによる会議や共同作業だってできる。史上最大とも言える危機に直面する今こそ、私たちは本気でテレワークに取り組まなければならない。

ここで言うテレワークとは、単に「社外で仕事をする行為」を指すのではない。その本質はデジタル時代にふさわしい新たな仕事の進め方を見つけ出して、実践するところにある。

では、どうすればテレワークをうまく導入できるのか。注意点は何か。作業効率を上げるポイントはどこにあるのか。そのような疑問に答え、テレワークに関する困りごとを解決するのが本書である。

第1章は「調査編」として、テレワークに悩むビジネスパーソンの実態を独自調査で浮き彫りにした。第2章の「導入編」はテレワークに必要なITツールや情報セキュリティー対策、就業規則の見直し方をまとめた。第3章は「活用編」として、多くの人や企業が直面する二十の問題とその解決策を示した。第4章の「事例編」はテレワークを使いこなす企業の実例集だ。第5章の「発展編」はITツールの「ビジネスチャット」を駆使した業務改革の進め方を探っている。第6章は「資料編」として、政府や自治体などの助成金をはじめとするお役立ち情報を集めた。

経済同友会の桜田謙悟代表幹事は二〇二〇年三月末の記者会見で、「危機をチャンスに」と述べたうえで、「持続可能な将来に向けた日本をつくるための投資」として「テレワークを進めるための投資」を例示した。さらに「未来志向の投資を今こそやるべきだ」と訴えた。その通りである。本書が未来志向のデジタル投資につながり、多くの人たちのワークスタイルを変え、企業活動の継続性を強化する手助けとなれば幸いである。

二〇二〇年六月

日経ＢＰ 総合研究所 イノベーションＩＣＴラボ 上席研究員
大和田 尚孝

目次

「テレワーク大全」はじめに …… 2

第1章 調査編
三千人が明かすテレワークの実態 …… 9
緊急事態宣言の後、七割超がテレワーク …… 11
テレワークできる仕事の割合は？ …… 20
生産性、「下がった」が六割以上 …… 26
テレワーク利用を阻害する五大要因 …… 34

第2章 導入編
テレワークの基本と準備 …… 41
必須アイテムその一、ノートパソコン …… 43

必須アイテムその二、Wi-Fiルーター……46
必須アイテムその三、インターネット回線……52
必須アイテムその四、Web会議ソフト……55
必須アイテムその五、ビジネスチャット……59
こだわりアイテムその一、デスクと椅子……63
こだわりアイテムその二、モニター……67
こだわりアイテムその三、マイクとヘッドホン……70
まだある、意外なお役立ちアイテム……74
知っておきたい情報漏洩対策の基本……77
就業規則の見直し方と運用ルールの設け方……84

第3章 活用編

二十の問題はこう解決する

……91
問題その一、しーんと静まりかえるWeb会議……93
問題その二、父のお腹がWeb会議の背景に映り込む……99

問題その三、すっぴんだからWeb会議に出られない……101
問題その四、テレビ・家族・菓子の「誘惑」が次々と……104
問題その五、上司が仕事の邪魔をする……107
問題その六、肩こり腰痛がつらすぎる……111
問題その七、紙の書類とハンコを無くせない……118
問題その八、勤務とサボりの区別が付かない……125
問題その九、知らずに法律違反……131
問題その十、組織の分裂を招く「テレワーク差別」……137
問題その十一、IT部門に迫る「ひとり情シス化」リスク……142
問題その十二、自宅の電気代に悲鳴……145
問題その十三、私物スマホの「ギガ」不足が露呈……148
問題その十四、「使いにくい」と不満が噴出……151
問題その十五、導入したいけどお金がない……158
問題その十六、「VPN渋滞」が日本中で発生……163
問題その十七、通信トラブルとクラウド障害が襲う……167
問題その十八、便乗サイバー攻撃で情報ダダ漏れの悪夢……172

問題その十九、プリンターが壊れた……181
問題その二十、最大の阻害要因は経営者だ……185

第4章 事例編

先行七社の奮闘に学ぶ

先行七社の奮闘に学ぶ……189
さくらインターネット、いち早く出社禁止を決断……191
GMOインターネットグループ、ハンコ撤廃へ……195
塩野義製薬、領収書の電子化を断行……199
日清食品、年間労働時間を半月分減らした秘策……203
向洋電機土木、テレワークで売り上げ倍増……209
アフラック生命保険、アジャイル型改革に挑む……216
キユーピー、「おいしい」働き方改革で成果……222

第5章 発展編
ビジネスチャットで業務改革 229
全社利用が効果発揮の第一歩 231
検討と導入は「小さく素早く」 239
システム連携で効果倍増 245
AIとビジネスチャットは「名コンビ」 252
セキュリティーもメールに勝る 259
第6章 資料編
助成金とガイドライン 267
政府・自治体の助成金と支援策 269
導入マニュアルとガイドライン 280
おわりに 285

第1章

三千人が明かすテレワークの実態

調査編

緊急事態宣言が出された二〇二〇年四月七日の後、テレワークへのシフトはどれくらい進んだのか。実態を把握するために、本書は経営幹部を含むビジネスパーソン三千十六人に緊急調査を実施した。テレワークの利用率、人気のＩＣＴツール、業務の生産性、阻害要因――。三千人調査によって判明した事実を押さえることは、「Ｗｉｔｈ／アフターコロナ時代」に取り組むべき働き方改革への第一歩となる。

緊急事態宣言の後、七割超がテレワーク

新型コロナウイルス感染拡大を防ぐ手段として、ICT（情報通信技術）を活用したテレワークが注目されている。その実態を調査・分析するため、日経BP総合研究所 イノベーションICTラボは日経BPのデジタルメディアの読者・会員を対象に「新型コロナ対策テレワーク実態調査」を実施した。

調査期間は二〇二〇年四月十三～十九日。政府が七都府県で緊急事態宣言を発令した四月七日のおよそ一週間後である。インターネットを通じてアンケートを行い、二千九百十七件の有効回答を得た。回答者の勤務先業種は、「製造」（四割）と「情報・通信サービス」（三割）の二つが大半を占めた。

まずはテレワークの利用実態から見てみよう。この調査では、「（直近の1週間もしくは1カ月間について）あなたはテレワークを利用して、職場以外でどの程度の頻度で働いていますか」と質問した。その結果、「テレワークを利用している」は約七十五％、「利用していない」は約二十五％だった。

内訳を見ると、「週5日以上利用」が四十二・九％で最も多く、それに「週3～4日利用」（二十一％）、「週1～2日利用」（十・一％）が続く。これに対し、「利用していないが、今後利用する予定」は十・八％、「利用していないし、今後も利用する予定はない」は十三・五％である。

テレワーク利用率

あなたはテレワークを利用して、職場以外でどの程度の頻度で働いていますか。（直近の１週間もしくは１カ月間について。最も近いものをひとつだけ）

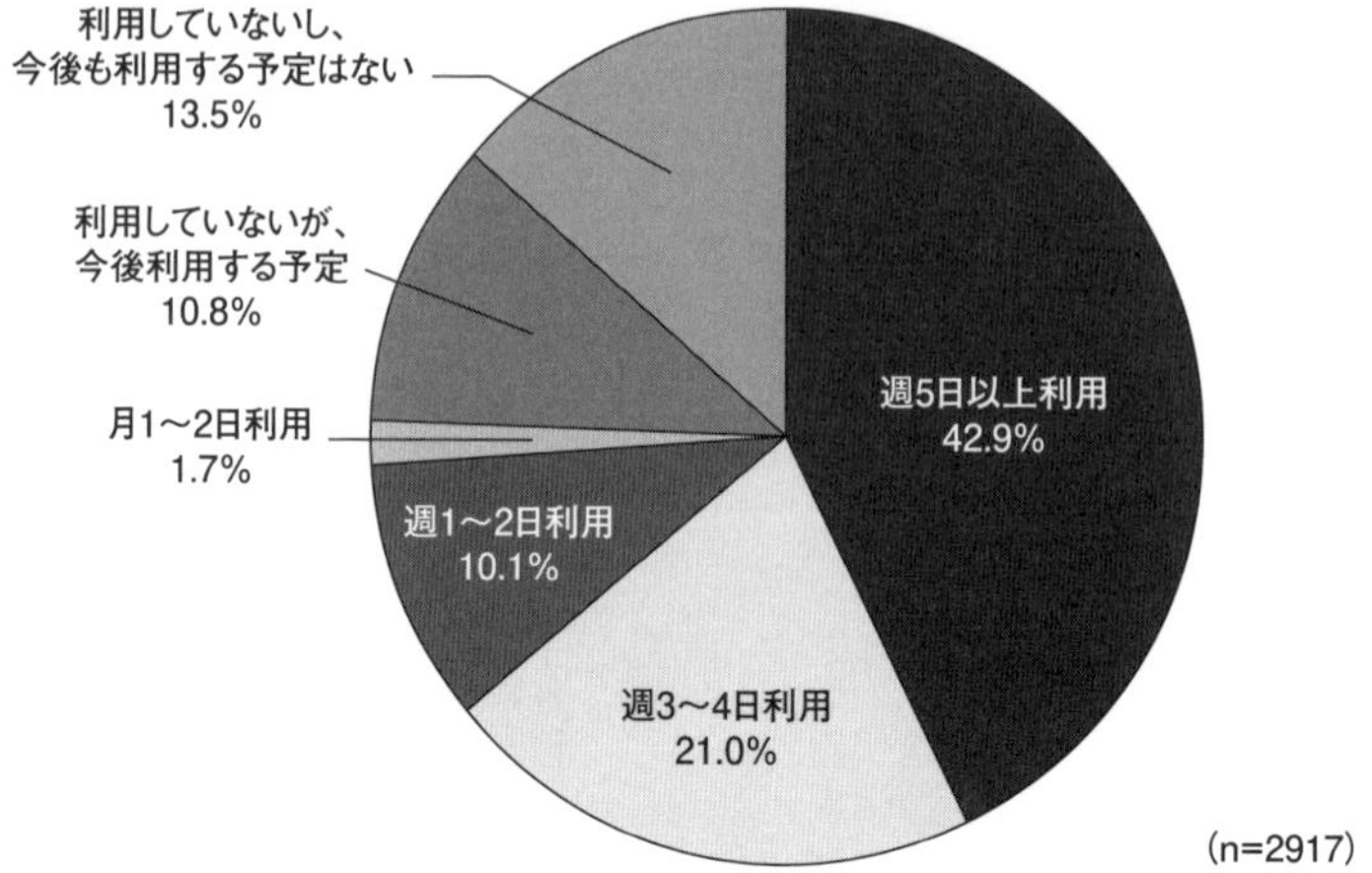

ＤＸ推進リーダーの利用率は九割強

企業でデジタル化を推進するリーダー層は、どれくらいテレワークを利用しているのだろうか。こうした素朴な疑問を解き明かすため、日本を代表するＣＩＯ（最高情報責任者）やＣＤＯ（最高デジタル責任者）、ＣＭＯ（最高マーケティング責任者）などＤＸ（デジタルトランスフォーメーション）推進リーダー約百人を対象に、同一の調査を別途行った。その対象は日経ＢＰ総研 イノベーションＩＣＴラボが運営する会員組織「ＩＴイノベーターズ」のエグゼクティブメンバー（幹事会員）である。

「あなたはテレワークを利用して、職場以外でどの程度の頻度で働いていますか」という問いに対して、「利用している」が九割以上を占めた（有効回答数は九十九件）。なかでも、「週5日以上利用」が半数近くであることが目を引く。

ほぼ毎日のようにテレワークを利用しているデ

テレワーク利用率（IT イノベーターズ*の幹事会員のみ）

あなたはテレワークを利用して、職場以外でどの程度の頻度で働いていますか。（直近の１週間もしくは１カ月間について。最も近いものをひとつだけ）

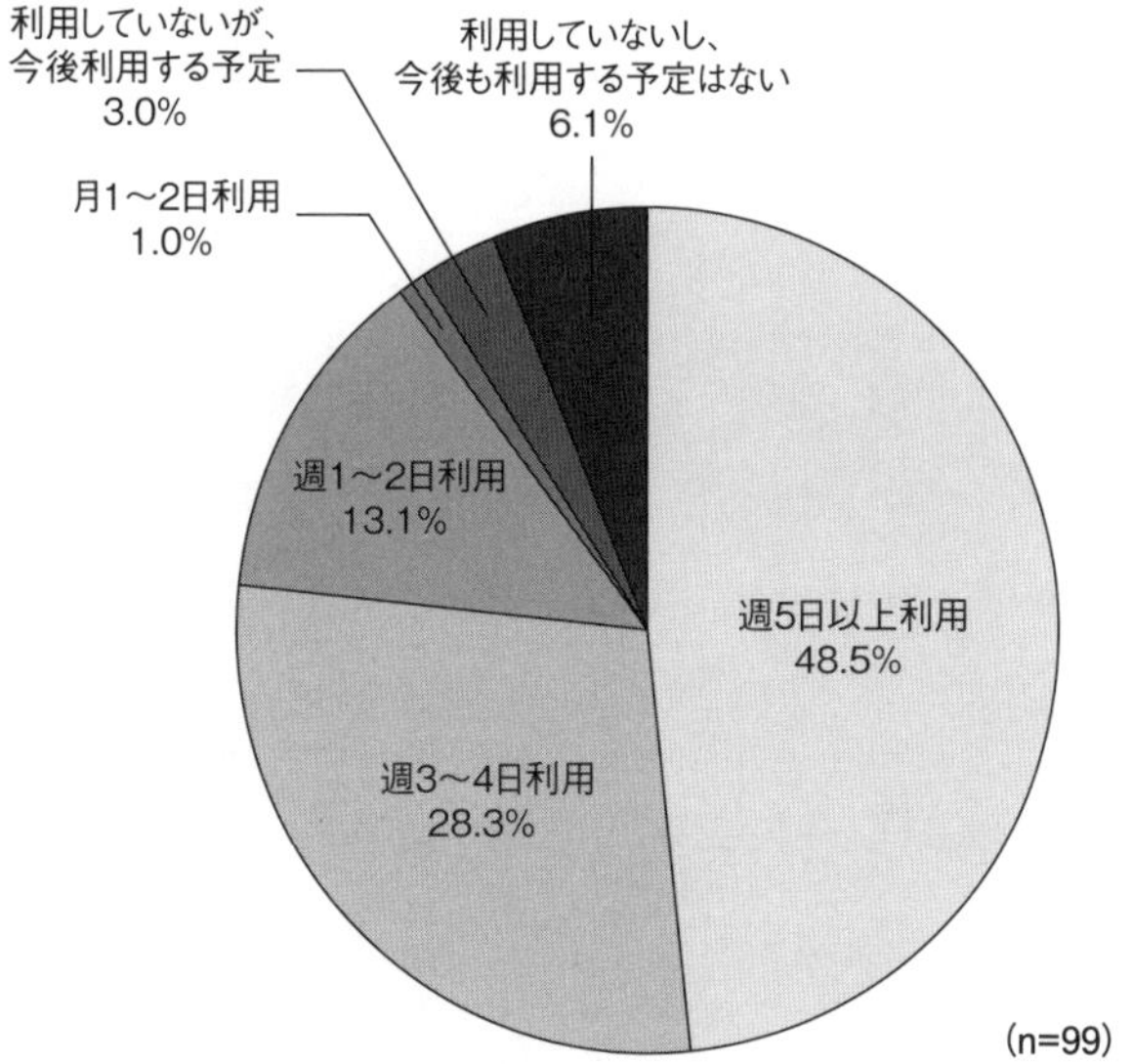

＊ IT イノベーターズ：日本を代表する DX（デジタルトランスフォーメーション）推進リーダー約 100 人で構成される有識者会議体。日経 BP 総合研究所 イノベーション ICT ラボが運営。活動に関する詳細は、https://project.nikkeibp.co.jp/iti/

ジタル変革リーダー（ＩＴイノベーターズの幹事会員）からは、昨今のテレワーク事情について様々な意見が寄せられた。「人事部門が、組合員の労務管理の問題で在宅勤務の推進を渋っていたが、今回の件でテレワークが一気に進んだ」。大手製造業のＣＩＯはこう打ち明ける。大手食品メーカーのＣＭＯは、「部門長として、テレワークを強力に推進している。コロナ後も働き方改革の一環として、継続的にテレワークを活用していく」と意気込む。

　大手金融機関のＣＩＯは、「全社員が三週間程度でテレワークに慣れ、業務にほとんど支障はない。むしろ、『不要不急』の会議が減り、生産性やワークライフバランスは大幅に改善している」と打ち明ける。さらに、「我々がこれから試されるのは、新型コロナウイルスの影響が収束し、日常に戻った時。今起こっていることを学びとし、いかに行動を変容させていけるかどうかが問われる。私自身、自分の役員室は不要と感じている。週二回くらいのテレワークは、平時に戻った後も、率先垂範として継続していきたい」と続ける。

建設と流通・物流・運輸は利用率が低い

全体調査の結果に話を戻す。新型コロナ対策テレワーク実態調査（以下、全体調査）では、業種別のテレワークの利用状況を調べた。その結果、テレワーク利用が進んでいるのが、「情報・通信サービス」と「金融」であることが分かった。いずれも、「週5日以上利用」が半数以上を占める。それらに「製造」が続く。製造業でテレワークを利用している（「週5日以上」「週3〜4日利用」「週1〜2日利用」「月1〜2日利用」を合算、以下同）割合は、約七十五％である。

一方、相対的にテレワーク利用が進んでいないのが、「建設」と「流通・物流・運輸」だ。建設については「週5日以上」の割合が二十三・一％でほかの業種に比べて最も低い。利用している割合を見ても約六十％だった。建設現場の作業従事者は現場で働くしかなく、テレワーク利用が不可能であることなどから、このような結果になったとみられる。

「頼むから在宅勤務にして」建設現場の叫び

新型コロナウイルスへの感染を恐れて、建設業の回答者からは、自由意見欄に悲痛な叫びともいえる

業種別に見たテレワーク利用状況

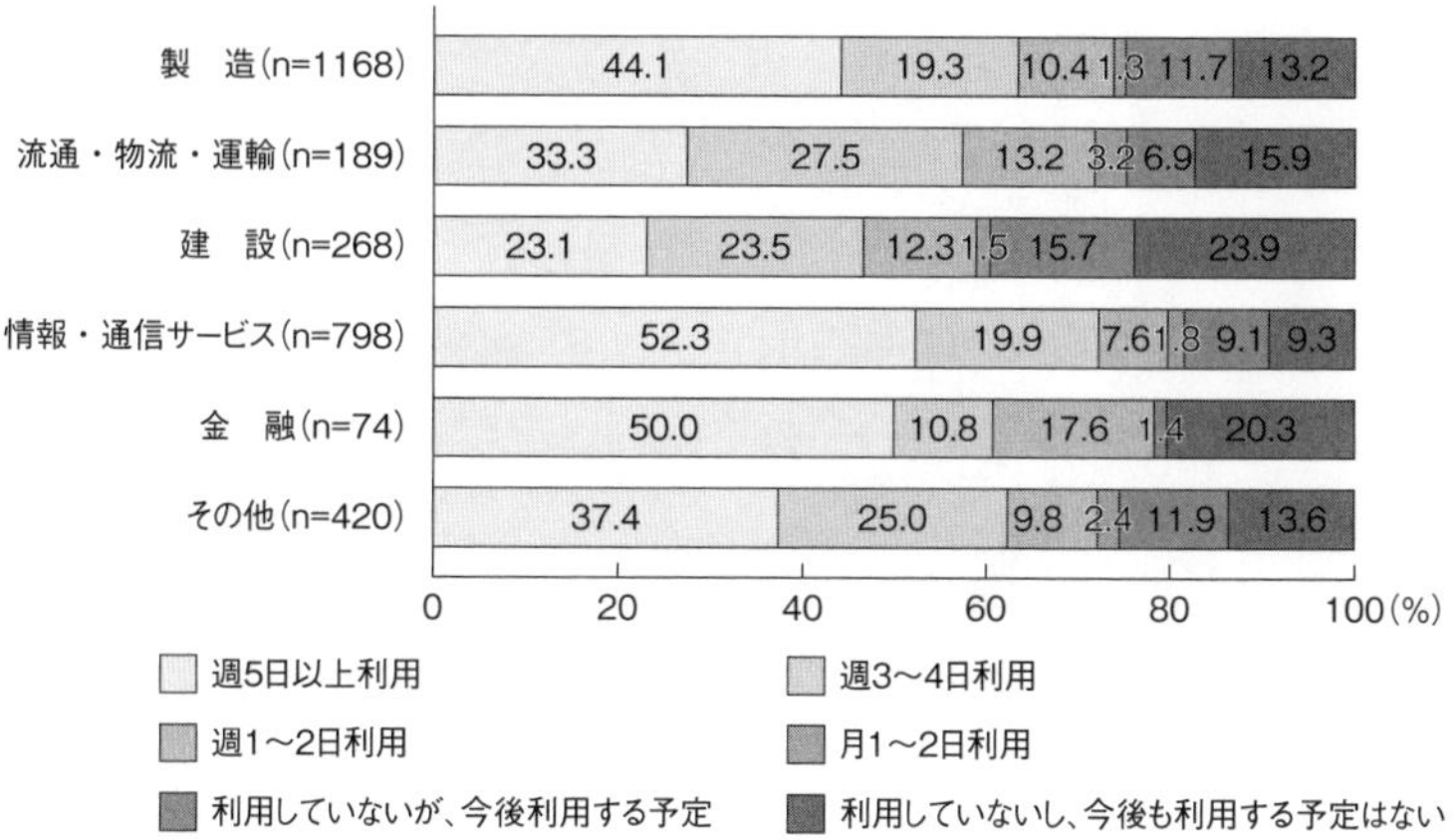

書き込みがいくつも寄せられた。建設業の課長クラスは、「会社は人材を守ってくれない。俺たちは捨て駒、まるで特攻隊のようだ。頼むから仕事を在宅勤務にしてほしい」と悲鳴を上げる。「建設業は発注者が止めなければ業務は止まらない。現場工事を止めるよう要請してほしい」。建設業の経営幹部はこう訴える。

流通・物流・運輸は、「週5日以上」が三十三・三％と建設の次に低かった。利用している割合は約七十七％で、製造とほぼ同じだった。

流通・物流・運輸については、モノ（現物）を扱う業務が比較的多く、そこでのテレワーク利用は難しい。「本部系の仕事（人事・企画・業務・経理など）は、テレワーク利用が比較的進んでいるが、現場（物流）は毎日の業務を止められないため、テレワークの導入がなかなか進まない」（物流・運輸サービス、経営・企画、部長クラス）。さらに、「大半の社員は店舗で接客を伴う業務があるため、テレワークが不可能」（小売業、経営・企画、課長クラス）という声もある。

利用率の低さが目立つ、生産・物流業務

テレワーク利用率の違いを、業務別に見てみよう。「生産・物流」業務のテレワーク利用率の低さが、目を引く。

生産・物流のテレワーク利用率は約五十三％である。「利用していないし、今後も利用する予定はない」が三十八・四％で、他の業務に比べて圧倒的に多い。製造業の生産・物流部門に所属する回答者からは、「工場の生産現場の仕事は現地現物主義なのでテレワークは不可能」といった内容の意見が多く寄せられた。

「週5日以上利用」の割合が多かったのは、「営業・販売」「人事・総務・経理・マーケティング」「経営・企画」「研究・開発」「その他」「情報システム」の順である。営業・販売と人事・総務・経理・マーケティングについては、「週5日以上利用」が約半数という結果となった。

企業の規模（従業員数）別のテレワーク利用状況は分かりやすい結果となった。規模が大きいほど、テレワーク利用が進んでいる。

「特大規模（5000人以上）」の場合、テレワークを利用している割合は八十六・〇％で、最も多かった。「大規模（1000人～4999人）」は七十七・〇％、「中規模（300人～999人）」は七十二・三％、「小規模（299人以下）」は六十七・二％である。小規模な企業ほどテレワーク活用が相対的に進んでいないという課題が改めて浮き彫りになった。

担当業務別に見たテレワーク利用状況

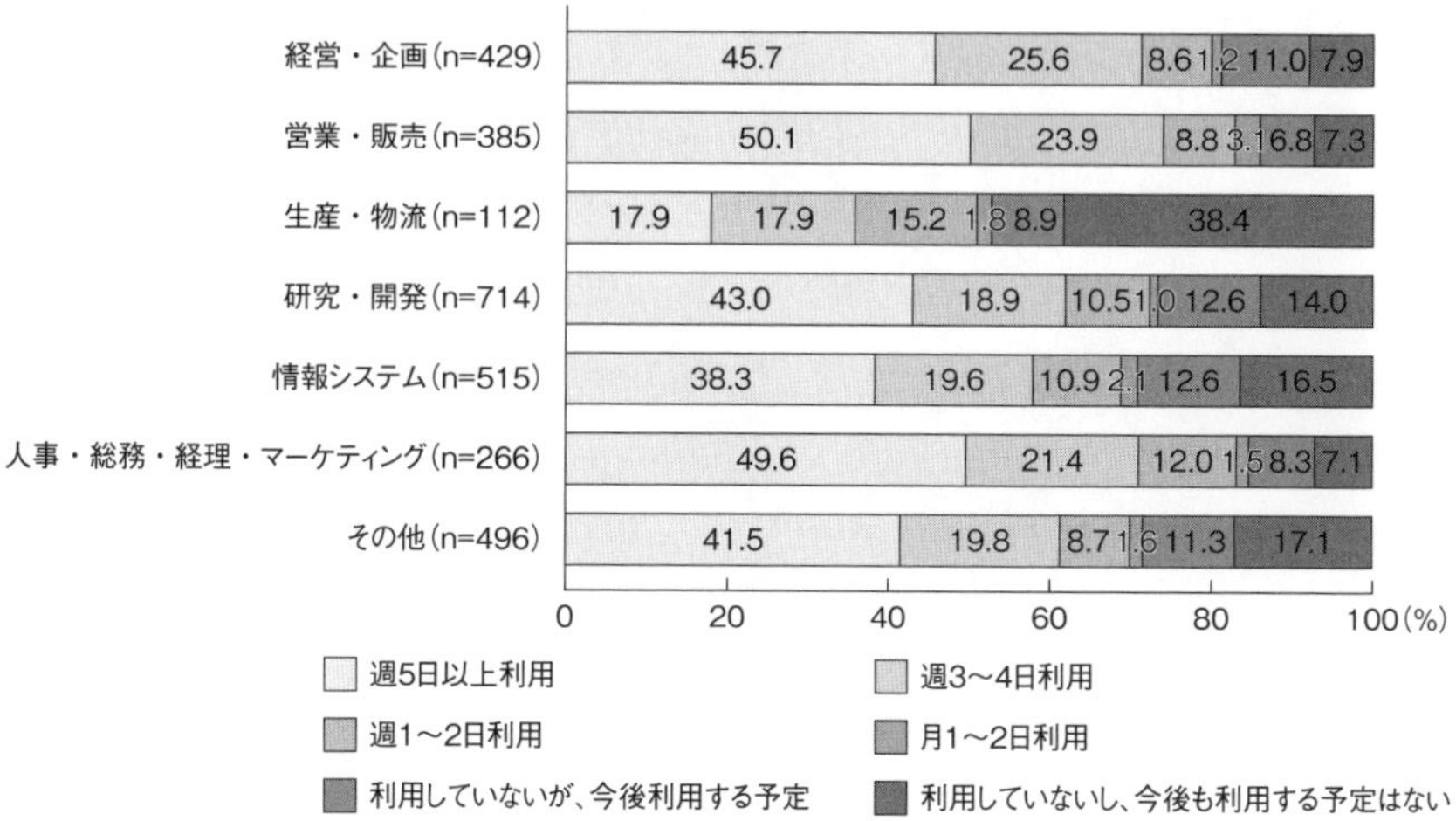
経営・企画(n=429)
営業・販売(n=385)
生産・物流(n=112)
研究・開発(n=714)
情報システム(n=515)
人事・総務・経理・マーケティング(n=266)
その他(n=496)
45.7 25.6 8.6 1.2 11.0 7.9
50.1 23.9 8.8 3.1 6.8 7.3
17.9 17.9 15.2 1.8 8.9 38.4
43.0 18.9 10.5 1.0 12.6 14.0
38.3 19.6 10.9 2.1 12.6 16.5
49.6 21.4 12.0 1.5 8.3 7.1
41.5 19.8 8.7 1.6 11.3 17.1
0 20 40 60 80 100(%)
週5日以上利用
週3〜4日利用
週1〜2日利用
月1〜2日利用
利用していないが、今後利用する予定
利用していないし、今後も利用する予定はない

企業規模(従業員数)別に見たテレワーク利用状況

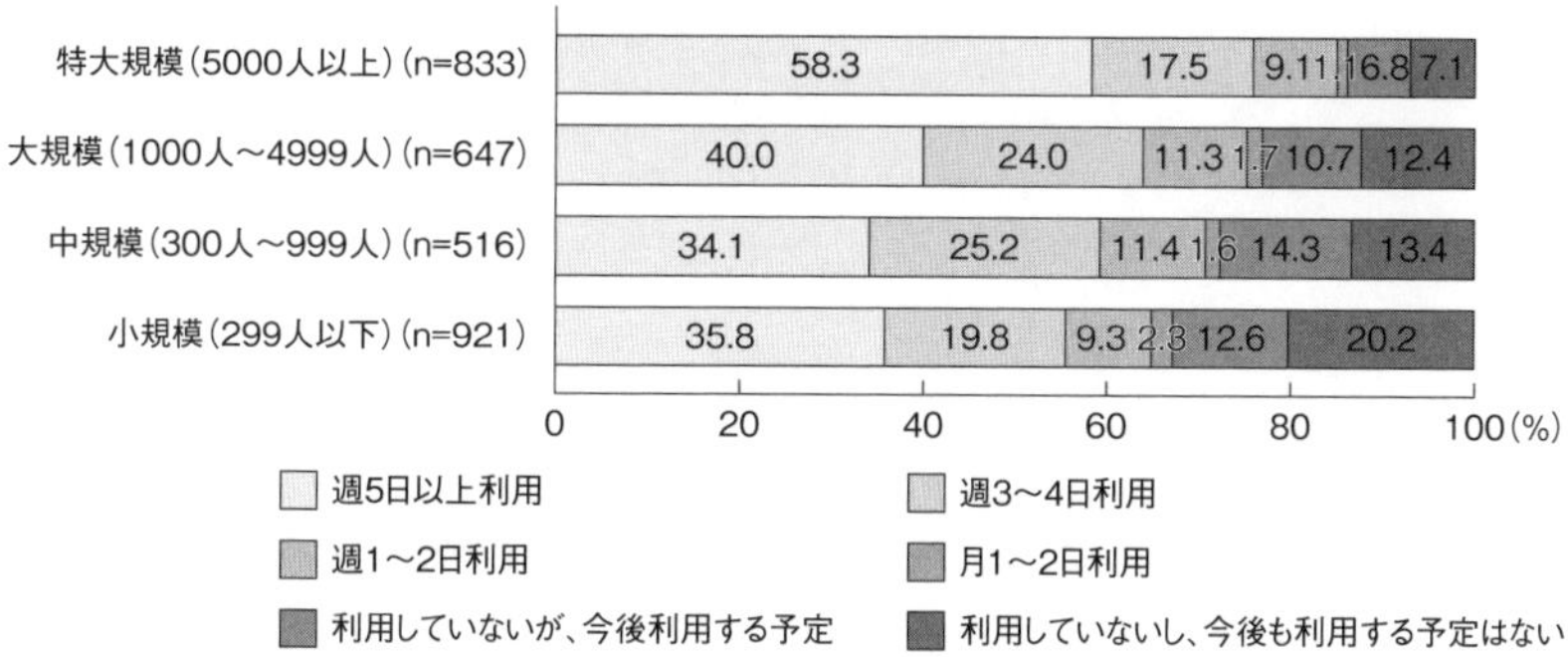
特大規模(5000人以上)(n=833)
大規模(1000人〜4999人)(n=647)
中規模(300人〜999人)(n=516)
小規模(299人以下)(n=921)
58.3 17.5 9.1 1. 6.8 7.1
40.0 24.0 11.3 1.7 10.7 12.4
34.1 25.2 11.4 1.6 14.3 13.4
35.8 19.8 9.3 2.3 12.6 20.2
0 20 40 60 80 100(%)
週5日以上利用
週3〜4日利用
週1〜2日利用
月1〜2日利用
利用していないが、今後利用する予定
利用していないし、今後も利用する予定はない

頻繁に活用する、テレワーク三種の神器とは

テレワークの三種の神器は、「勤務先支給のノートパソコン」「電子メール・グループウエア」「Web会議／テレビ会議システム」といえそうだ。「あなたがテレワークする際、最近1カ月で頻繁に活用しているICTツールは何ですか」との質問に対し、これら三つがそれぞれ七割以上の回答を集めた。

これら以外で多かった回答は二つある。社外から勤務先のネットワークに接続するために利用する「VPN（バーチャル・プライベート・ネットワーク、仮想私設網）」と、「ビジネスチャット」である。ツールの詳細については第2章以降で改めて説明する。

テレワークを利用する際、個人所有物を活用する頻度は相対的に低いことが分かった。「個人所有のパソコン」や「個人所有のスマートフォン」を利用している割合は三割以下である。また「勤務先支給のタブレット」と「個人所有のタブレット」は、ともに一割以下だった。テレワークでのタブレット利用度は相対的に低い。

テレワーク時に頻繁に活用しているICTツール（複数回答可）

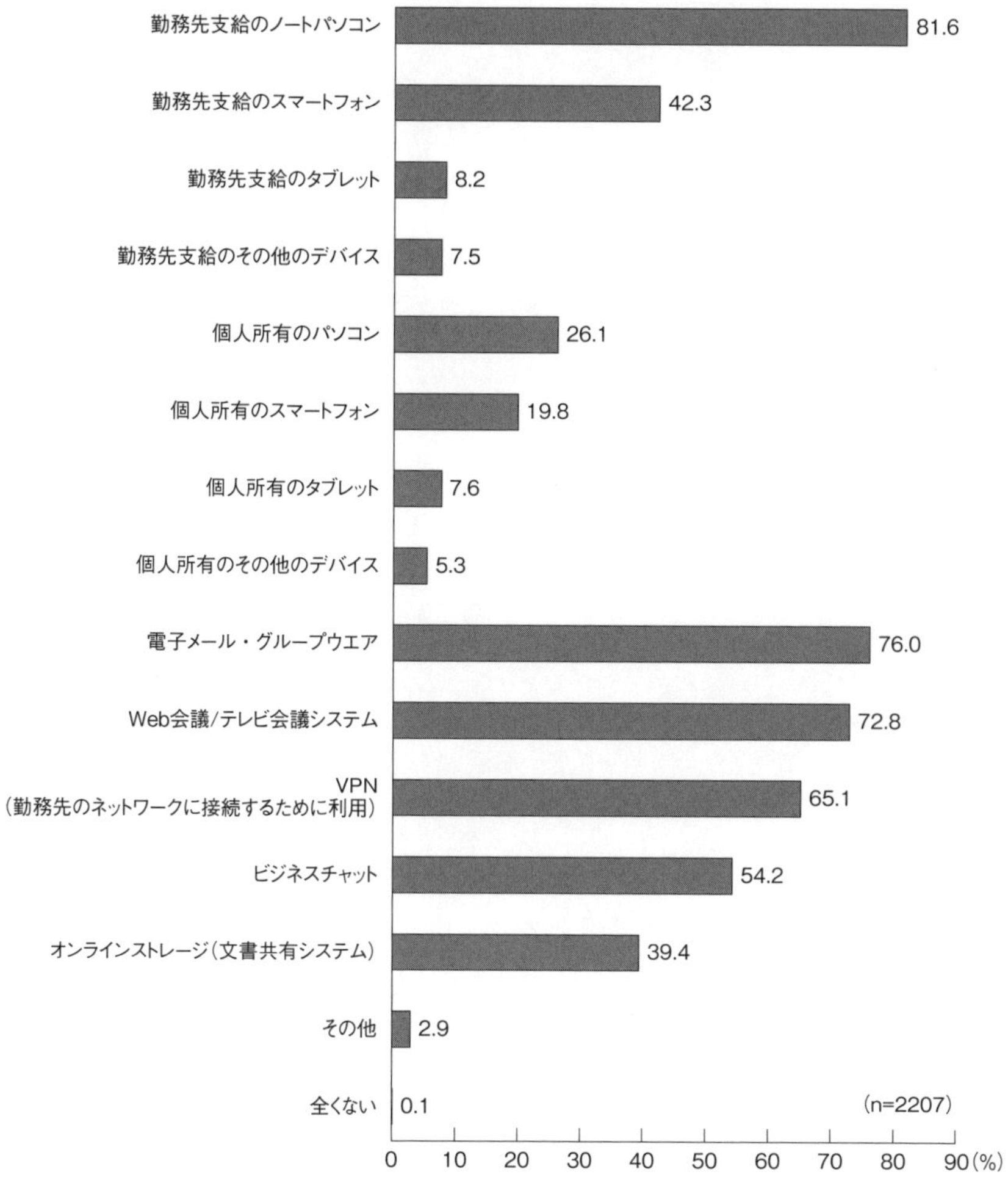

テレワークできる仕事の割合は？

テレワーク利用が不可能な仕事について、「テレワークせよ」と呼びかけても意味がない。とはいえ、「テレワーク利用が可能であるにもかかわらず、実践していない」とすれば問題である。新型コロナウイルス感染拡大の防止が難しくなるだけでなく、「アフターコロナ」の時代でも通用する生産性の高い働き方を推進できないからだ。

そもそも、ビジネスパーソン一人ひとりが担当する業務のうち、テレワークを利用できる仕事の比率はどれくらいなのだろうか。この調査では、「あなたが担当している業務のうち『テレワークを利用できる（テレワークでも、職場とほぼ同じレベルで仕事を遂行できる）』割合はどれくらいですか」と質問した。

その結果、「仕事の半分以上でテレワーク可能」という回答者が八十％以上を占めた。内訳は「8割以上（ほぼ全ての業務でテレワーク可能）」が四十五・五％で半数近くである。「5割以上8割未満（業務の半分以上でテレワーク可能）」が三十五・八％だった。

一方、「2割以上5割未満（業務の半分以上でテレワーク不可能）」は十一・三％、「2割未満（ほぼ全ての業務でテレワーク不可能）」は六・五％である。

テレワーク利用が困難な業務としては、研究・開発や物流などの現場がある。例えば、「研究・開発

担当業務に関して、テレワークを利用できる仕事の割合

あなたが担当している業務のうち「テレワークを利用できる（テレワークでも、職場とほぼ同じレベルで仕事を遂行できる）」割合はどれくらいですか。（最も近いものをひとつだけ）

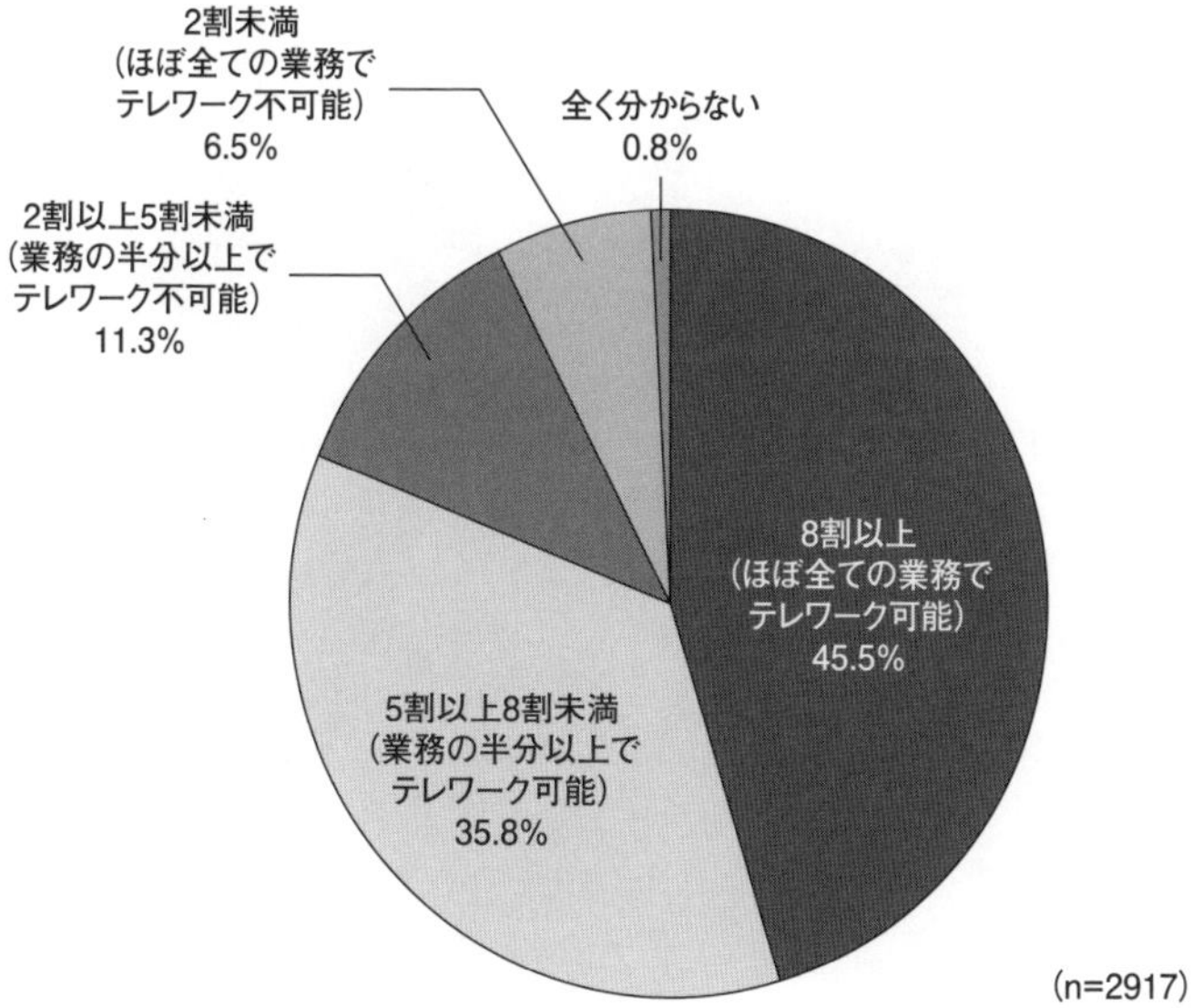

部門など試験装置を扱う業務については、出社しなければ試験を進められない。試験データをまとめる仕事くらいは、テレワークでできるのだが…」（製造、研究・開発、一般社員）といった声があった。

ＩＴイノベーターズ調査の結果を見ると、「仕事の半分以上でテレワーク可能」という回答者が九十五％だった。内訳は「8割以上（テレワーク可能業務のほとんどでテレワークを実施）」が六十一・七％で、「5割以上8割未満（テレワーク可能業務の半分以上でテレワークを実施）」が三十三・三％である。

「ほとんどで実施」が四割強

今の質問は回答者一人ひとりが担当する仕事について聞いたものだ。そこで、

所属部署に関して、テレワーク可能な業務でテレワークを実施している割合

あなたが所属している部署において、「テレワークを利用できる（テレワークでも、職場とほぼ同じレベルで仕事を遂行できる）」業務に対して、実際にテレワークを利用している割合はどれくらいですか。（最も近いものをひとつだけ）

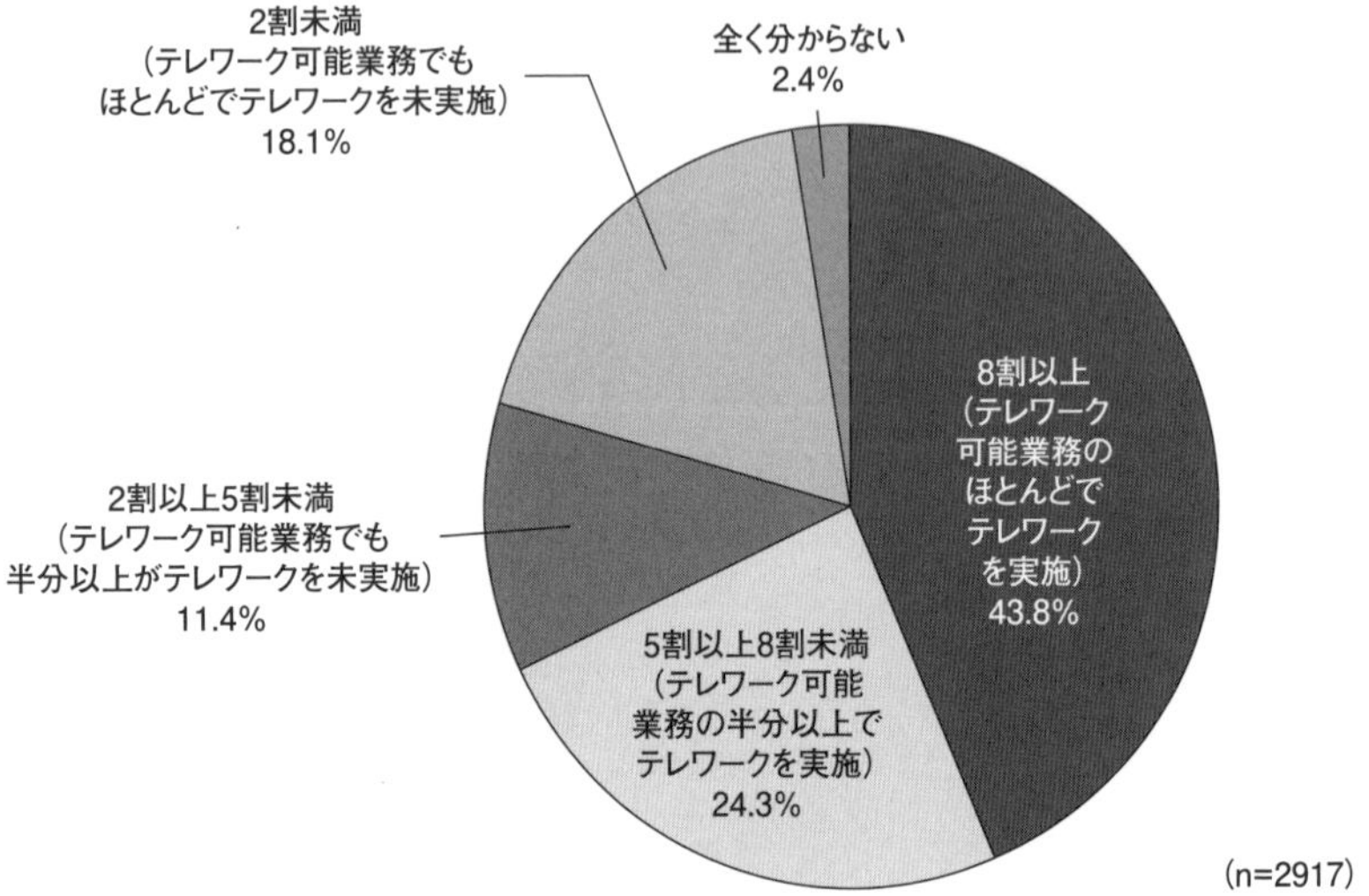

次は回答者が所属する部署の仕事について聞いてみた。具体的には「あなたが所属している部署において、『テレワークを利用できる（テレワークでも、職場とほぼ同じレベルで仕事を遂行できる）』業務に対して、実際にテレワークを利用している割合はどれくらいですか」と尋ねた。

全体調査の結果を見る限り、テレワーク可能な業務については、まずまずテレワークを利用していることが分かった。「8割以上（テレワーク可能業務のほとんどでテレワークを実施）」が四十三・八%、「5割以上8割未満（テレワーク可能業務の半分以上でテレワークを実施）」が二十四・三%である。

テレワーク可能業務なのにテレワークが進んでいない比率は、およそ三割だった。内訳は「2割以上5割未満（テレワーク可

能業務でも半分以上がテレワークを未実施)」(十一・四%)と「2割未満(テレワーク可能業務でもほとんどでテレワークを未実施)」(十八・一%)である。

ITイノベーターズ調査の結果を見てみると、全体調査の結果と比べて、テレワーク可能な業務でのテレワーク利用が進んでいることが分かった。「8割以上(テレワーク可能業務のほとんどでテレワークを実施)」が六十・五%で半数以上、「5割以上8割未満(テレワーク可能業務の半分以上でテレワークを実施)」が二十六・三%である。

テレワークを利用していない、その理由

ここで再び全体調査の結果に話を戻そう。緊急事態宣言が出ようとも、テレワークを利用していないビジネスパーソンは一定数実在する。先に示したとおり、「利用していないが、今後利用する予定」は十・八%、「利用していないし、今後も利用する予定はない」は十三・五%だった。

これらテレワークを利用していない回答者に対して、「あなたがテレワークを利用していない理由は何ですか」と質問した。

全体調査の結果を見ると、「勤務先(または派遣・常駐先)がテレワークに必要なITシステムを整えていない(または、必要な機器を支給していない)」と「勤務先(または派遣・常駐先)がテレワーク制度を導入していない」の二つが突出して多かった。ITツールや制度の導入遅れがテレワークの妨げになっていると言えそうだ。

それらに続いて多かったのは、「そもそも担当している業務はテレワークに適さないから」「勤務先で

テレワークを利用していない理由（複数回答可）

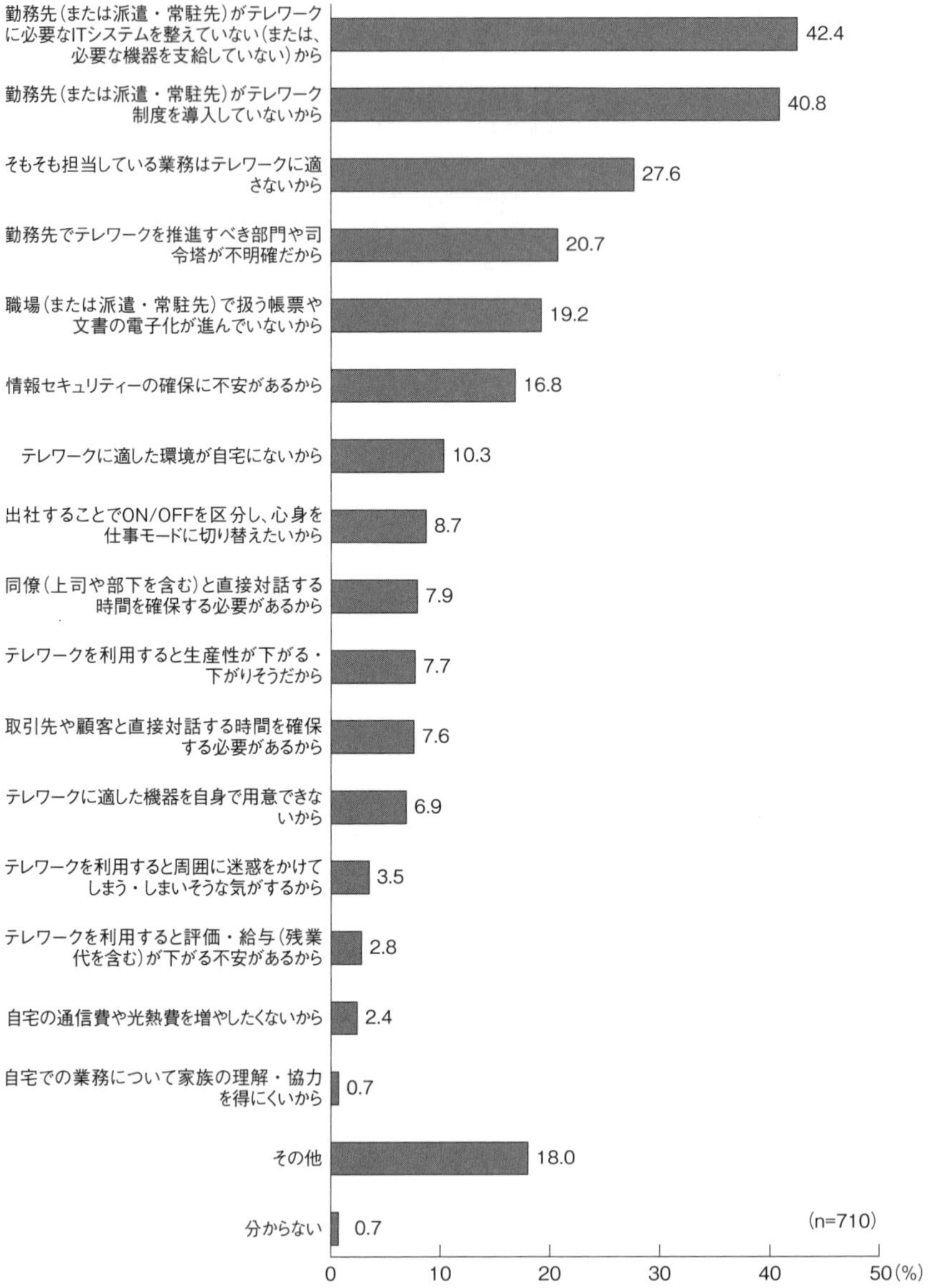
勤務先（または派遣・常駐先）がテレワークに必要なITシステムを整えていない（または、必要な機器を支給していない）から
42.4
勤務先（または派遣・常駐先）がテレワーク制度を導入していないから
40.8
そもそも担当している業務はテレワークに適さないから
27.6
勤務先でテレワークを推進すべき部門や司令塔が不明確だから
20.7
職場（または派遣・常駐先）で扱う帳票や文書の電子化が進んでいないから
19.2
情報セキュリティーの確保に不安があるから
16.8
テレワークに適した環境が自宅にないから
10.3
出社することでON/OFFを区分し、心身を仕事モードに切り替えたいから
8.7
同僚（上司や部下を含む）と直接対話する時間を確保する必要があるから
7.9
テレワークを利用すると生産性が下がる・下がりそうだから
7.7
取引先や顧客と直接対話する時間を確保する必要があるから
7.6
テレワークに適した機器を自身で用意できないから
6.9
テレワークを利用すると周囲に迷惑をかけてしまう・しまいそうな気がするから
3.5
テレワークを利用すると評価・給与（残業代を含む）が下がる不安があるから
2.8
自宅の通信費や光熱費を増やしたくないから
2.4
自宅での業務について家族の理解・協力を得にくいから
0.7
その他
18.0
分からない
0.7
(n=710)
0
10
20
30
40
50(%)

テレワークを推進すべき部門や司令塔が不明確だから」「情報セキュリティーの確保に不安があるから」という理由である。

グラフを見ると、「その他」の多さも目に付く。その他の具体的な中身としては、「自宅と職場が極めて近く、通勤による感染リスクが低いから」「現時点で外出自粛要請対象都道府県ではないため」「経営者であるため」「管理職だから」といった内容が多かった。

生産性、「下がった」が六割以上

テレワークできっちりと仕事ができているのか。支障はないのか――。テレワーク利用時の業務の生産性を正しく把握することは、今後のテレワーク推進の指針作りに大いに役立つことだろう。

この調査では、「テレワークを利用している」という回答者に対して、「あなたのテレワーク利用による業務の生産性は、普段、職場で仕事に取り組む場合を100とした場合、どれくらいですか」と尋ねた。

全体的には、生産性が下がった（「80以上100未満」「60以上80未満」「40以上60未満」「20以上40未満」「20未満」を合算）という割合が六割以上となった。一方、テレワークによって業務の生産性が上がった（「120以上」と「100超120未満」）という割合は約十二％にとどまった。生産性の低下を実感する人が多い事実が改めて分かった。

より詳しく見てみる。最も多かったのは、「80以上100未満」（二十八・二％）である。それに「100（変わらない／同じ程度）」（二十四・八％）が続く。

「80以上100未満」を選択した回答者からは、「初めてテレワークを利用してみたところ、予想以上に業務を進めることができて、ほとんど支障がないことに驚いた」（製造、営業・販売、部長クラス）という意見が出た。東京五輪開催期間中の通勤難対策として、テレワークの準備を進めていた会社があ

テレワーク利用時の業務の生産性

あなたのテレワーク利用による業務の生産性は、普段、職場で仕事に取り組む場合を100とした場合、どれくらいですか。（最も近いものをひとつだけ）

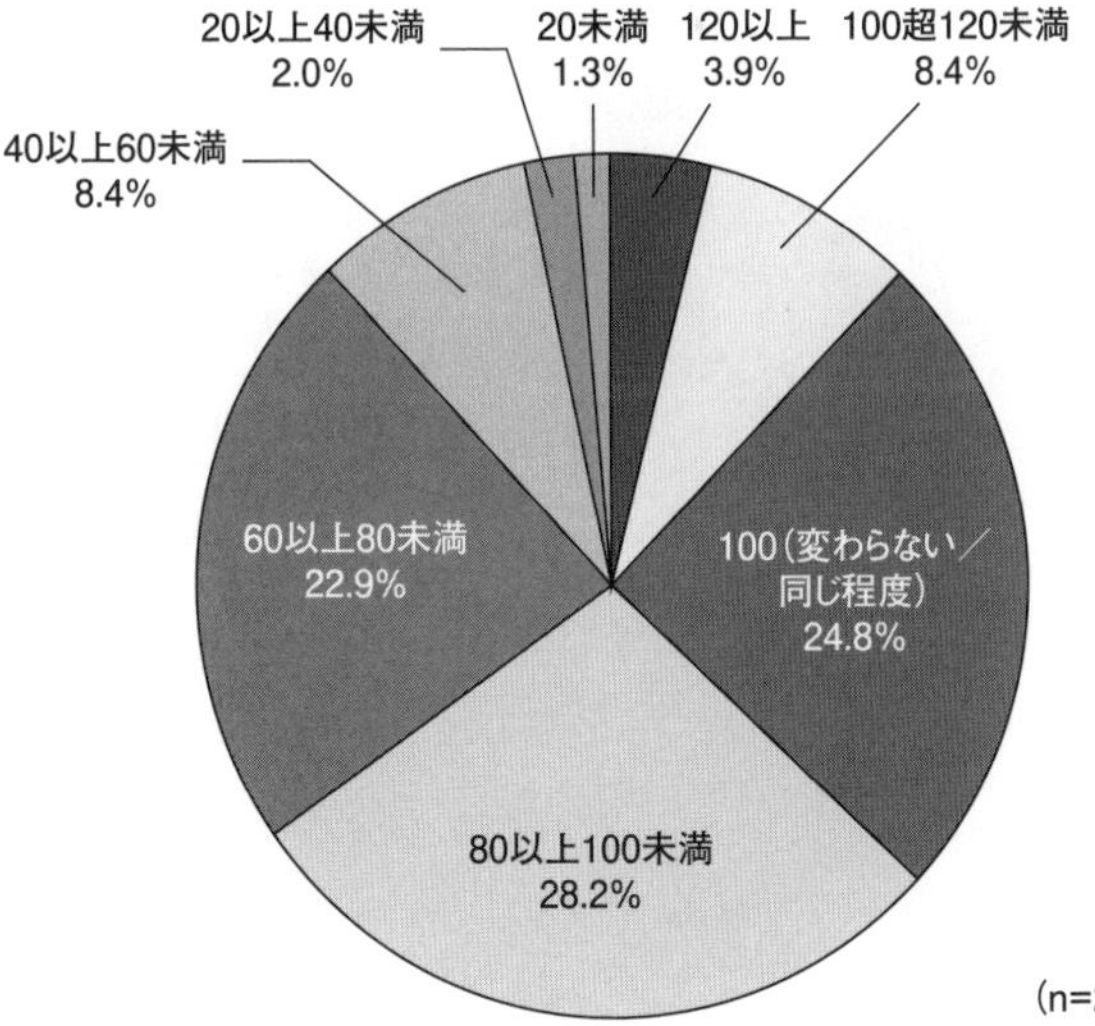

(n=2207)

り、それが功を奏したという意見も目立った。「東京オリンピック・パラリンピックに向けて、テレワーク環境を整備していたので、現状はスムーズに業務を継続できている」（製造、研究・開発、主任・係長クラス）。

中には手応えを感じている人もいるわけだ。生産性に悩む人はその差を認識したうえで、課題を見つけ出すところから臨みたい。

人事制度の再設計を

ＩＴイノベーターズ幹事会員のテレワーク生産性についてはどうか。円グラフに示したとおり、「１００（変わらない／同じ程度）」が三十七・八％で最も多い。次いで、「80以上１００未満」（二十二・二％）、「１００超１２０未満」（十

テレワーク利用時の業務の生産性（「IT イノベーターズ」の幹事会員のみ）

あなたのテレワーク利用による業務の生産性は、普段、職場で仕事に取り組む場合を100 とした場合、どれくらいですか。（最も近いものをひとつだけ）

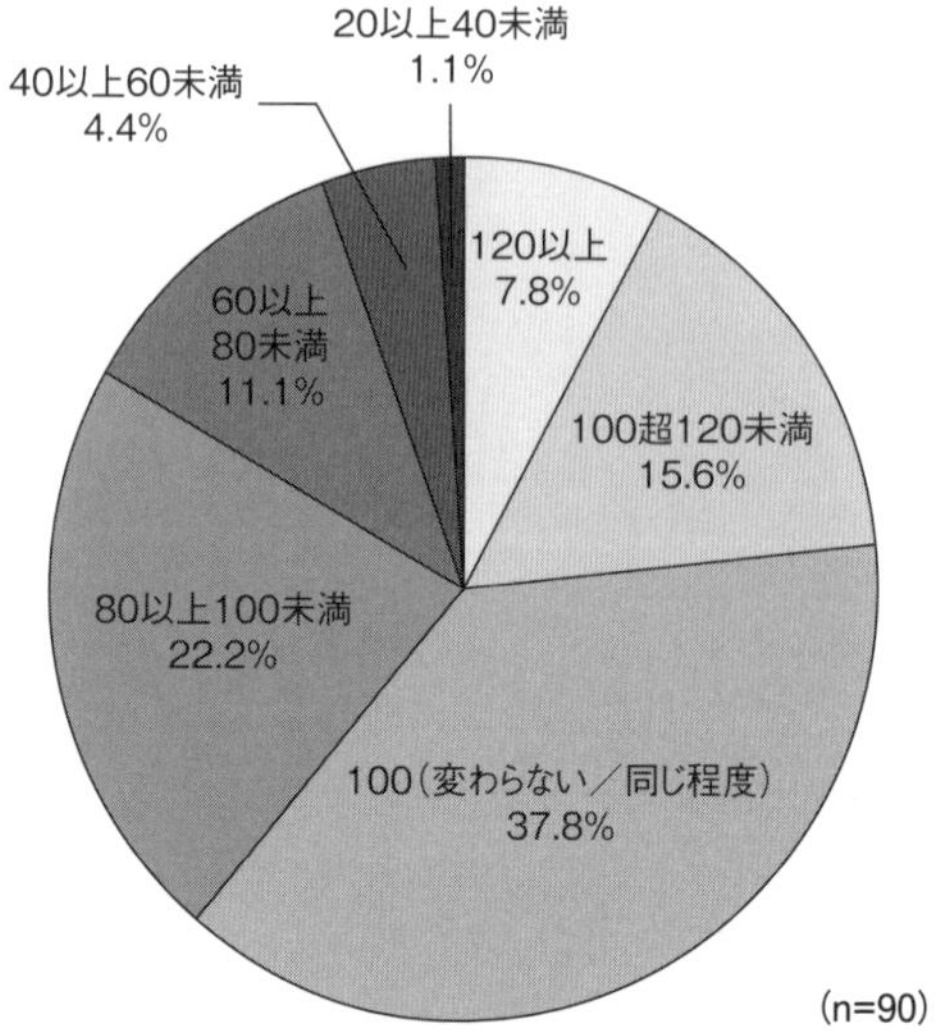

五・六％）、「60以上80未満」（十一・一％）、「120以上」（七・八％）という順だった。

テレワークによる業務の生産性に関して、ITイノベーターズ幹事会員から目を引く指摘があった。「従業員が自律性を持ち、業務進捗状況の可視化が進まない限り、テレワークによる業務の生産性を把握することは難しい」（医薬品メーカーのシステム部長）。

現状のテレワークが、在宅での勤務を余儀なくしているだけの状態になっていないか。これは、多くの企業にとって重要な課題である。

業務の可視化だけでなく、テレワークの生産性について議論するうえで、避けて通れないテーマがある。人事評価制度がそうだ。「テレワーク推進は、人事評価制度の見直しとセットで進めるべきである」。アンケートの自由意見欄には、このような趣旨の意見が多く集まった。

ＩＴイノベーターズの幹事会員からは、「テレワークが一気に進んだ今こそ、成果主義に移行すべきである」との意見が複数出た。大手メーカーのデジタル担当部門長は、「この機会に、人を管理するのではなく、仕事を管理する社会環境になるとよいと思う」と提案する。

いつどこで仕事をしようが問題にせず、成果や結果で評価する――。きっかけはさておき、テレワークが一気に進んだ今、Ｗｉｔｈ／アフターコロナ時代にふさわしい人事評価制度を再設計することが多くの企業に求められているのではないだろうか。

テレワークでの生産性が高い業種、低い業種

ここからは、全体調査のクロス集計結果を見ていく。まずは、テレワークによる業務の生産性を業種別に分析した結果だ。

「生産性スコア」が最も高いのが、「情報・通信サービス」（スコア八十八・八、以下同様）である。2位は「流通・物流・運輸」（八十八・〇）、3位は「製造」（八十五・六）だ。相対的に最も低いのが「建設」（七十四・三）だった。

生産性スコアとは、生産性に関する選択肢の中央値（「80以上１００未満」なら90、「１２０以上」の場合のみ１３０）を基に、生産性の平均値を算出したものである。スコアが高いほど、テレワーク利用時でも生産性が高いことを意味する。

担当業務別の生産性スコアも見てほしい。「生産・物流」（七十四・六）が唯一スコア八十以下となり、

テレワーク利用時の業務の生産性（業種別）

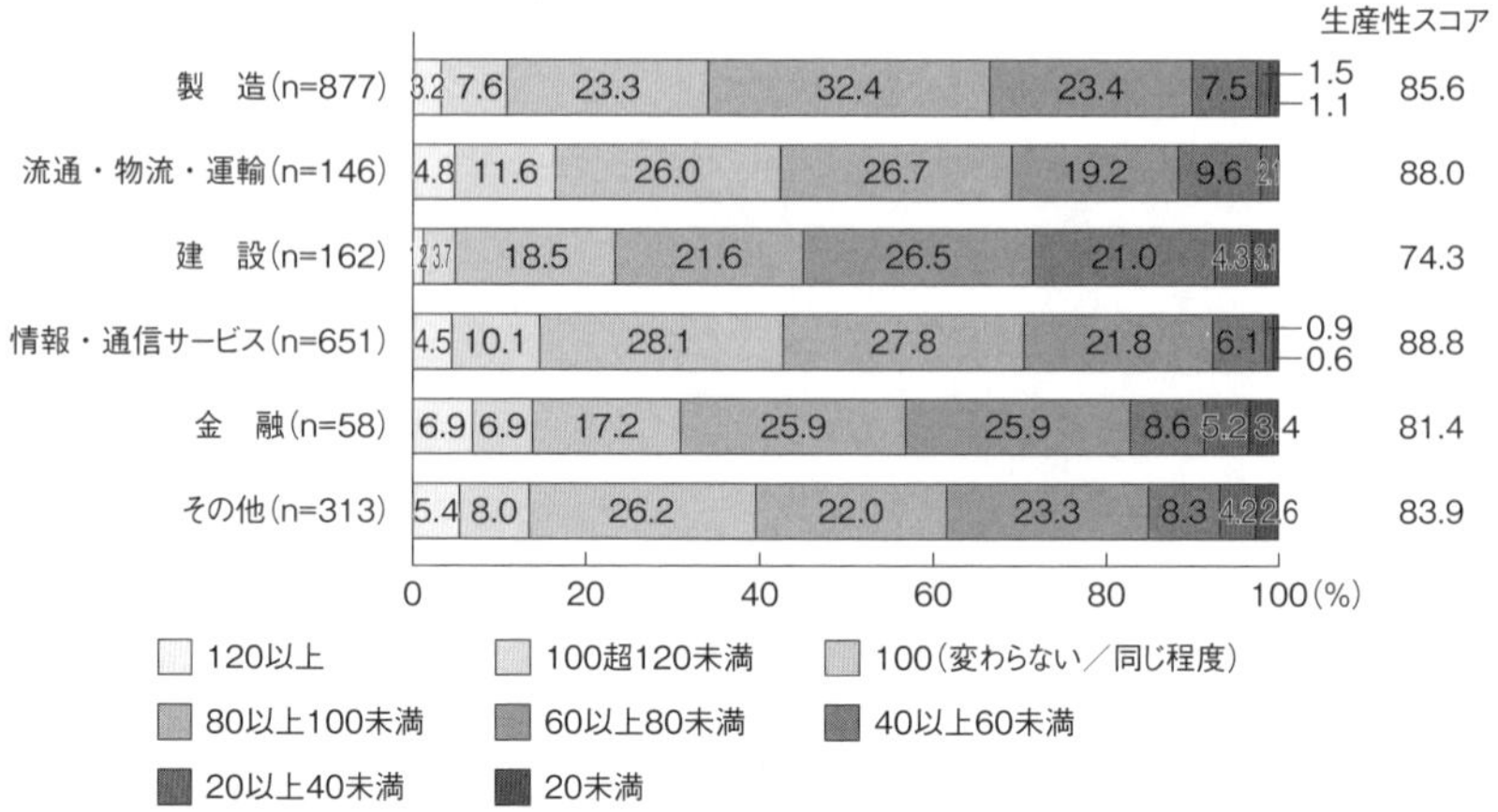

生産性スコア：生産性に関する選択肢の中央値（「80 以上 100 未満」なら 90、「120 以上」の場合のみ 130）を基に、生産性の平均値を算出したもの

テレワーク利用時の生産性（担当業務別）

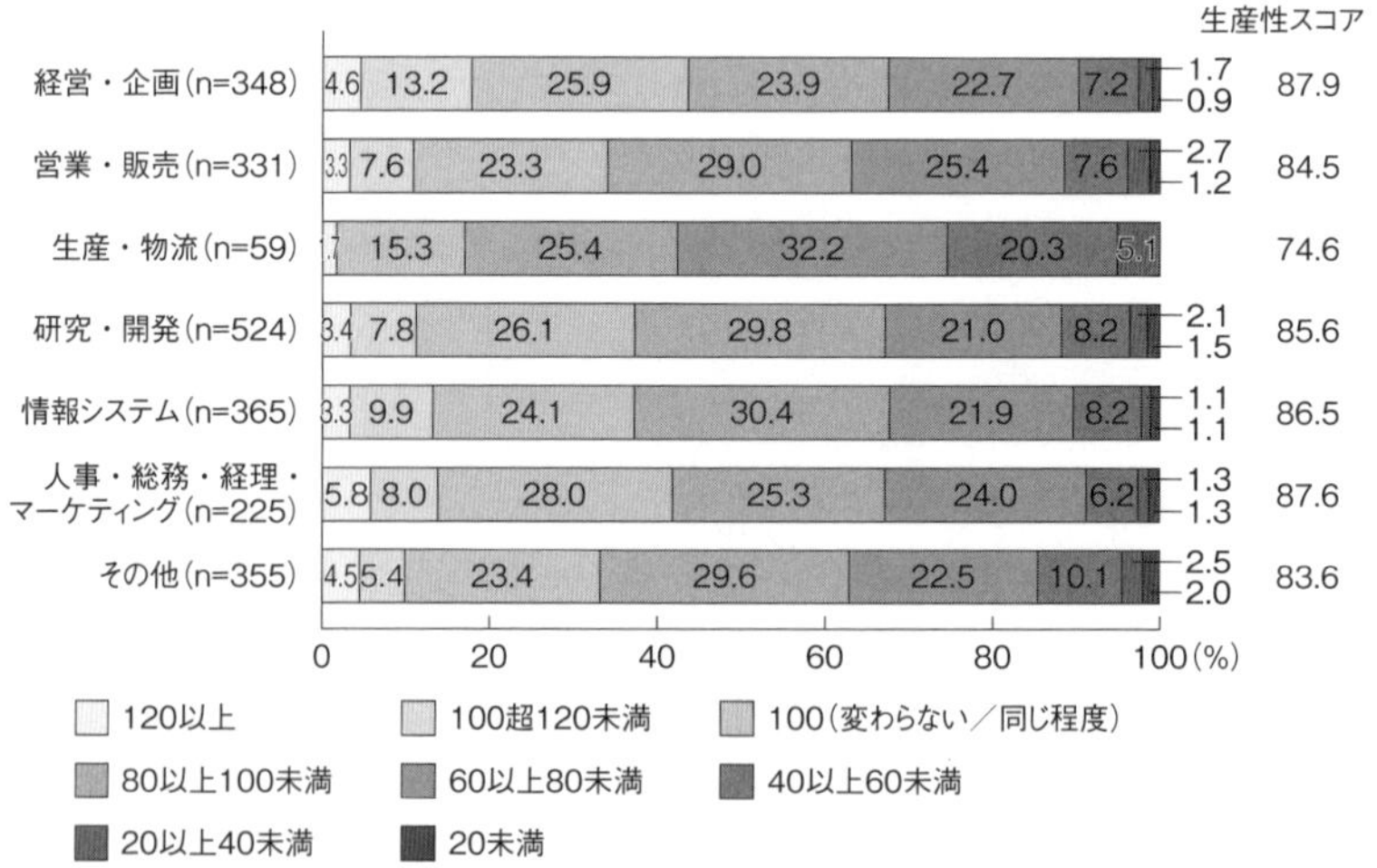

生産性スコア：生産性に関する選択肢の中央値（「80 以上 100 未満」なら 90、「120 以上」の場合のみ 130）を基に、生産性の平均値を算出したもの

テレワーク利用時の業務への影響

あなたはご自身のテレワーク利用で業務に支障が出ていますか。(最も近いものをひとつだけ)

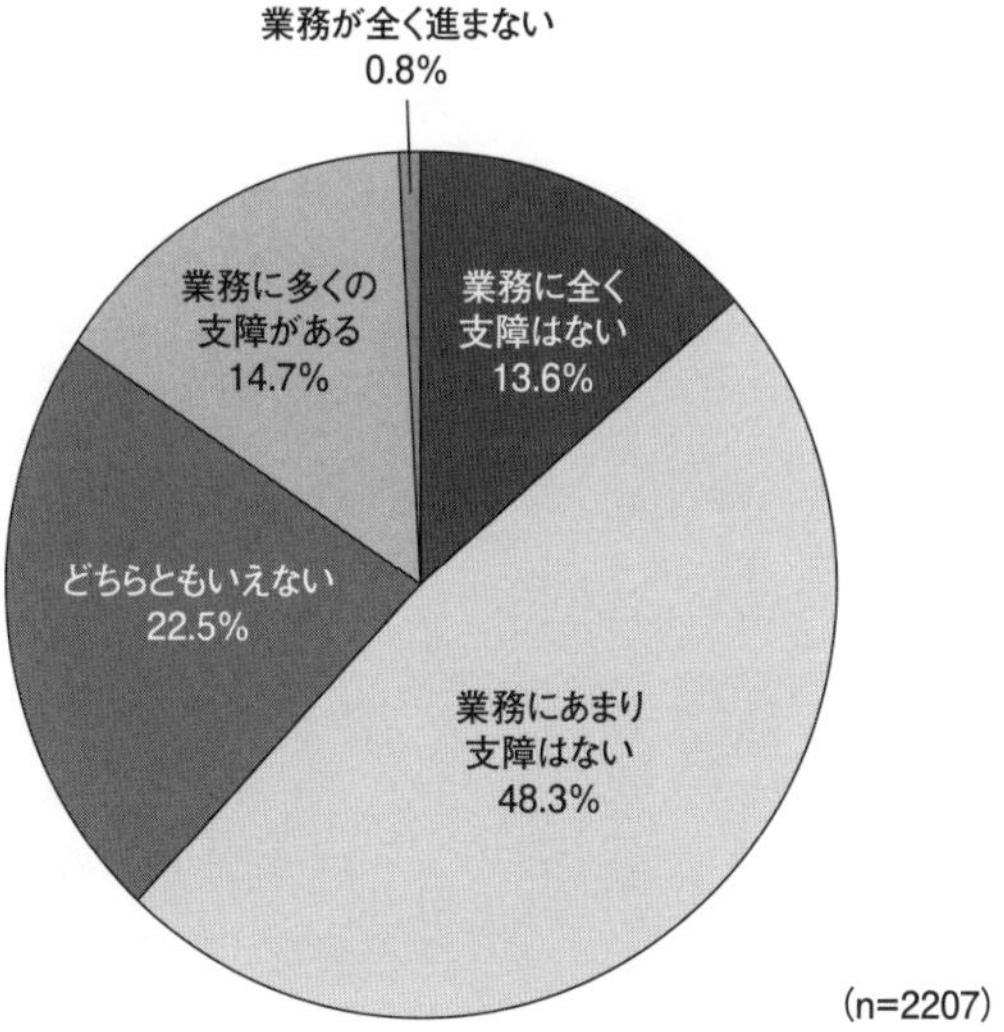

他と比べて最も低かった。上位は「経営・企画」(八十七・九)、「人事・総務・経理・マーケティング」(八十七・六)、「情報システム」(八十六・五)、「研究・開発」(八十五・六)、「営業・販売」(八十四・五)という順である。

「あまり支障はない」が約半数

テレワーク利用による業務の生産性については、下がったという回答者が六割以上だったと二十六ページで示した。その事態はどれくらい深刻なのだろうか。「テレワークを利用している」という回答者に対して、「あなたはご自身のテレワーク利用で業務に支障が出ていますか」と聞いた。

その結果を分析すると、テレワークによる生産性低下は致命的というほどではなさそうだ。「支障なし」が六割強である。内訳は、「業務にあまり支障はない」（四十八・三％）が最も多く、「業務に全く支障はない」（十三・六％）だった。

一方、「業務に多くの支障がある」は十四・七％、「業務が全く進まない」は〇・八％である。「支障あり」とする割合は約十五％にとどまる計算だ。

これらに対し、ＩＴイノベーターズ調査の結果はどうか。幹事会員の回答結果を見ると、「支障なし」は八割弱だった。その内訳は「業務に全く支障はない」（二五・六％）と「業務にあまり支障はない」（五十三・二％）である。

「テレワークはいいことずくめ」という声も

緊急事態宣言を受けて、一気に利用が進んだテレワークのメリットを享受しているビジネスパーソンは少なくない。全体調査で寄せられた自由意見の中には、「テレワークを利用することで、通勤ストレスが無く、時間を有効活用でき、オフィスでの不要な雑音や無駄話に煩わされることも無く、いいことずくめである」（製造、マーケティング、部長クラス）という声もあった。

生産性が下がったと感じる人がいる一方で、生産性を高めている人もいる。活用の仕方次第というわけだ。だからこそ、テレワークのデメリットよりもメリットに目を向けたい。企業はＷｉｔｈ／アフターコロナ時代を生き抜くために、テレワークを利用できる業務を急ピッチで洗い出し、対象業務についてテレワークを容易かつ快適に利用できるようにすべきだろう。ビジネスパーソン一人ひとりがテレワークを使いこなそうと意欲的に取り組むことも必要だ。

さらに、テレワーク利用の阻害要因を特定して撲滅し、テレワークによる業務の生産性を維持・向上させる実行力が求められる。

では、テレワーク利用の阻害要因とはいったい何なのか。次のページから、その具体的な内容について見ていこう。

テレワーク利用を阻害する五大要因

あなたがテレワークを利用する際、それを阻害したり、不便・不安と感じたりする点は何ですか――。テレワークを利用している回答者にこう尋ねた。

その結果、テレワーク利用を阻害する五大要因が分かった。その一つが、「同僚（上司や部下を含む）とのコミュニケーションに支障がある」（三十七・三％）だ。これが最も多かった。

次いで、「書類・伝票類（紙）を取り扱う業務（押印、決裁、発送、受領等）をテレワークの対象とできずに不便」と「出社しないことで、心身を仕事モードに切り替えることが難しい」、「自宅での業務用スペース（書斎、作業用机等）の確保が難しい」の三つがほぼ同じ割合で続いた。さらに「自己管理や時間管理がルーズになりがち」が三十％近くの回答を集めた。

「ペーパーレス化と脱ハンコ」を急ピッチで進める

全体調査とITイノベーターズ調査の自由意見欄には、ペーパーレス化や押印が必要な業務の見直しを求める書き込みが多かった。「アフターコロナでも、ペーパーレス化、脱ハンコという動きを継続しなければ、元の木阿弥となってしまう」（製造、研究・開発、課長クラス）。

「紙への押印がないと証拠書類として認められないやり方を、早急に変革する必要がある」（流通、営

テレワーク利用を阻害する要素（複数回答可）

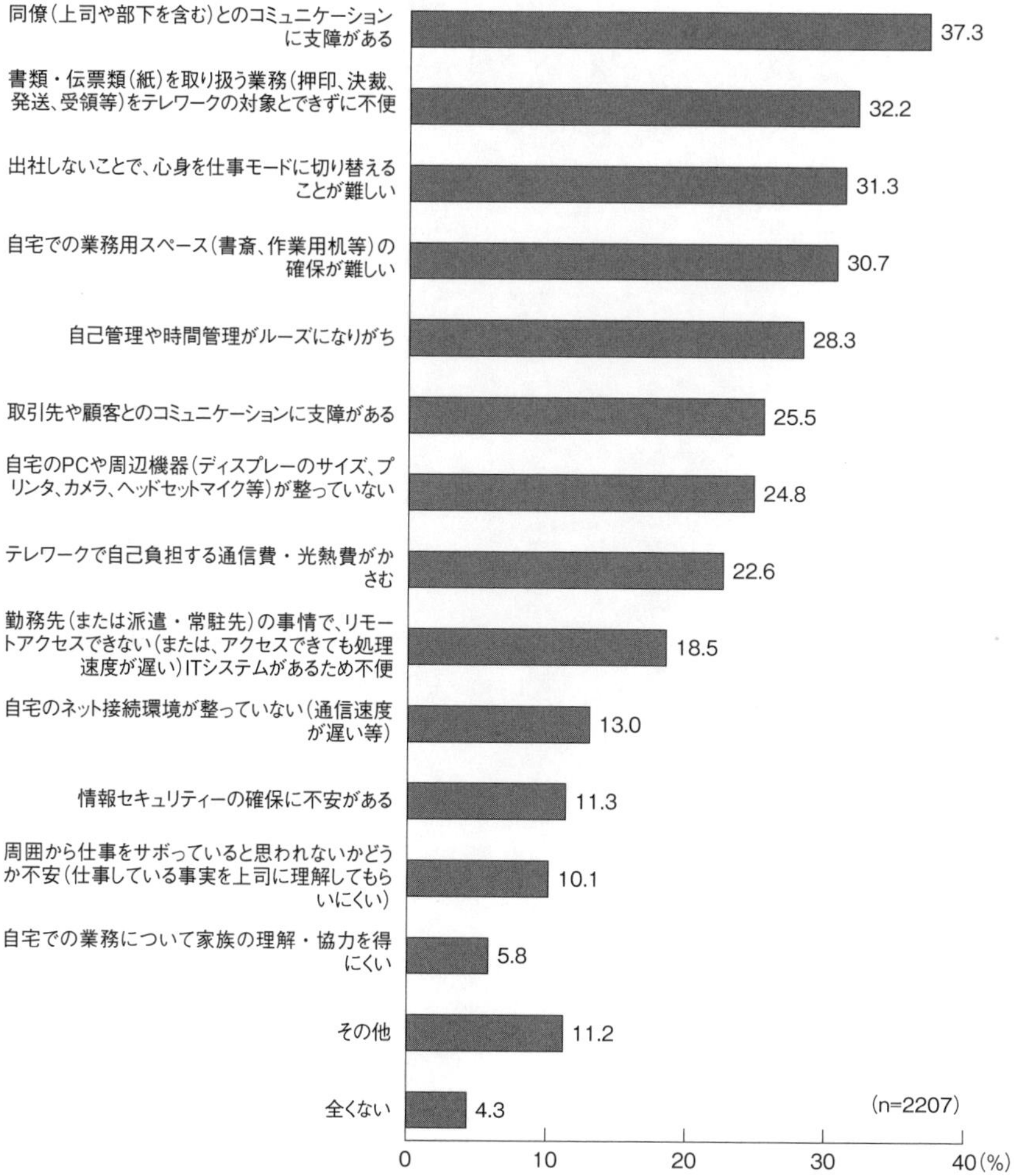
同僚（上司や部下を含む）とのコミュニケーションに支障がある
37.3
書類・伝票類（紙）を取り扱う業務（押印、決裁、発送、受領等）をテレワークの対象とできずに不便
32.2
出社しないことで、心身を仕事モードに切り替えることが難しい
31.3
自宅での業務用スペース（書斎、作業用机等）の確保が難しい
30.7
自己管理や時間管理がルーズになりがち
28.3
取引先や顧客とのコミュニケーションに支障がある
25.5
自宅のPCや周辺機器（ディスプレーのサイズ、プリンタ、カメラ、ヘッドセットマイク等）が整っていない
24.8
テレワークで自己負担する通信費・光熱費がかさむ
22.6
勤務先（または派遣・常駐先）の事情で、リモートアクセスできない（または、アクセスできても処理速度が遅い）ITシステムがあるため不便
18.5
自宅のネット接続環境が整っていない（通信速度が遅い等）
13.0
情報セキュリティーの確保に不安がある
11.3
周囲から仕事をサボっていると思われないかどうか不安（仕事している事実を上司に理解してもらいにくい）
10.1
自宅での業務について家族の理解・協力を得にくい
5.8
その他
11.2
全くない
4.3
(n=2207)
0
10
20
30
40(%)

業・販売、部長クラス）。ITイノベーターズの幹事会員の多くが、「押印が必要な契約書類にかかわる業務については、国を挙げて見直すべきだ」と訴える。

テレワークを強制させられている状況のビジネスパーソンが多いせいなのか、部下や自身の心身管理の難しさを訴える声も少なくない。「部下のリアルな顔を見ることができないため、本人の調子・体調を把握するのが難しい。自宅だと、仕事とプライベートのオンオフが明確にできず、だらけてしまいがちだ」（建設、研究・開発、部長クラス）。

不安点は人事評価とセレンディピティー

「孤独に作業を行っている部下の体の健康、メンタルヘルスが気になる。そこで中間管理職に対して、しっかりと部下の状態をチェックするよう指示を出した」。ＩＴイノベーターズ幹事会員である運輸サービス会社のＣＩＯはこう話す。さらに今後については、「テレワークの状態で部下個々のアウトプット（働きぶり）をどのように把握・評価すべきかが課題になるだろう。とりわけプロセスを把握しにくい」と指摘する。

現行の人事制度で、テレワーク期間中の人事評価をきっちりとできるかどうか。多くの企業が、この問題に近いうちに直面しそうである。この問題を解決するには、従来型の勤務時間を管理する人事制度だけでは難しい。「日本企業全体として、裁量労働制の適用範囲を拡大していくべきだ」と大手製造業のＣＩＯは言い切る。

テレワーク利用については、「セレンディピティー（予想外の発見・幸運）がなくなる」ことを不安視する向きもある。「会議が効率的になり、集中して考える時間が増えている。一方、偶然の出会いなどで生じる非公式コミュニケーションが減少したことによる悪影響が出てこないかどうかが心配だ」。ITイノベーターズの幹事会員である製造業のデジタルマーケティング部長は、こう打ち明ける。

ITイノベーターズ調査の結果を見ると、テレワーク利用を阻害する三大要因が分かった。「同僚（上司や部下を含む）とのコミュニケーションに支障がある」と「書類・伝票類（紙）を取り扱う業務（押印、決裁、発送、受領等）をテレワークの対象とできずに不便」「取引先や顧客とのコミュニケーションに支障がある」の三つが突出して多い。幹部クラスということで、社外とのコミュニケーションに不便さを感じている点が、全体調査との違いである。

「新型コロナ対策テレワーク実態調査」の概要

日経BPのICT（情報通信技術）領域のシンクタンクである日経BP総研 イノベーションICTラボは、ICTを活用したテレワークの実態を明らかにするため、「新型コロナ対策テレワーク実態調査」を実施した。

調査対象は日経クロステックなど日経BPのデジタルメディアの読者・会員（国内在住）。調査方法はインターネット上のアンケート調査サイトを利用したWeb調査である。調査期間は、二〇二〇年四月十三〜十九日。新型コロナウイルスの影響で、全国に先駆け東京、神奈川、千葉、埼玉、大阪、兵庫、福岡の七都府県に緊急事態宣言が出されたのが四月七日であり、その一週間後に調査を開始した。

有効回答数は二千九百十七件。回答者が勤務する会社の業種は、「製造」が四十％、「情報・通信サービス」が二十七・四％、「建設」が九・二％、「流通・物流・運輸」が六・五％、「金融」が二・五％、「その他」が十四・四％である。回答者が勤務する会社の従業員数（規模）は、全体の半数が従業員数千人以上の大企業、残りが中堅中小企業だ。

本調査の回答者が担当する業務で最も多かったのは、「研究・開発」（二十四・五％）である。それに「情報システム」（十七・七％）、「経営・企画」（十四・七％）、「営業・販売」（十三・二％）が続く。「人事・総務・経理・マーケティング」は九・一％、「生産・物流」が三・八％、「その他」が十七・〇％だった。

回答者が勤務する会社の業種

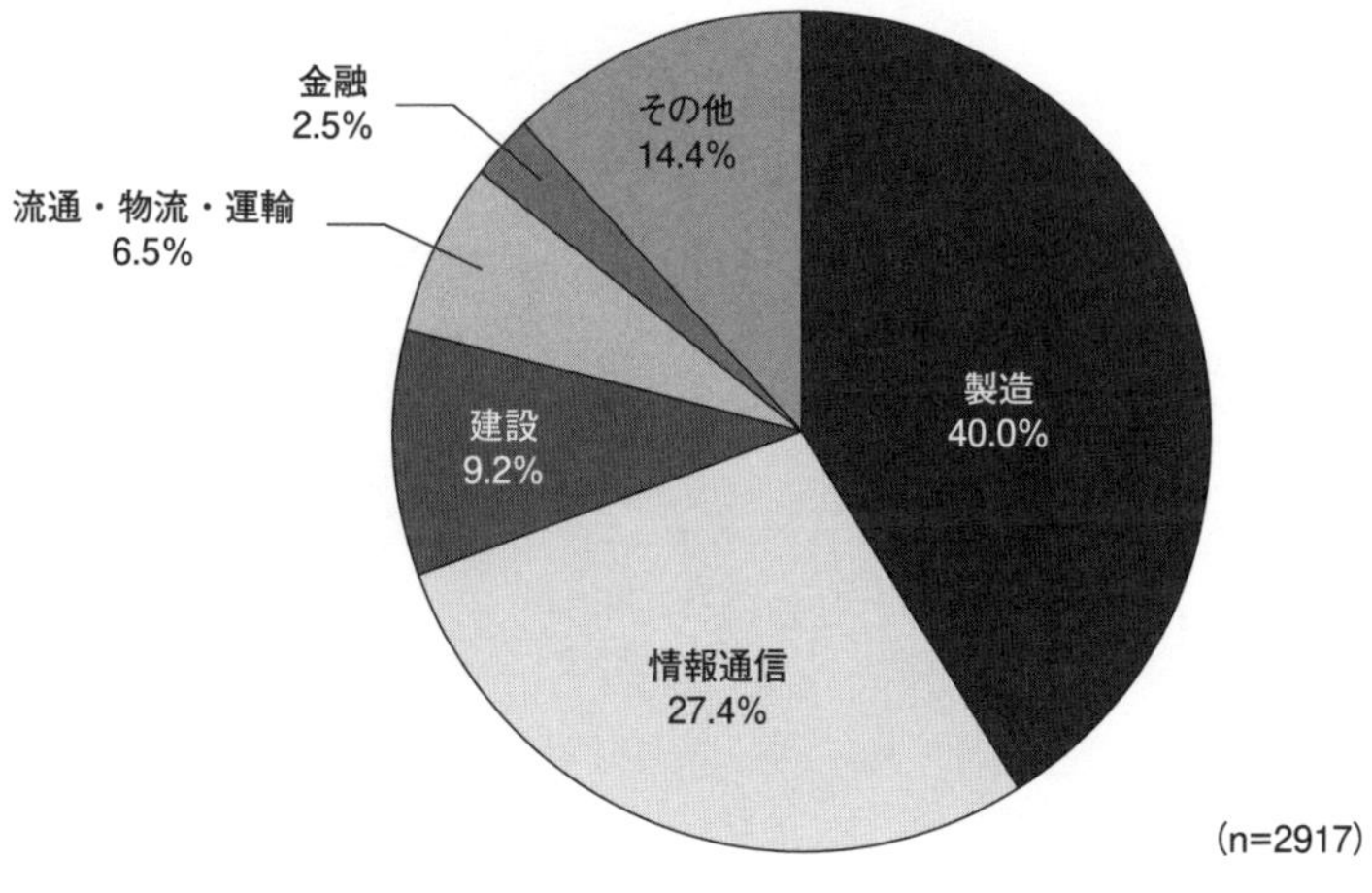

回答者の役職／立場は、多い順に「一般社員」（二十一・七％）、「課長クラス」（二十一・三％）、「主任・係長クラス」（十九・七％）である。「経営者・役員」は八・六％、「派遣社員・契約社員」が六・三％、「専門職」が四・六％である。

回答の九割近くは特別措置法に基づく緊急事態宣言の「特定警戒都道府県」からのものだ。東京都周辺の特定警戒都県（東京都・神奈川県・千葉県・埼玉県・茨城県）からの回答が全体の三分の二を占め、大阪府周辺（大阪府・兵庫県・京都府）が十二・六％、愛知県周辺（愛知県・岐阜県・石川県）が六・三％と続く。

同一の調査を、日経ＢＰ総研 イノベーションＩＣＴラボが運営する会員組織「ＩＴイノベーターズ」のエグゼクティブメンバー（幹事会員）を対象に、同時期に実施した。ＩＴイノベーターズは、日本を代表するＣＩＯ（最高情報責任者）

回答者の担当業務

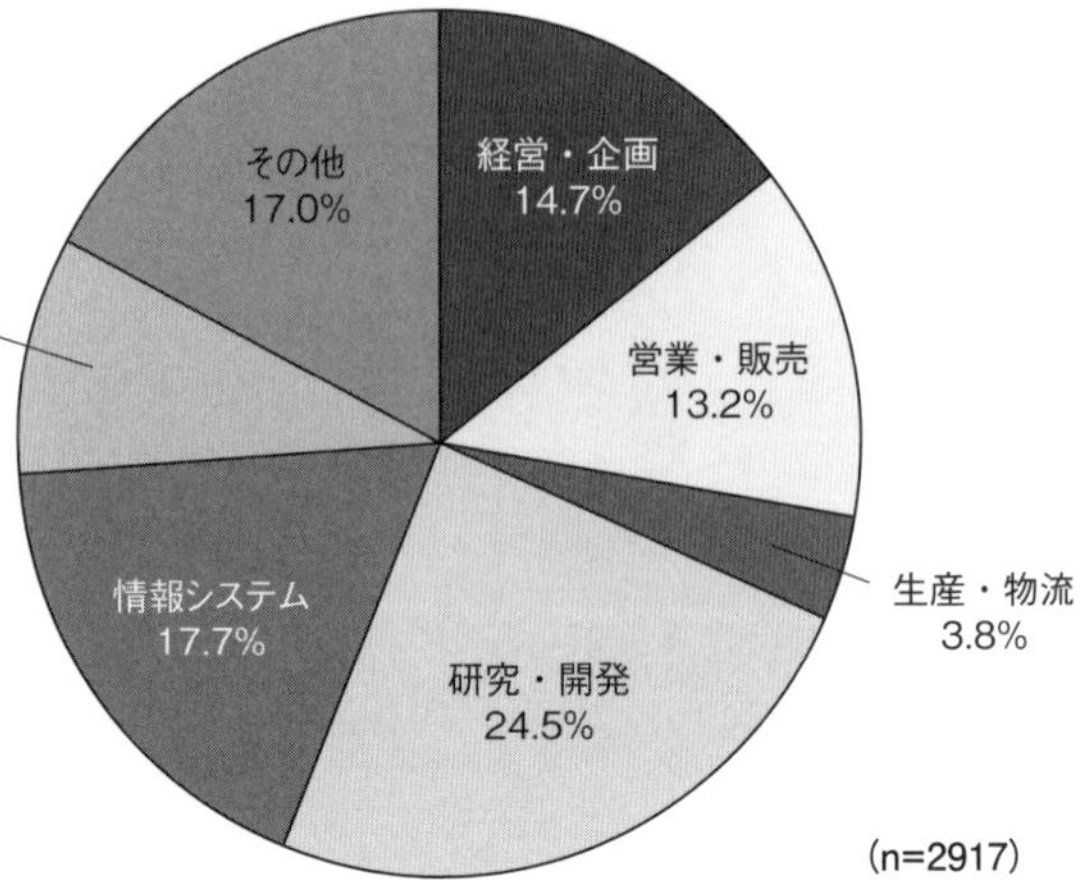

やCDO（最高デジタル責任者）、CMO（最高マーケティング責任者）などDX（デジタルトランスフォーメーション、デジタル変革）推進リーダー約百人で構成される有識者会議体である。

調査の狙いは、全体調査とは別に、デジタル変革リーダーのテレワーク実態を把握すること。有効回答数は九十九件だった。ITイノベーターズの幹事会員氏名や活動などに関する詳細は、https://project.nikkeibp.co.jp/iti/に掲載している。

第2章

導入編

テレワークの基本と準備

自宅で職場と同じように仕事をこなすには、どんな準備が必要なのだろうか。本章は導入編として、テレワークの基本についてまとめた。テレワークに欠かせないノートパソコンやWeb会議ツールなどのアイテム、情報セキュリティー対策、業務ルールと就業規則の見直し方について、順に見ていく。

必須アイテムその一、ノートパソコン

テレワークで欠かせない機器の筆頭はパソコンだ。オフィスで行っていた業務のほか、テレワークで新たに必要となったWeb会議など、様々な場面で活用できる。第1章で取り上げた本書の調査によると、回答者の大半が勤務先支給のパソコンを使っているが、個人所有のパソコンを使っているユーザーも一定数いる。

業務用と個人所有のどちらにせよ、パソコンの利用においては情報セキュリティー対策が必須と言える。詳細はこの後、情報漏洩対策のところで説明するが、コンピューターウイルスの対策ソフトウエアは欠かせない。機種によっては、ログイン時における指紋認証や顔認証の機能を備える製品がある。外出先での不正利用や小さな子供による誤操作の対策になるだろう。ストレージ（ハードディスクなど）に格納したデータの暗号化も、欲しい機能だ。通勤時や外出先に持ち出した際に盗難・紛失してしまった時、情報漏洩を防ぎやすくなる。

テレワークではオンライン会議が多用されるため、内蔵カメラがあると便利だ。もし内蔵されていない場合には、別途購入する必要が出てくる。外出先でも使うならモバイル通信対応のSIMカードを内蔵できる機種も候補となる。

無償の貸し出しサービスも登場

ノートパソコンは機種にもよるが安いモデルなら三万円台で買える製品もある。だが画面が見やすく処理性能に優れ、搭載ソフトも豊富な上位モデルは十万円を超えることもある。個人で買うにせよ、企業が社員分を大量購入するにせよ、金銭的な負担は小さくない。

そこで中堅中小企業なら利用を検討したいのが、無償のパソコン貸し出しサービスだ。例えば東京都は二〇二〇年四月から、都内の中堅中小企業を対象に「東京都テレワーク導入モデル体験事業」を始めた。個別の企業のニーズをヒアリングしたうえで、必要と思われるテレワーク関連ツールをインストールしたノートパソコンを一カ月、無料で貸し出す。あくまで「体験」ということで、貸し出し可能なノートパソコンは一社当たり一台に限定される。窓口は東京テレワーク推進センターだ。事業開始時点での募集期間は、二〇二〇年七月末までを予定している。

東京都は都内の中堅中小企業に対して、テレワーク導入の経費を助成する取り組みも三月から始めている。パソコンの購入費、リース料金、クラウドサービスなどの利用料が助成対象となる。

民間企業の中にも、条件付きながら無償サービスを始める事業者がある。例えばレノボ・ジャパンは四月、テレワーク用のパソコンが必要な中小企業向けに、ノートパソコンを無償で貸し出す「中小規模企業支援プログラム」を始めた。対象は従業員規模が三百人以下の中小企業。一社につき最大五台、最長三カ月間、ノートパソコンを貸し出す内容だ（五月十五日時点では募集をいったん締め切っている）。マウスやヘッドホンなど周辺機器をセットにした「在宅勤務セット」の割引販売もしている。

中小企業にはＩＴ関連の専門家が少なく、テレワークの導入やツールの選定に苦労することが多い。

レノボ・ジャパンはテレワーク関連の相談を無償で受け付ける窓口を設けている。このほかにも数多くの助成金や導入支援サービスが存在する。詳しくは第6章でまとめている。

オンライン会議用にはスマホスタンドが便利

第1章の調査結果によると、スマートフォンについても勤務先から支給された端末を使うケースが多い。だが、パソコンに比べるとその利用頻度は少ないようだ。オンライン会議を含め、自宅作業のツールとしてはパソコンが中心となっている様子がうかがえる。

ただ最近のスマートフォンはカメラの性能が高く、オンライン会議に向いているのでうまく活用したい。オンライン会議用にスマートフォンを使う場合、スタンドがあると便利だ。スマートフォンを活用すると、オンライン会議の対話についてはスマートフォン、資料共有はパソコン、と併用ができる。

必須アイテムその二、Ｗｉ-Ｆｉルーター

テレワークにはインターネット接続環境が不可欠であり、それには「Ｗｉ-Ｆｉルーター」と呼ぶ通信機器が必要になる。「無線ＬＡＮルーター」と呼ぶこともあるが意味は同じ。パソコンやスマートフォン、タブレットといった端末を無線経由でインターネットに接続する装置である。Ｗｉ-Ｆｉルーターと端末との間にはケーブルがなく、利用者は無線が届く範囲内を自由に移動できる。この便利さが受け、家庭用として販売されるルーターの大半が今やＷｉ-Ｆｉルーターである。

スマートフォンの回線契約の多くは、一カ月当たりに通信できるデータの総量が決まっている。「ユーザーあたり三〇ギガバイト」「一世帯あたり五〇ギガバイト」といった契約形態だ。一方でＷｉ-Ｆｉルーターを介した通信は、データ容量に制限がないのが一般的。そのため、データ容量の制約を回避できるメリットがある。家庭でインターネットを利用する場合、Ｗｉ-Ｆｉルーターから先のインターネット通信は固定回線へとつながることが多い。これによってスマートフォン経由での通信量を抑えられる。

テレワークの導入を機にＷｉ-Ｆｉルーターを買い直したユーザーも多いようだ。その理由は、従来よりも安定的な通信環境を求めたから。ここでは「テレワークに向くＷｉ-Ｆｉルーター」という観点から製品を分類し、購入時のポイントを見ていこう。

固定回線用と無線用の二種類がある

Ｗｉ－Ｆｉルーターは「自宅から持ち出して使うかどうか」という使用形態に応じて以下の二つに分類できる。

固定回線用（家庭用Ｗｉ－Ｆｉルーター）
無線回線用（モバイルＷｉ－Ｆｉルーター）

家庭用Ｗｉ－Ｆｉルーターは、家庭の固定回線に接続し、決まった場所に据え付けて利用する。家庭内で置き場所を変えることはできるが、外部に持ち出すことは基本的に想定していない。インターネットとは、光回線などの固定回線経由でつながるため、比較的安定した通信環境を得やすい。

一方のモバイルＷｉ－Ｆｉルーターは、外出先で使うことを想定した小型の装置である。外出先での利用が多いユーザーに向く。インターネットとの接続には４Ｇ（第四世代移動通信システム）など公衆無線回線を使うため、周囲で同時利用するユーザーが多い場合など、通信環境によっては安定しないことがある。家庭でも使用できるが、家庭用Ｗｉ－Ｆｉルーターに比べて通信距離や推奨される同時接続数に制約が多い。

スマートフォンのテザリング機能を使うことで、モバイルＷｉ－Ｆｉルーターを代用できる。ただし、テザリング利用時にはデータ通信量が増えがちであり、スマートフォンの最大通信量に達してしまうことがある。上限値を超えると通信速度は大幅に制限されてしまう。私物のスマートフォンでテザリング機能を使う場合は特に気をつけたい。

購入時のチェックポイントは三つ

購入時のポイントについて「同時接続数」「周波数帯（バンド）」「規格（バージョン）」の三点を基に解説する。二つ目の周波数帯は通信距離に関係し、三つ目の規格は通信速度と関連するので、通信環境や目的に応じて検討したい。

まず同時接続数だ。同時接続数とは、文字通り、Wi-Fiルーターに一度につなぐことができる端末の台数である。Wi-Fiルーターには推奨される最大同時接続端末数が示されているので、家庭での利用状況に応じて選ぶ。家庭においてインターネットに接続する端末は、増え続ける一方である。パソコンやスマートフォン以外にも、タブレット、電子書籍、ゲーム機、テレビ、プリンターなどがある。家族構成によっては、それぞれが複数台あるケースもある。

同時利用する端末数が増えると、Wi-Fiルーターにはデータの送受信待ちが生じる。それにより転送速度が低下してしまい、場合によっては利用中のサービスが停止してしまうこともあるので注意が必要である。現在市販されている家庭向けWi-Fiルーター製品をみると、百台の同時接続ができる機種もある。

二つ目は周波数帯（バンド）だ。現在市販されているWi-Fiルーターの多くが「デュアルバンド」と呼ぶ二種類の周波数を使う。利用するのは二・四ギガヘルツと五ギガヘルツの二帯域。最近では、「トライバンド」と呼ぶ三種類の周波数帯を使うものが登場している。これは五ギガヘルツ帯をもう一

中国TP-LinkのWi-Fiルーター「Archer AX6000」は、同時接続端末数が100台である

（出所：TP-Link）

つ加えたものである。家庭内の接続端末台数が多くなった場合などには、トライバンドの利用を検討したい。

二・四ギガヘルツと五ギガヘルツの両周波数では、通信速度と通信距離が異なる。二・四ギガヘルツ帯は長距離の通信が可能だが低速だ。五ギガヘルツ帯は高速だが、通信距離が短いという特性がある。またユーザー端末とWi-Fiルーターとの間にコンクリート素材の壁があると電波が届きにくいので注意が必要である。通信距離については、電波出力が大きいほど伸びる傾向があるので、各製品が推奨する間取りをチェックするのがよいだろう。

三つ目は規格（バージョン）である。二〇一八年から「Wi-Fi 6（ワイファイ・シックス）」と呼ばれる最新の規格に対応したWi-Fiルーターが登場し始めた。従来の「Wi-Fi 5（ワイファイ・ファイブ）」の規格上の最大通信速度が毎秒六・九ギガビットであるのに対して、Wi-Fi 6では毎秒九・六ギガビットとなっており、一段と高速な通信が期待できる。

実はWi-Fi 6が最終規格化されるのは二〇二〇年七月

の予定だが、同規格に対応したＷｉ‐Ｆｉルーターやパソコンなどの製品化が先行している。無線ＬＡＮ機器の業界団体による相互接続性の保証プログラムは二〇一九年九月から始まっており、異なるメーカーの機器間の接続も保証され始めている。実質的には、Ｗｉ‐Ｆｉ　６はもう実用段階にあると言っていい。

設置場所に注意

Ｗｉ‐Ｆｉルーターを導入したものの通信速度が期待したほど上がらないといった場合、Ｗｉ‐Ｆｉルーターの設置場所に問題があることが考えられる。電波の特性を考えると、間取りの中心に近いところに置くのが望ましい。部屋の隅や床への直置きはふさわしくない。これは縦方向でも同様だ。三階建ての戸建ての場合には、二階部分の設置が望ましい。

快適に通信できる場所を広げたい場合には、「中継機」や「メッシュネットワーク」を追加導入することが考えられる。現在利用中のＷｉ‐Ｆｉルーターを生かすなら、中継機を設置するのが簡単である。中継機とはＷｉ‐Ｆｉルーターの通信エリアを広げる機器である。

ただし中継機は速度の改善は期待できないとされるので、速度も追求したい場合にはメッシュネットワークが検討対象になる。メッシュネットワークとは、複数のＷｉ‐Ｆｉ機器を設置することによって電波を網の目状（メッシュ）に張り巡らせたネットワークのこと。これによって、Ｗｉ‐Ｆｉの電波が到達する範囲を広げる仕組みである。

「WEP」方式は使わない

企業によっては情報セキュリティーの観点から家庭のWi-Fiルーターではなく会社支給のスマートフォンをインターネット接続に活用するよう推奨するところもある。家庭のWi-Fiルーターを使う場合は、次の点に注意する必要がある。怠ると、悪意ある第三者によってネットワークに不正侵入されてしまうリスクが高まる。

まず、暗号方式については必ず「WPA」と呼ぶ方式を利用する。「WEP」と呼ぶ方式は脆弱性が指摘されているため、使用してはいけない。WPAとWEPのどちらを使うかは、Wi-Fiの設定時に選択できる。Wi-Fiルーターへの接続にはパスワードを必ずかける。パスワードは他人から推測されにくい文字列を設定する。Wi-Fiルーターのファームウエアを最新版に保っておくことも重要だ。メーカーの最新情報は常にチェックしておきたい。

必須アイテムその三、インターネット回線

テレワークにはインターネット接続環境が不可欠だとして、前項では家庭内に置く通信装置「Wi-Fiルーター」を紹介した。ここではWi-Fiルーターからインターネットに接続するための回線サービスを紹介する。

安定的な接続環境を求める人には固定回線を使ったサービスをお薦めする。学生や会社に入ったばかりの新入社員、あるいは単身赴任者には、固定回線を持たない人がいる。そうしたユーザーの中にも、政府の緊急事態宣言を受けて自宅で作業をする時間が増えたことで、「安定的な接続環境がほしい」「モバイル型のWi-Fiルーターの最大通信量にすぐに達してしまう」といった理由から、固定回線を契約し始めた人がいるようだ。

既に固定回線を利用している人も、最新の接続環境についての情報として参考にしてもらいたい。この機会に、今よりも良い環境にアップグレードするのもいいだろう。

速度と安定性を求めるなら光回線

インターネット接続用の固定回線としては、伝送媒体の種類によって大きく三種類ある。光ファイバーを使う光回線サービス、ケーブルテレビ（CATV）の配信用の同軸ケーブルを使うCATVイン

ターネット、電話回線を使うＡＤＳＬサービスだ。

通信速度と安定性を求めるなら光回線サービスがお薦めだ。最近では、毎秒約十ギガビットをうたうサービスも登場している。ただし、この十ギガビットという値は技術規格上の数値であり、ＮＴＴによると、実際の最大通信速度は十数％程度低下するという。

料金は他の選択肢よりも割高ではあるものの、差額を許容できるなら最有力となるだろう。具体的なサービスとしては、ＮＴＴ地域会社（ＮＴＴ東日本／ＮＴＴ西日本）が提供する「フレッツ光」のほか、ＮＴＴ以外の事業者による独自光ファイバーを使うサービスがある。フレッツ光は全国的にサービスを提供しているが、ＮＴＴ以外の事業者のサービスは提供地域が限定されている。

光回線において注意すべき点は、自宅内の工事が必要かどうかだ。工事をする場合、サービスを利用するまでに時間がかかることがある。特に集合住宅においては、共用部の工事が伴う場合には管理組合の許可が必要となる。賃貸物件の場合には、当然ながら所有者の許可がいる。

光回線を使ったとしても、通信が遅いことがある。その理由として考えられるのが「混雑」だ。マンションなどで同一の光回線を共用する人数が多くなると発生する。その混雑を回避するのが、一般に「ＩＰｖ６（ＩＰｏＥ）接続サービス」と呼ばれるサービスである。同サービスを利用するには、専用のＷｉ‐Ｆｉルーターが必要となる。契約先のプロバイダーに確認してみるといいだろう。

ＡＤＳＬ利用者は、サービス終了後の対応準備を

ＣＡＴＶインターネットは居住エリアによって利用できる事業者が限られる。ＣＡＴＶを視聴してい

る人は有力な選択肢になってくるだろう。

注意したいのはＡＤＳＬサービスだ。ＡＤＳＬは既存の電話回線をそのまま利用でき、インターネットに常時接続できる特徴が受け、二〇年ほど前から爆発的に普及した経緯がある。しかし今、通信事業者によるサービス終了が近づいている。ＮＴＴ地域会社は二〇二三年一月末にサービスを終了すると発表済みだ。ソフトバンクグループも二〇二四年三月末にはサービスを終了するとしている。現在、これらのＡＤＳＬサービスを利用しているユーザーは、光回線など乗り換え先のサービスを今のうちから検討しておく必要がある。テレワークの必要性に迫られているこのタイミングは、乗り換えの好機とも言える。

必須アイテムその四、Ｗｅｂ会議ソフト

テレワークに不可欠なＩＴツールの一つが、Ｗｅｂ会議のソフトやサービスである。離れたところにいる複数の人が互いに顔を見ながら打ち合わせや商談、面談ができる。製品によっては百人から千人が同時に参加でき、大規模なセミナーや学校の授業などでも使える。仕事以外でも、オンライン飲み会やランチ会といったカジュアルな用途にも活用されている。ビデオ会議、オンライン会議などと表現することもあるが、パソコンやスマートフォンなどのＩＴ機器を使って顔を見ながら対話ができるサービスの総称として、本書では「Ｗｅｂ会議」と呼ぶことにする。

機能としては、相手の顔を見ることができるビデオ通話のほか、資料の共有、テキストメッセージをやり取りする「チャット」を備えるものが多い。このほか大人数の参加を想定した機能として、参加者の音量や映像を管理者が一括して調整できる機能、参加者を指名して発言を許可できる機能などがある。音声データをテキストデータに自動変換する議事録機能を備えた製品もある。

多種多様な商品が市販されており、大型のモニターや会議室内の参加者の声を拾えるマイクを利用したオフィス向け製品もある。テレワーク向けとしてはパソコンやスマートフォンなどから簡便に使える製品を選ぶのが得策だろう。例えば米ズーム・ビデオ・コミュニケーションズが提供する「Ｚｏｏｍ（ズーム）」だ。新型コロナウイルス対策によるテレワーク急増で注目が集まっている。このほか米シス

Web会議用のバーチャル背景画像の例

（出所：LIXIL）

コシステムズの「Cisco Webex」、米マイクロソフトの「Microsoft Teams」などがある。

テレワーク向けの製品の利用方法は極めてシンプルだ。主催者は会議用URLを作成して、参加者に招待メールなどの形で送る。参加者は会議開始時にそのURLにアクセスするだけで使える。製品によっては、参加人数や利用時間など一定条件までは無料で使えるものがある。こうしたハードルの低さもテレワーク向けと言えるだろう。

ノイズを消す機能を備えた製品も

オフィスとは異なり、自宅での利用時には、室内の「映り込み」が気になるもの。書斎など執務専用スペースがある場合はともかく、リビングルームなど共用スペースで使うと、後ろに置かれた家具や雑貨などが映り込んでしまう。この対策として、Web会議の開発メーカーはユーザーの背景をぼかす機能、実映像とは異なる画像を投影する「バーチャル背景」機能を用意している。ゲーム会社やキャラクターの版権を持つ企業が独自のバーチャル背景を提供するケースも増えている。

Web会議のソフトやサービスは周囲の不要な音も拾ってしまう。そこで「V-CUBE ミーティング」を提供するブイキューブは、ノイズキャンセル用のアプリを提供している。パソコンなどにインストールして使うと、スピーカーなどから聞こえる音とマイクで話しかける音について、それぞれノイズを抑えることができる。ディープラーニング（深層学習）技術を使って、会議中の雑音を消しているという。

人気急上昇のＺｏｏｍに持ち上がったセキュリティー問題

テレワークの急増により、Ｗｅｂ会議の需要も伸びている。主要製品の一つであるＺｏｏｍについて見てみると、世界全体の一日当たりの利用者数は二〇一九年十二月時点では多くても千万人だった。それがわずか三カ月後の二〇二〇年三月には二億人以上に増えたという。実に二十倍である。パソコンやスマートフォンなど様々な端末で利用できる、通信量が少なく端末や回線への負荷が小さい、多数の参加が可能、正規の参加者だけを入場させる「待機室機能」があるなど、使いやすさが認められた結果だと言えよう。

Ｚｏｏｍについては、広く使われると同時に情報セキュリティーの問題が急浮上した。この後の情報漏洩対策のところでも触れるが、代表的な問題は以下の三点とされる。

（一）Ｚｏｏｍの暗号化は強固でない

（二）Ｚｏｏｍのクライアントソフトに危険な脆弱性が見つかっている

（三）開催する会議の設定に不備があると第三者に「乱入」される

セキュリティー分野の専門家は、政府や医療機関など機密性を特に重視する組織については利用を勧めないが、友人との連絡や、公開の場で開催されるイベント、講義などにＺｏｏｍを使う場合には問題ないとしている。

Ｚｏｏｍに限らず、多くのユーザーが利用するサービスについては、専門家によるセキュリティー面についての指摘が必ずと言っていいほど出てくるものだ。リスクの過小評価は禁物だが、過大に恐れる必要もない。むやみに遠ざけるのではなく、リスクや回避策を正しく理解して、適切に使いこなす姿勢が重要だ。

必須アイテムその五、ビジネスチャット

自宅などでテレワークをしていると同僚や上司などと対面する機会が減る。そのため、部署やチームにおけるコミュニケーションが希薄となりがちだ。ここではWeb会議と合わせて活用したい、各種のコミュニケーション支援ツールを取り上げる。

Web会議がリアルな会議の代替手段なら、日常のちょっとしたやり取り（チャット）の代わりとして便利に使えるのがビジネスチャットだ。電子メールと比べて、かしこまることがない気軽な対話がオンライン上でできる。

使い勝手は、多くの人がプライベートで使うLINEと似ている。LINEもオフィス内で使われることがあるが、ビジネス用に特化して開発されたチャットツールはビジネスチャットと呼ぶことが多い。「ビジネス版LINE」と言われることもある。

グループ内の情報共有を促進

ビジネスチャットの導入目的は、グループ内での情報共有を進めて生産性を高めることにある。このため、チャット以外にも資料の共有やタスク管理といったグループ内での作業支援機能が充実している。部署やチーム、プロジェクトごとに「チャンネル」などと呼ばれる作業領域を作り、領域内でのや

Slackの画面例

（出所：スラック・テクノロジーズ）

り取りを重ねることで、複数のチームやプロジェクト単位の進捗状況を、多くの人が知ることができる。

グループでのチャットはテレワーク中の社員のモチベーション維持にも役立つ。社員によっては自宅で一人だけで仕事をしていると孤独感が強まって、モチベーションが下がる恐れがある。ビジネスチャットで他の社員と雑談できるようにしておくと、テレワーク中でも部署のつながりを感じながら仕事を進めやすい。

代表的なビジネスチャットには、米スラック・テクノロジーズが提供する「Ｓｌａｃｋ（スラック）」がある。全世界での一日当たりのアクティブユーザー数（ＤＡＵ）が二〇二〇年三月時点で千二百五十万人を超えたとされる、人気ツールだ。人気の理由の一つは、他社が提供するクラウドサービスとの連携機能が豊富なことにある。チャットのやり取りの中で、Ｗｅｂ会議やオンラインストレージといった外部サービスが手軽に使える。

スラックの利用料金は、アクセス可能なメッセージが直近一万件のみ、音声とビデオ通話を一対一に限るといった限定機能版なら無料で使える。参加人数やメッセージ数の制限を取り外した有料プランは、一ユーザー当たり月額八五〇円など複数ある。

東京に本社があるチャットワークが開発する「Chatwork」は、国内での利用者数が多い。日本語のほか、英語や中国語（繁體中文）、スペイン語など複数言語にも対応しており、国内外で二十五万社以上の導入実績がある。自身のタスク管理だけでなく、割り振られたタスクについても管理できる機能に定評がある。

米マイクロソフトが提供するメールなどのクラウドサービス「Microsoft 365（四月にOffice 365から名称変更）」を導入する企業での利用が多いのが「Microsoft Teams」だ。スラックの後発だが、DAUについてはスラックを大きく上回っている。Microsoft TeamsのDAUは二〇一九年十一月時点で二千万だったが、新型コロナウイルスによる在宅勤務急増の影響もあり二〇二〇年三月末に四千四百万と二倍超に達したという。

ファイル共有にはオンラインストレージも

いろいろな場所で作業をしたり複数の端末を使って利用したりする時、あるいはチーム内で多数のファイルを共有する時には、クラウド型のオンラインストレージサービスが便利だ。場所や利用する端末を選ばずに、目的のファイルにアクセスできる。フォルダ内にファイルが並ぶユーザーインターフェース、ファイルのコピーや移動などの使い勝手も、自身のパソコン内のフォルダを管理するやり方と同じである。

オンラインストレージには共同編集機能を備えているものがある。Ｗｅｂ会議などと同時利用することで、複数の人が同じ文書を見ながら推敲《すいこう》したり、表計算ファイル中の数字を確認したりできる。共同作業が可能になるわけだ。利用料金は米ボックスが提供する「Ｂｏｘ」の場合、小規模チーム向けの「Starter」だと一ユーザー当たり月額五百五十円、「Business」では千八百円である。

こだわりアイテムその一、デスクと椅子

テレワークが急きょ導入され、「パソコンに向き合う場所がない」と戸惑った人は少なくないのではないだろうか。専用の書斎が無い場合、リビングルームやダイニングルームで作業する、あるいは廊下や納戸などに執務スペースを即席で確保した人もいたことだろう。

自宅にもともと執務スペースがない場合に、あると便利なのが折りたたみ式の机だ。仕事の間だけ広げて使え、仕事以外の時間はたたんでしまっておける。災害対策として役に立つ情報をまとめた防災ハンドブック「東京防災」のクリエイティブ・ディレクターなどで知られる電通の榊良祐氏が自宅で活用しているのは、三脚とコルクボードを使った簡易デスクだ。コルクボードはパソコンなどを置く作業台を想定した三脚用アクセサリーとして販売されている。キャンプ先で使っていたものだそうで、持ち歩いて外出先でも使える、高さや角度なども調整できる。

座りっぱなしによる運動不足を気にするテレワーカーの注目度が高いのが、スタンディングワーク用の机。着席した状態で使う机と組み合わせて使うケースが多いようだ。ソファに座った状態で、膝の上に乗せて使うトレー型の作業台もある。クッションがついた作業台であれば、角度も変えられる。

少しでも良い作業環境を求める人にお薦めなのが、プログラマーやイラストレーター、ゲーマーの利用を想定した商品である。長時間作業を想定し、作業スタイルに応じて天板の高さなどを調整できる機

榊良祐氏が活用する、三脚とコルクボードを使った簡易デスク

（出所：榊良祐氏）

ビーズクッションメーカー、Yogiboの「Traybo2.0（トレイボー2.0）」

（出所：Yogibo Japan）

能がある。

せっかくだから自作したいと考える人もいることだろう。ホームセンターなどには、天板や脚を好みに応じて選択できる組み立てキットがそろっている。

椅子選びはゲーマーに学ぶ

自宅でテレワークを始めた人の多くが悩むのが、長時間作業による腰や肩、首などへの負担である。その原因は椅子にあることが多い。仕事には向かない椅子を使っているようなケースだ。背板や座面が硬い椅子を利用している場合はなおさらだ。「オフィスで普段使われている椅子の優秀さを知った」（コンサルティング企業フィラメントのチーフストラテジーオフィサーで電脳コラムニストの村上臣氏）という声に、多くのテレワーカーが共感するのではないか。

そこで有力な選択肢となるのが、オフィス家具メーカーの椅子である。オーソドックスなオフィス向けのほか、長時間の利用を想定し通気性に優れた素材にこだわった製品、著名なデザイナーによる高級製品もある。

別の選択肢は、ゲーマーの利用を想定した椅子である。デスクと同様、長時間同じ姿勢で作業することを想定して設計されており、通気性のある素材の採用、エルゴノミクス（人間工学）に基づいたデザインなどの工夫が施されている。機種によっては、マッサージ機能を備えたものや、休憩や仮眠時には背もたれを倒してほぼフラットになるもの、オットマンやフットレストがついたものなどがある。長時間作業したままでも疲れにくいと、テレワーカーの間でも評価が上がっている。

長時間の作業に向く、ゲーマー向けの椅子

（出所：GTRACING）

ビーズクッションを使う手もある。自由な姿勢で作業できるのが特徴で、最近はオフィスの共用の作業スペースに置く企業が増えている。パソコンを膝に置いて作業することが苦にならない人には有力な選択肢になり得るだろう。

こだわりアイテムその二、モニター

既に使っている人だけがその威力を知る、テレワークの効率向上に役立つのが外部モニター、外付け型のディスプレーだ。ノートパソコンは持ち歩くことを想定しているため、画面サイズは十四インチ以下のものが多い。二十インチを超えるモニターをノートパソコンにつなぐと、視野が圧倒的に広がる。ノートパソコンの画面とともに二つの画面を使えるため、複数の作業がこなしやすくなる。優れたプログラマーの多くが「モニターの数だけ生産性が向上する」と言うのもうなずける。

小さな画面をずっと見続けると肩こりや腰痛の原因にもなる。健康上の理由から大型の外部モニターを使う人も多い。外部モニターは一万〜三万円程度で手に入る。比較的小さな投資で満足感が得られるお買い得アイテムと言える。

使い方は簡単だ。パソコンのOSに用意されているマルチディスプレー（拡張ディスプレー）機能を使う。ノートパソコンにケーブルでモニターをつなぐと自動認識される。複数の表示方式の中から、複数モニターを別々の作業で利用する「拡張」方式を選択する。これにより、ノートパソコンの画面はメールなどコミュニケーション用、外部モニターはオフィスソフトなどの作業用といった使い分けができる。

チェックポイントは解像度と画面サイズ

モニターを購入する際の基本的な選択基準は、縦横の画素数を示す「解像度」と、画面対角線の寸法（インチ）を示す「画面サイズ」だ。両者は密接な関係にありバランスをとった選択が必要だ。

Windowsは推奨の解像度がフルHD（一九二〇×一〇八〇ピクセル）であり、家庭向け外付けモニターの画面サイズとしては二十インチから二十四インチがあれば十分と言えるだろう。

フルHDの上には、WUXGA（一九二〇×一二〇〇）、WQHD（二五六〇×一四四〇）、4K（三八四〇×二一六〇）などがある。最大解像度が高いほど、画面表示できる範囲は広くなる。複数のウインドウ（画面）を並べて表示したり、Word（ワード）やExcel（エクセル）、Web画面など縦あるいは横に長いページを表示したりする場合は、最大解像度が高いほうが便利だと言える。

最大解像度が高くても、画面サイズが小さいとドットピッチ（密度）が小さくなる。つまり文字などの表示サイズが小さくなって見にくくなってしまう。最大解像度を高くしたい場合には、それなりの画面サイズが必要だ。

接続端子はUSB Type-Cが主流に

パソコンとの間の接続端子は確認しておきたい。パソコンが備えるインターフェースとしては、汎用性が高いUSB Type-Cが主流になりつつある。それに伴い、同インターフェースを備えたモニターが増えている。USB Type-Cには充電機能（USB Power Delivery＝USB PD）もあるので、パソコンからモバイル型モニターへの給電、あるいは据え置き型モニター側からパソコンに給電することも可能だ。

USB Type-C のほかには、HDMIが使われるケースが多い。HDMIを備えていれば、デジタルカメラやビデオカメラなど映像機器との接続も可能になる。パソコンが古い機種の場合、アナログ方式のVGA（D-Sub15ピン）接続が必要になる場合があるので注意したい。

このほか、Web会議が多い場合にはスピーカーを内蔵した機種が便利である。疲れにくさという点で重視したいのが高さ調整機構だ。長時間の利用が想定される場合、自身の体格とモニターの高さが合っていることが重要である。比較的安価なモニターの場合、高さを調整できないものがあるので注意したい。机の上を広く使いたい場合には、モニターの高さや角度が自在に設定できるモニターアームが便利だ。

モニターの中には、画面を回転することによって縦表示ができるものがある。縦表示が向く作業には、文書作成やWeb画面の閲覧などがある。作業内容によっては、作業効率の飛躍的な向上が期待できる。外出先でも使いたい人には、携帯できるモバイルモニターも選択肢となるだろう。その場合、画面サイズはノートパソコンと同じ十三～十五インチ程度が選択肢となる。モバイルモニターはバッテリー駆動が可能か、充電用の規格（USB PD）に対応しているかどうかを確認したい。バッテリー駆動あるいはノートパソコンからの充電が可能であれば、専用のACアダプターを持ち歩かずに済む。

こだわりアイテムその三、マイクとヘッドホン

テレワークにおいては同僚同士の気軽な会話から商談などオフィシャルな場面まで、様々なシーンでWeb会議が多用される。そこで重視されるのがマイクやヘッドホン、イヤホン、スピーカーなど音響関係の商品だ。新規事業を支援するコンサルティング企業のフィラメントが二〇二〇年四月に実施した「テレワークのために購入してよかったモノ、役立っているモノ」に関する調査でも、音響関係の商品が多数挙がった（七十五ページ参照）。これについてフィラメント代表取締役CEO（最高経営責任者）の角勝氏は「Web会議の普及を感じる結果だった」と分析している。

Web会議はパソコンに内蔵されたマイクとヘッドホンも利用できるが、周囲の環境によっては「自分の声が届きにくい」「相手の声が聞こえにくい」といったことがある。良好な品質での対話を望む人には、外付けの機器をお薦めしたい。特に注目したいポイントは、マイクやヘッドホンに内蔵されるノイズキャンセル機能だ。マイクについては「周囲の声を拾わない」、ヘッドホンについては「周囲の音をシャットダウンする」という効果があり、Web会議に集中できる。Web会議ツールのところで述べたようにノイズキャンセルのアプリも存在するが、外付け機器のほうがさらに高品質な対話ができることが多い。

自宅でWeb会議に臨む際は、会議をしている最中も玄関チャイムの音が聞こえるようにしておきた

い、子供の声を聞きたい、といった時もある。そうした場面を想定し、ノイズキャンセル機能をオフにできる機能を備える製品もある。

形状としては、マイクとヘッドホンが一体化したヘッドセットタイプが便利だ。フィラメントの村上臣氏は、マイクが口元に近いほうがいいという理由からヘッドセット型を薦める。「マイクと口との距離が遠くなると、自分の声が相手に届きにくくなる」(同氏)。

ヘッドセットは音質重視なら有線タイプを

ヘッドセットを選ぶ時のポイントの一つはパソコンとの接続形態だ。有線型と無線型のどちらを選ぶかである。テレワークの経験が豊富なユーザーは、有線型を推す。村上氏は国外とのWeb会議が多い経験を踏まえて「品質が安定している有線型がお薦め」とする。無線型と違って、室内の別の無線通信などの影響を受けないため、声が途切れにくい。

室内を動きながら対話したい、あるいは外出先でも利用したいなど、配線が煩わしいと考えるユーザー向けには、無線型が選択肢となる。有線型と無線型ともに、現在は二千円以下で手に入る製品が多数ある。

無線型イヤホンとして支持者が多いのが米アップルのiPhone向けの「AirPods Pro」である。他の商品に比べて高価だが、ノイズキャンセリング機能があり「Web会議に集中できる」とその音質を評価する声が多い。ノイズキャンセリング機能をオフにする「外部音取り込みモード」があることについても評価が高い。ソニーや米ボーズといった音響機器メーカーもAirPods Proと同様の機能を持つ台湾ASUSのゲーミングヘッドセット「ROG Theta 7.1」

（出所：ASUS JAPAN）

無線型製品を出しており、これらも検討に値するだろう。

意外と重要な「装着感」

テレワークにおいては、同じ日に何度もWeb会議に参加することもある。オンラインセミナーに参加する場合なども含めて、長時間にわたってヘッドセットを装着することが出てくる。

長時間にわたるWeb会議を経験したユーザーの中では、ゲーマー向けヘッドセットへの評価が高い。オンラインゲームには、対戦相手と対話しながらゲームを楽しむためのボイスチャット機能を持つものがあり、その利用に向いたヘッドセットが製品化されている。長時間の利用でも「痛くならない」「疲れにくい」など装着感についても配慮されている。

ゲーム向けヘッドセットの利用について、フィラメントのCEOの角氏は「長時間使用しても疲れにくいと聞く。機能の割に安価でもあり、テレワーカーの知恵を感じた」と話す。実勢価格は台湾ASUSの「ROG Theta 7.1」の場合で三万円前後（二〇二〇年四月下旬時点）だ。通常のヘッドセットよりは高いが、長時間のWeb会議利用が多いユーザーは購入を検討してみるのも手だろう。

まだある、意外なお役立ちアイテム

テレワークを実際に始めてみた人の声を聞くと、意外なアイテムが重宝されることが分かる。新規事業を支援するコンサルティング企業のフィラメントが二〇二〇年四月に実施したアンケートの結果を見ると、少数派の回答を中心に興味深いアイテムが並ぶ。

注目アイテムの筆頭は、スマートフォンホルダー付きのリングライトだ。オンライン会議用の照明として使うことを想定する。リングライトとは多数の光源を環状に配したもので、鏡の周辺部に電球を並べた「女優ライト」と呼ばれる照明に似たコンセプトの商品である。リングライトの中央のホルダー部にスマートフォンを置けば、被写体となるユーザーの顔に影を作らず満遍なく光を当てることができる。

リングライトは、これまでＹｏｕＴｕｂｅなどの動画サイトあるいはInstagramなどソーシャルメディア向けの自撮り用、オークションサイトの物撮り用として、一部のユーザーに支持されていた。ここに来てテレワークユーザーにも注目されているようだ。

家庭内はオフィスに比べて暗かったり、照明の死角があったりする。そのためオンライン会議では相手の表情や反応が読み取りにくくなる。リングライトを使うことで、参加者の喜怒哀楽が伝わりやすくなるだろう。オンラインセミナーの講師やセールスミーティングでの営業担当者など、話す際の表情を

テレワークのためにに購入してよかったモノ、テレワーク生活で役立っている／重宝しているモノ

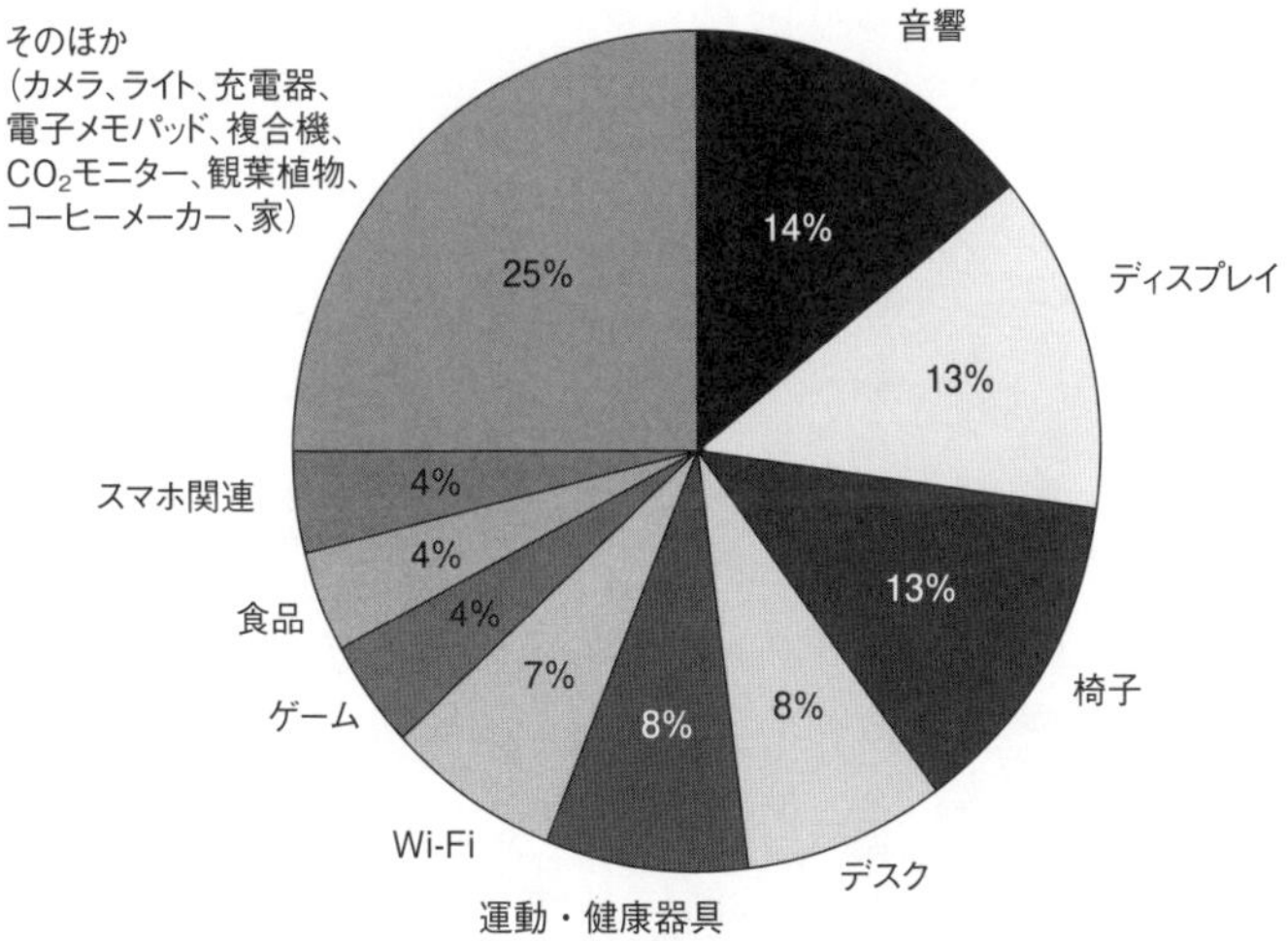

（出所：フィラメント）
n=72。フィラメントが 2020 年 4 月にアンケートを実施

120 灯の LED を備えるリングライト「200-DGCAM019」

（出所：サンワサプライ）

重視したい人にも重宝されそうだ。

商品と工夫でテレワークに潤いを

二酸化炭素センサー（CO_2センサー）も興味深い。CO_2濃度が上がると、集中力や判断力が落ちるとされており、建築物において千ppm以下（厚生労働省／建築物環境衛生管理基準）、教育施設は千五百ppm以下（文部科学省／学校環境衛生基準）に保つように定められている。家庭においても、CO_2センサーを使うことで換気タイミングをはかることができるだろう。

このほか、飲食関連の商品を挙げる人も多い。家で長時間過ごすようになったことから、コーヒーメーカーを新調したという人もいた。食品としては短時間で手軽に調理できる食材のほか、運動不足になりがちなことから、カロリーや糖質を抑えた商品が好まれるのも興味深い。

健康食品に関連して、ヨガマット、小型トランポリン、青竹踏みなど、運動不足を解消する商品や血行を促す商品にも注目が集まっていることがうかがえる。ブログなどを見ると、アロマディフューザーや観葉植物を購入したという人もいる。

長時間・長期間にわたるテレワークは、単調で味気ないものになりがちである。テレワーカーの急増によって、こうした悩みを解決してくれる商品が充実し始めている。自宅での作業を便利にする商品や生活に彩りを添える商品に加え、ちょっとした工夫によって、少しでも楽しいテレワーク生活を送りたいものだ。楽しく取り組めば能率アップにもつながる。

知っておきたい情報漏洩対策の基本

テレワークをするうえで欠かせないのが情報漏洩対策だ。機密情報や顧客情報が外部に流出してしまうと、企業は大きなダメージを負う。ＩＴツールの活用には様々なリスクが伴う。取り返しの付かない事態に陥ることがないよう、対策を講じておきたい。

最たる例がＷｅｂ会議ツールだ。米ズーム・ビデオ・コミュニケーションズが提供するクラウドサービス「Ｚｏｏｍ」は、専用アプリをパソコンやスマートフォンに入れるだけで簡単にビデオ会議ができる。その手軽さが人気を集め、新型コロナウイルスの感染拡大に伴い利用が急拡大した。

それと同時に表面化したのが、情報セキュリティーの問題だ。Ｗｅｂ会議に第三者が不正侵入できる欠陥や、利用者のデータを交流サイトのＦａｃｅｂｏｏｋに無断転送しているといった事態が次々と明らかになった。データの暗号化にも課題が見つかった。

ズーム社は謝罪したものの、無断転送については海外で集団訴訟が起こされる事態に陥った。二〇二〇年四月に入ると、Ｚｏｏｍのアカウント情報約五十万件がダークウェブを通じて不正に販売されていた事実も明らかになった。ダークウェブは違法な情報や非合法的な物品などを売買するＷｅｂサイトだ。通常のＷｅｂブラウザーでは参照できず、特殊なソフトウエアを使ってアクセスする。

「Ｚｏｏｍ爆撃」への対策を

多くの批判を受け、ズーム社はサービスの仕様を変更した。パスワードの設定や会議主催者による参加の承認を基本仕様にしたり、データ転送の要因となっていたコードを削除したりした。不具合を解消するための修正プログラム（パッチ）も公開している。アプリの最新版では不具合が解消されているので、使う際には必ず最新版をインストールしたい。

第三者によるＷｅｂ会議への乱入については、米連邦捜査局（ＦＢＩ）が二〇二〇年三月末に、高等学校などのオンライン授業への乱入が相次いでいると注意喚起を出している。第三者が乱入して不適切な動画を流したり暴言を吐いたりする行為は「Zoombombing（Ｚｏｏｍ爆撃）」と呼ばれる。

対策はビデオ会議を識別するための「ミーティングＩＤ」を公表しないことだ。さらに会議の参加には必ずパスワードを設定する。パスワードを設定しておけば、ミーティングＩＤが第三者に知られたとしても乱入されずに済む。

Ｗｅｂ会議は対面が前提だった会議をテクノロジーによって遠隔地間でも開けるようにした。Ｚｏｏｍの例から分かるのは、テクノロジーを利用する場面を増やすと利便性は高まるが、情報漏洩のリスクも増すという事実である。テレワークをする場合を考えると、Ｚｏｏｍのようなアプリ以外にもテクノロジーを活用する場面が増える。情報漏洩のリスクを減らすためには、それぞれの場面できちんと対策できているかをチェックし、必要な対応を取ることが欠かせない。

破られにくいパスワードを設定する

情報保護対策について、まずはパソコンから見ていこう。会社支給のノートパソコンを会社以外の環境に持ち出すだけでも情報セキュリティーのリスクは高まる。持ち出す前に必ず、ログイン時にパスワードを入力する設定にしているか確認する。設定していない場合は、必ずパスワードをつける。

外出規制がない通常時のテレワークであれば、シェアオフィスや喫茶店などを利用する人もいるだろう。トイレや注文などにより席を離れる機会があるかもしれない。そのようなとき、パスワードを設定していないと、誰かにパソコンを操作され、ウイルスを入れられる恐れがある。こうしたリスクは、会社支給のパソコンに限らず、個人所有のノートパソコンにも当てはまる。

パスワードを設定する際は、破られにくいものにする。名前や生年月日のような個人情報は類推されやすいし、数字だけのものは解析プログラムで簡単に破られてしまう。パスワードの桁数を増やしたり、アルファベットや数字など複数の文字を組み合わせれば、安全性を高められる。他の機器やネットサービスとは異なるパスワードを使うことも大切だ。同じにしてしまうと、仮にそれらの機器やサービスがサイバー攻撃を受けた場合に、パスワードが漏れてしまう可能性があるからだ。

近年のパソコンは上位機を中心に、指紋認証や顔認証でログインできる機種が増えている。パスワードよりも短時間で済むうえ、安全性が高い。予算を確保できるなら購入を検討したい。

OSとアンチウイルスソフトを最新版に

パソコンには必ずアンチウイルスソフトを入れる。アンチウイルスソフトを使っていないと、悪意のあるサイトやメールを見た際、あるいはアプリをダウンロードした時に、ウイルスの侵入を許す可能性が高まる。ウイルスに感染してしまうと、個人情報が奪われたり、パソコンがロックされて金銭を要求されたりする危険が生じる。サイバー攻撃に利用される恐れもある。会社支給のパソコンであれば会社の基準に準拠したソフトが入っているはずなので問題ないが、個人所有のパソコンを使う場合はアンチウイルスソフトの導入が必須だ。

ＯＳがＷｉｎｄｏｗｓ 10の場合は、標準で「Windows Defender」というアンチウイルスソフトが入っている。ただしＷｉｎｄｏｗｓ 10のパソコンに別のウイルス対策ソフトを導入している企業も多くある。Windows Defenderと市販のアンチウイルスソフトには細かな機能の違いがあり、Windows Defenderで十分かどうかは環境や使う人のリテラシーによって変わる。個人所有のパソコンでどちらを使うべきかは、自社のシステム部門に確認する。大手ソフト会社が提供している有償のアンチウイルスソフトの場合、一年間の利用ライセンス料は三千～七千円程度だ。一ライセンスを複数台で使えたり、三年間のライセンスにすると一年当たりの料金が下がったりするメニューもある。

アンチウイルスソフトを導入したら、リアルタイムの監視機能と自動アップデートを有効にする。新たなウイルスは日々生まれているため、アンチウイルスソフトを常に最新にしていないと、それらのウイルスを検知できない。

パソコンのＯＳについても、アンチウイルスソフトと同様に最新版を維持する。最新版のＯＳは、これまでに明らかになったセキュリティー上の欠陥を解消したものだ。こうした欠陥の中にはアンチウイルスソフトには防げないものがある。アンチウイルスソフトを導入していても、ＯＳのアップデートは欠かせない。Ｗｉｎｄｏｗｓであれば「Windows Update」がアップデートのための機能だ。自動的に実行されない設定になっていることもあるので、使っているパソコンの設定を確認する。必要であれば手動での操作を定期的に実行する。

Ｗｉ‐Ｆｉをチェック、ＶＰＮの活用も

ネットワーク環境ついても情報漏洩対策が必要だ。自宅でＷｉ‐Ｆｉを使う場合、通信データを盗み見され、第三者にデータを奪われる危険がある。Ｗｉ‐Ｆｉについてもパソコンのログインパスワードと同じように、破られにくいパスワードを設定する。強固な暗号化方式を設定することも欠かせない。現在安全性が高いと言われる、ＷＰＡと呼ぶ方式の暗号化方式を採用しているＷｉ‐ＦＩルーターがお薦めだ。三千円程度から購入できる。ＷＥＰと呼ぶ方式は脆弱性があるため使わない。ＷＰＡに対応していない場合は新しい機種に買い替える。

外出先で無料のフリーＷｉ‐Ｆｉを使う場合も、危険なものを避ける。パソコンやスマートフォンを自動接続する設定にしていると危険なので、必ず手動でＷｉ‐Ｆｉを選択する設定にしておく。セキュリティーが高い暗号化方式を使っていて、パスワード入力が必要なＷｉ‐Ｆｉを使う。

ネットワークを流れるデータの安全性を高める技術として、ＶＰＮ（バーチャル・プライベート・ネットワーク、仮想私設網）がある。インターネット上に仮想の専用線を設定し、特定の人のみが利用できるようにしたものだ。ＶＰＮを使えば、第三者に通信の内容を傍受される危険性を大きく下げることができる。企業の場合、社外から社内のシステムに接続する際にＶＰＮの利用を必須としているケー

テレワークの際に必要な情報セキュリティー対策の基本

チェック項目		概　要
パソコン	パスワード	・ログインパスワードを設定する。顔認証や指紋認証を使える機種であればそれを使う ・パスワードは名前や生年月日から類推できるものを避ける。アルファベットや数字を組み合わせて字数を増やす ・他の機器やサービスとはパスワードを変える
	アンチウイルスソフト	・必ず入れる。どのソフトを使うかは自社のシステム部門に相談する ・リアルタイム監視機能をオン（有効）にする ・自動アップデートの設定をオンにする
	OS	・バージョンが最新でない場合はアップデートする。アップデートファイルを自動でダウンロードしインストールする設定にするか、定期的に手動でアップデートを実行する
	その他	・のぞき見の被害を防ぐためにプライバシーフィルターを画面に貼る ・ノートパソコンの盗難や紛失に十分注意する
ネットワーク	自宅の Wi-Fi	・パスワードをかける。パソコンと同様に安全で推測されにくい文字列などを使う ・強固な暗号化方式である WPA に対応したルーターを使う
	外出先などのフリー Wi-Fi	・自動接続の設定を必ずオフにし、手動で接続先を選ぶ ・強固な暗号化方式を使っていて、パスワード入力が必要なものを選ぶ
	社内システムへの接続	社外から企業のサーバーにアクセスする際は、VPN（バーチャル・プライベート・ネットワーク、仮想私設網）を企業として導入する

スが多い。もしVPNを使わずに社内の情報を共有するサーバーなどを使っている場合は、企業としてVPNの導入を検討したい。

「のぞき見」への備えを

情報漏洩のリスクはテクノロジーとは無縁のところにもある。代表例がパソコンの置き忘れだ。会社で使うパソコンを自宅に持ち帰る途中にうっかり電車に置き忘れると、パソコン内部に保管されたデータを不正に取得される恐れがある。

オフィス以外の場所でパソコンを使う時には「のぞき見」にも注意したい。社外秘の機密情報を盗み見られたら情報漏洩につながってしまう。のぞき見への有効な対策は「プライバシーフィルター」だ。「のぞき見防止フィルター」「プライバシーフィルム」などと呼ぶこともある。

パソコンの画面に取り付けると、斜めや横からは画面が見にくくなる。正面からはこれまで通り画面を見ることができるので使い勝手が悪くなる心配はいらない。反射防止やブルーライトカットなどの機能を備える製品もあり、画面の大きさに応じて選ぶ。二千円台から数多くの製品が発売されている。装着方法は画面に貼るタイプ、画面の枠に取り付けるタイプなど様々だ。購入と装着の手間はかかるが、情報漏洩が生じたときの経済的損失を考えれば買って損はないだろう。

就業規則の見直し方と運用ルールの設け方

企業が全社規模で在宅勤務などのテレワークを実施するには、ＩＴツールなどを用意するだけでは不十分。テレワークを円滑に進めるための運用ルールの整備が大切だ。企業によっては就業規則や勤務規定の見直しが必要になることもある。一般に、勤務規定は就業規則の一部である。

勤務規定については大幅に見直す必要はなさそうだ。企業に向けてテレワークの導入や推進の相談窓口を設けている日本テレワーク協会の富樫美加事務局長は次のように説明する。「多くの企業は営業や出張などにおいて社員が社外で仕事をすることを前提に勤務規定を策定している」。テレワークを営業活動などと同じ「社外の仕事」とみなして、勤務規定を適用すればよいようだ。

厚生労働省が企業に向けて公開している冊子「テレワークモデル就業規則〜作成の手引き〜」によると、テレワーク勤務に適用する労働時間に関する制度や労働条件が通常の勤務と同じならば、従来の就業規則に沿ってテレワークを社内で始められるとしている。

一方でテレワークを始めるにあたって、新しい勤務時間の制度を採用したり、テレワークに関する通信費などを社員に負担させる取り決めを盛り込んだりする場合、就業規則の見直しが必要だ。

就業規則を見直す場合、公的な手続きが必要になることがある。就業規則は労働時間や賃金、仕事中の食費や作業用品の負担などに関して取り決めるものだ。企業が就業規則を変更する場合、法令などに違反しないことが求められる。そうした背景もあって、常に十人以上の社員が働く企業の場合、会社と社員の間で内容を取り決めたうえで労働基準監督署に届け出をしたり、社員へ内容を周知したりする必要が出てくる。

テレワークの準備を全くしてこなかった企業は、これらのルール整備に「数週間が必要になる」。特定社会保険労務士／行政書士で人事コンサルティングを手掛けるSRO労働法務コンサルティングの杉本一裕氏はこう指摘する。就業規則や勤務規定をこれから見直そうとする場合、労働基準監督署への届け出といった手続きが必要かどうか、事前に確認しておきたい。

勤怠管理の方法や費用負担などを決める

テレワークを始める場合、企業は就業規則などをどのように見直していく必要があるのか。SRO労働法務コンサルティングの杉本氏によると、「勤怠管理」「費用負担」「利用対象者や申請方法などの細則」の三つがあるという。

第一の「勤怠管理」はテレワークを実施する際に就業規則で変更すべき点だ。テレワーク時の勤務時間の記録方法に関する文言を、就業規則に追加する必要がある。例えば、普段オフィスに設置したタイムレコーダーを使っているとすると、当然ながらテレワーク時は使えない。テレワークの際はその代替策を具体的に示す必要がある。

追加内容としては、「テレワーク時にも従来と同様に始業と終業のタイミングを記録して勤務時間を算出する」といった表現があり得る。始業時間などの記録には、メールやビジネスチャットなどを通じて上司に報告したり、業務開始のタイミングを知らせる機能を持ったテレワーク用のソフトウエアを導入したりする方法が一般的だ。業務報告書の提出を義務付け、業務内容を確認する企業もある。既に勤怠システムなどを使って勤怠管理をしてきた企業は、テレワークでも同じように管理ができるので、特に就業規則の見直しは必要ないだろう。

勤怠管理で注意したいのはテレワークをする社員にも、出社して仕事する社員と同じように、労働基準法をはじめとする労働関連法が適用される点だ。厚生労働省はこのことを「情報通信技術を利用した事業場外勤務（テレワーク）の適切な導入及び実施のためのガイドライン」と呼ぶパンフレットなどを通じて企業に広く呼びかけている。ガイドラインによると、「平日の朝九時始業で夕方五時終業」といった通常の労働時間制度に沿ってテレワークをする場合、企業は社員の労働時間をしっかりと把握して、社員の労働時間を適切に管理する必要がある。

テレワークは長時間労働になりがちになることから、「業務時間外や休日に上司がメールをしない」といった、長時間労働を防ぐ策を講じたい。残業や休日出勤についても、オフィスで働く社員と同じように、割増賃金の支払いなどが必要だ。

厚生労働省のガイドラインはこのほか様々な労働時間制をテレワークと組み合わせることができることも紹介している。具体的には、社員が始業や終業の時間を調整して働ける「フレックスタイム制」や、上司の目が届かず社員の労働時間を把握するのが難しいときに、所定の労働時間分、働いたとみなす「事業場外みなし労働時間制」をテレワークと組み合わせることができる。

杉本氏によると、このうちみなし労働時間制については、新たにテレワーク用の勤怠管理の仕組みを導入するのが難しい企業や、正確な勤務時間の測定が難しい企業に向くという。勤怠管理の負荷が下がる半面、残業しても反映されないデメリットがある。新たにみなし労働時間制を採用する場合、就業規則に「テレワーク時には定時勤務と同様の時間労働をしたとみなす」といった文言を追加する。

通信費や光熱費はどっちが負担？

第二の見直しポイントである「費用負担」とは、在宅勤務の際に発生する通信費や光熱費などの費用を会社と社員のどちらが負担するか決めておくことを指す。「会社が全て負担する場合は就業規則を変更しなくてもいいが、従業員が負担する場合は『自己負担とする』と明記する必要がある」と杉本氏は説明する。

通信費については、会社支給のモバイルルーターを使ってネットに接続したり、会社支給のスマートフォンで仕事に関する電話をしたりする場合、会社が負担することになる。この場合は少なくとも社員が費用面で不満に思うケースはないだろう。社員が私用のインターネット接続サービスを仕事で使う場合は、企業と社員のどちらがどの程度費用を負担するかを明確に決めておく。ただし光熱費と同じく、明確な線引きは難しい。一般的には社員が負担するケースが多いようだ。厚生労働省のテレワークモデル就業規則の冊子によると、一定額を手当として会社が支払うケースもあるという。

社員個人のスマートフォンを使って仕事の電話をする場合、通話明細を仕事用とプライベート用に分けて出せる公私分計サービスを使う手がある。通信事業者などが提供している。このほか、テレワーク中に社員が購入した文房具や備品の費用は会社負担とするケースが多いようだ。

テレワークの導入にあたって就業規則などを見直す際のポイント

勤怠管理	始業・終業時間の報告手段や、適用する労働時間制度について決める
費用負担	在宅勤務時の通信費や光熱費などを会社と社員のどちらが負担するかを決める
利用対象者などの細則	利用対象者、申請方法、順守事項、連絡体制といった、テレワークを円滑に進めるための運用ルールを設ける

対象者をルールとして定める

第三の「利用対象者や申請方法などの細則」は、日々の業務でテレワークを円滑に進めるための運用ルールに当たる。杉本氏は「テレワークの対象者」「利用申請の方法」「連絡体制」「順守事項」について、「テレワーク勤務の手引き」などとして、就業規則とは別に詳しくまとめておくことを勧める。テレワークの対象者については「一人で業務を遂行できるスキルを持たない者は認めない」といった記述や、「バックオフィス業務の担当者のみ」と職能で限るなど様々な方法がある。「入社して間もない新入社員や工場のラインの担当者などは、テレワークを実施できない。こうした条件を踏まえて決めることになる」と杉本氏は話す。

テレワークの利用対象に含まれない社員への配慮も必要だ。「機密情報を扱う社員は出社して機密スペースで社内システムを操作する必要がある」といった理由で、企業の全社員には広げにくいケースがあるからだ。この場合、担当業務によって不公平感が出ないように取り決める。具体的には「テレワークが難しい社員にはフレックスタイム制度を適用して混雑を避けて通勤できるようにしたり、機密情報を扱わない仕事をまとめたうえで、テレワークを実施してもらうようにしたりするとよい」と日本テレワーク協会の富樫事務局長は話す。利用申請の方法については、テレワークのたびに上司の承認が必要な「都度申請」方式や、事前に日時などを決めて実行する方式などを決める。連絡体制は緊急時を想定したものを整備する。順守事項は家族がいる環境でセキュリティーを確保する方策や業務内容の報告手段などを盛り込む。

進捗把握や対話の手段を決めておく

このほか、長期間のテレワークの実施を見据えて「成果を含めた部下の仕事の進捗把握」と「コミュニケーションを円滑に取れる手段の確保」についても具体的な策を定めておきたい。順守事項や連絡体制に関する運用ルールとして盛り込んでおく手がある。

「成果を含めた部下の仕事の進捗把握」が必要なのはテレワークの場合、オフィスで一緒に働く場合と違って、上司が部下とコミュニケーションを取りづらく、仕事の進捗を把握しにくいからだ。やり方は、例えば部下が毎朝、テレワークで仕事を始めるタイミングで、その日に取り組む仕事をメールなどで上司に宣言する。上司は「仕事量が多すぎないか」などをチェックし、その日の成果を確実に得られるように仕事量などを調整する。加えて、部下が午後の仕事に取り掛かる際、上司に中間報告をするルールも設けるとよい。上司はこまめに確認する手間がなくなり、部下は「いつどのタイミングで報告すればよいか」などと悩まずに済む。終業時は部下が上司にその日仕上げた仕事を知らせたり、作成したデータなどを送ったりする。そうすると、上司は成果をつかみやすい。進捗把握については、日ごろのオフィスでの働き方にもよるだろう。「社員一人ひとりに任せており、成果は週次でしかチェックしていない」という企業なら、テレワークでもその頻度で問題ない。頻繁に報告をすると上司にも負荷がかかるため、自社に合った最適な頻度を見極めたい。

「コミュニケーションを円滑に取れる手段の確保」を勧める理由は、テレワークで仕事を進めていると、上司や他の社員に確認したい点が出てくることが多いからだ。富樫事務局長が勧めるのはビジネスチャットだ。部署のメンバーを含めたグループでメッセージをやり取りしやすい。ある社員の仕事上の質問とその回答を、部署などグループ内で共有すれば、他の社員も参考にできる。

就業時間中、仕事に行き詰まったときには上司が部下からいつでも相談を受け付けられるようにするルールも設けるとよいだろう。その日の成果を出すために上司も適切な指示が出せるので、「予定した仕事がその日に終わらなかった」といった不測の事態を回避しやすくなる。

まず始め、課題をつぶしながら完成度を高めていく

こうした細則は就業規則とは違って、労働基準監督署への届け出といった手続きをすることなく、企業が現場の状況を踏まえて設定できるものが多い。テレワークの実施を急ぐ場合、これらの項目は「実際にテレワークをしながら詳細を詰めることも可能だ」(杉本氏)。事前の準備に時間をかけるよりは、まず始めてみて、課題をつぶしながら、細則の完成度を高めていくのが望ましいだろう。

併せて、人事部門やIT部門などの担当者からなる「支援チーム」を組織するとよい。「テレワークを一気に全社展開すると、現場で様々な問題が発生する。問題を解決していく組織がないと、テレワークそのものが立ちゆかなくなる」(富樫事務局長)。大企業では社内調整が必要になることもある。テレワークのメリットを説明する資料などを作成し、社内で説明するのに数カ月かかる企業もあるという。テレルールの整備と合わせて、社員の理解を促す努力も欠かせない。

第3章

活用編

二十の問題はこう解決する

テレワークは上司や同僚などから話しかけられることが少ないため、目の前のパソコン作業に集中しやすく、うまく取り組めば仕事の効率を高められるはずだ。にもかかわらず、多くの人が悩んでいるのが現実である。テレワークを成功させるには、乗り越えなければならない「障壁」があるのだ。本章では直面しがちな二十の問題と、その解決策を紹介する。

問題その一

しーんと静まりかえるＷｅｂ会議

会議がうまく進まない――。テレワークに当たって、まずぶつかるのはＷｅｂ会議がらみの壁である。実話を基にした架空ストーリーを示そう。

「また沈黙だ。こんな会議は無駄だよ」

都内の大手製造業のＩＴ部門に所属する中堅システムエンジニア（ＳＥ）のタナカさんは、Ｗｅｂ会議の途中でため息をついた。先週から新型コロナ対策として全社的なテレワークが始まり、その日は週次の定例会をＷｅｂ会議で開いていた。上司のオノ課長と部下のタナカさんら十人が参加し、議題を映したプレゼンテーションソフトの画面を共有しながら音声で会議をしている。

タナカさんがいらいらしているのは、たびたび沈黙が続くからだ。チーム全員が参加する初回のＷｅｂ会議ということもあり、オノ課長はテレワークでの仕事の進め方について意見を聞いている。

「誰か意見はありませんか……」「どうでしょうか……」

参加者は互いに顔が見えない中、なかなか場の雰囲気をつかめず、発言が滞りがちだった。そんな状況で、オノ課長は自由に発言してほしいとこんな言葉を繰り返していた。

最初は発言するメンバーがいたが、話している途中で割り込んでコメントするメンバーが出てきて、誰が何を話しているのか分からなくなる状況も生じていた。しかしオノ課長が積極的に議論の整理をしないため、ギクシャクして余計に誰も話そうとしなくなっていた。

「オノ課長が仕切るWeb会議は無駄でしかない」。タナカさんはストレスをためていた。

仕切り役の上司に足りない一言

こんな具合である。心当たりのある人もいるのではないだろうか。Web会議の仕切り方はリアルな会議とは異なる。こう肝に銘じたい。

Web会議では参加者の顔をパソコンなどの画面に映すこともできるが、大人数になると一人ひとりが小さくなってあまり見えず、意味が無い。しかもWeb会議のツールによっては同時に映せる人数に制限がある。十人規模のWeb会議は基本的に声だけが頼りだ。

そのため参加者はリアルな会議と違って、場の雰囲気をつかみにくい。今、誰が話そうとしているのか。あるいは話そうとしていないのか。自分が発言すると、他の人はどんな反応をしそうなのか。そうした状況が見えない中では、なかなか発言しにくいものだ。

では仕切り役のオノ課長はどうすべきだったか。

議題を画面で共有したところまではよかった。そのうえで発言者の順番を決めて進行すればよかった。その際には必ず一言、参加者の名前を呼んで発言を促すことが肝要だ。「タナカさん、意見はありませんか」という具合である。「誰か意見はありませんか」ではだめだ。

オノ課長自身も含め参加者がWeb会議に不慣れなことを考えると、事前準備をしてWeb会議を短くする方法もある。あらかじめ全員からアイデアを募って箇条書きにまとめておき、それを映して議論する形だ。あるアイデアに対して意見を聞くプロセスも、Ｗｅｂ会議では短めに切り上げ、Ｗｅｂ会議後にチャットのようなＩＴツールを使って議論してもよいだろう。

テレワークでは様々なコミュニケーションツールを活用する。Ｗｅｂ会議はその一つにすぎない。多様なツールがある前提で、コミュニケーションのプロセスを再設計したい。そのうえで全員参加のＷｅｂ会議はできるだけ短くする。「発言をする際には最初に自分の名前を言う」「他の人が話し終えてから発言する」といったルールを設けることも重要だ。

Ｗｅｂ会議は対面の会議よりも言葉の重みが増す。表情を互いに読み取れないからだ。声の微妙な調子も伝わりにくい。言葉以外の要素を頼りにしたコミュニケーションは機能しないと思ったほうがいい。例えば間違って否定的なニュアンスで聞き手に伝わった際、リアルの会議であれば「誤解されたな」と察知してフォローすることが可能だろう。しかしＷｅｂ会議ではそれが難しい。特にダメ出しをしたり改善を求めたり、反対意見を述べたりするときは慎重に言葉を選んだほうがいい。

チャット中、相手が突然「音信不通」に

チャット会議の途中に、対話相手が突然「音信不通」になる——。これもよくある会議の失敗例だ。テンポ良くやり取りしていたのにパタリと返信が来なくなるようなケースである。「急ぎの打ち合わせをしている際に連絡が取れなくなって困った」という経験をしたことのある人は少なくないだろう。数分ならまだしも、長いときは三十分以上放置された人もいると聞く。

パソコンが故障した、トイレに行った、自宅でトラブルが起こった、など合理的な理由があるなら仕

方ない。そうではなく、チャットの使い方に問題があることがある。具体的には、上司が複数の部下と並行してチャットを進めるケースだ。

上司は一生懸命にチャットに取り組み、部下の一人ひとりと対話をする。でも部下からすると、応答に何分も待たされることになってしまう。音信不通のように感じてしまうわけだ。

ビジネスチャットのようなITツールを使う場合は、複数の部下と並行してやり取りするのは禁じ手である。基本的には一人との対話に集中し、終了してから次の人との対話に移るべきだ。

もちろん緊急の案件が発生した際は、やり取りを打ち切っても構わない。その際はそれまでやり取りしていた相手に「緊急対応が入ったので、いったん中断して午後一時ごろに再開しましょう。遅れる場合は連絡します」などと、中断することとその理由、再開時刻の目安を伝える。

仕事で「りょ」はふさわしくない

チャットでのやり取りが一区切りついたら、対話終了の意思を明確に伝える。「では、また相談があったらいつでも連絡をください」のように、いったん終わりにする。そうしないとチャットが中途半端に続いている雰囲気になり、相手に迷惑がかかる。

最後にもう一つ注意点を示したい。チャットで雑談をしすぎないことだ。チャットは相手の様子が見えない。雑談に全く乗り気でない可能性もある。そんな状態で雑談に付き合わされるのはたまったものではない。

若手はプライベートでLINEを使っている時のノリが出ないようにくれぐれも注意したい。近しい先輩でも「りょ」(了解の意味）のようなメッセージを送ると、不快に思われる恐れがある。

必要な回線速度は毎秒五百キロビット超

Ｗｅｂ会議は相手の声を聞き取りにくいこともある。第1章で紹介した本書のテレワーク調査に対する自由意見でも、「音声が悪く、聞き取れない場合がある」(流通、営業・販売、派遣社員・契約社員）といった声が目立った。「音質（音飛び・遅延）と画質（遅延）」(製造、研究・開発、主任・係長クラス）を課題として指摘する意見もあった。

Ｗｅｂ会議は動画をやり取りするため、テキスト中心のメールやビジネスチャットよりも通信量がかさむ。快適に利用するには、どの程度の回線容量を確保しておくべきなのか。「Ｚｏｏｍ」を提供する米ズーム・ビデオ・コミュニケーションズによると、パソコンを使って一対一のＷｅｂ会議に臨む場合は画質にもよるが毎秒六百キロビット以上。グループ会議の場合は毎秒八百キロビット以上である。解像度と推奨帯域（回線速度）の関係は、次ページの表で示したとおりだ。ここでの「高品質ビデオ」とは、ＨＤよりも解像度の低いビデオを指す。米ズームの日本法人であるZoom JAPANによると、解像度は使用状況に応じて自動的に変わるという。

スマートフォンを使った時の推奨帯域は、Ｗｉ－Ｆｉ回線と携帯電話回線に分けられる。Ｗｉ－Ｆｉ利用時については、一対一とグループ会議のいずれも基本的にパソコンと同じ帯域が推奨されている。携帯電話回線を利用する時の推奨帯域は、具体的な値が示されていない。Zoom JAPANによると、実際に利用できる帯域に応じて、自動的に解像度などが調整されるという。例えば十分な帯域があれば、画

パソコンでZoomを利用する際の推奨帯域

会議の種類		推奨される帯域（上り／下り）
1対1ビデオ通話	高品質ビデオ	600キロbps／600キロbps
	HDビデオ（720p）	1.2メガbps／1.2メガbps
	HDビデオ（1080p受信）	1.8メガbps／1.8メガbps
	HDビデオ（1080p送信）	1.8メガbps／1.8メガbps
グループビデオ通話	高品質ビデオ	800キロbps／1メガbps
	高品質ビデオ（ギャラリービュー）	1.5メガbps／1.5メガbps
	HDビデオ（720p）	1.5メガbps／1.5メガbps
	HDビデオ（1080p受信）	2.5メガbps／2.5メガbps
	HDビデオ（1080p送信）	3メガbps／3メガbps
画面共有	ビデオサムネイルあり	50キロ〜75キロbps
	ビデオサムネイルなし	50キロ〜150キロbps
オーディオVoIP		60キロ〜80キロbps

p：progressive scan
bps：ビット／秒

（出所：ズーム・ビデオ・コミュニケーションズ）

面全体に画像を表示できる。帯域が狭いと、自動的に小さな画面になる。

その他のサービスも含め、グループビデオ会議ではSD（標準）画質で毎秒五百キロ〜一メガビット、HD画質なら毎秒一メガ〜三メガビットの帯域があれば十分と言える。自宅の通信環境によっては、十分な帯域を用意できないケースもあるだろう。そうした場合は画面の表示をフルサイズから小さいサイズに変更したり、ビデオをオフにして音声のみで参加したりする方法がある。

問題その二

父のお腹がWeb会議の背景に映り込む

Web会議は参加者が自身の顔をカメラで映し、パソコンの画面上で互いに見合いながら進める。その際に注意したいのが、画像の背景に余計な物が入り込まないようにすることだ。これに関して海外でちょっとしたハプニングが起こり、ネット上で話題になった。米国のローカル放送局の女性記者が自宅のキッチンでニュース番組をネット中継している最中に、上半身裸の父親がTシャツを着る途中の姿でやってきて、ふくらんだお腹が画面に映り込んでしまったのだ。

自宅で動画を撮ってリアルタイムで他人に見せる際のリスクを端的に示した例といえる。この女性記者が臨んでいたのはWeb会議ではなくネット中継だが、Web会議でも同じ危険がある。自宅の居間で上司や同僚と会議をしていたら、その最中に家族が後ろを通って映り込んでしまうようなハプニングに注意したい。家族に「これから会議だから静かにして」「カメラで撮っているから後ろを通らないで」とあらかじめお願いしておきたいところだ。

ただしお願いを聞いてもらえない相手もいる。犬や猫などのペットだ。静かにやってきて、姿が映り込んで会議の参加者が「かわいい」「癒やされた」と感じてくれるのならばいい。ほえたり鳴いたりしたら発言が聞こえなくなるなど会議が中断されてしまう。

人や動物以外にも気をつけたい点がある。散らかった部屋の様子が映り込むのは恥ずかしい。本棚が

Jessica Lang 氏が Twitter に投稿した動画「Work from home they said, it'll be fine they said.」のスクリーンショット

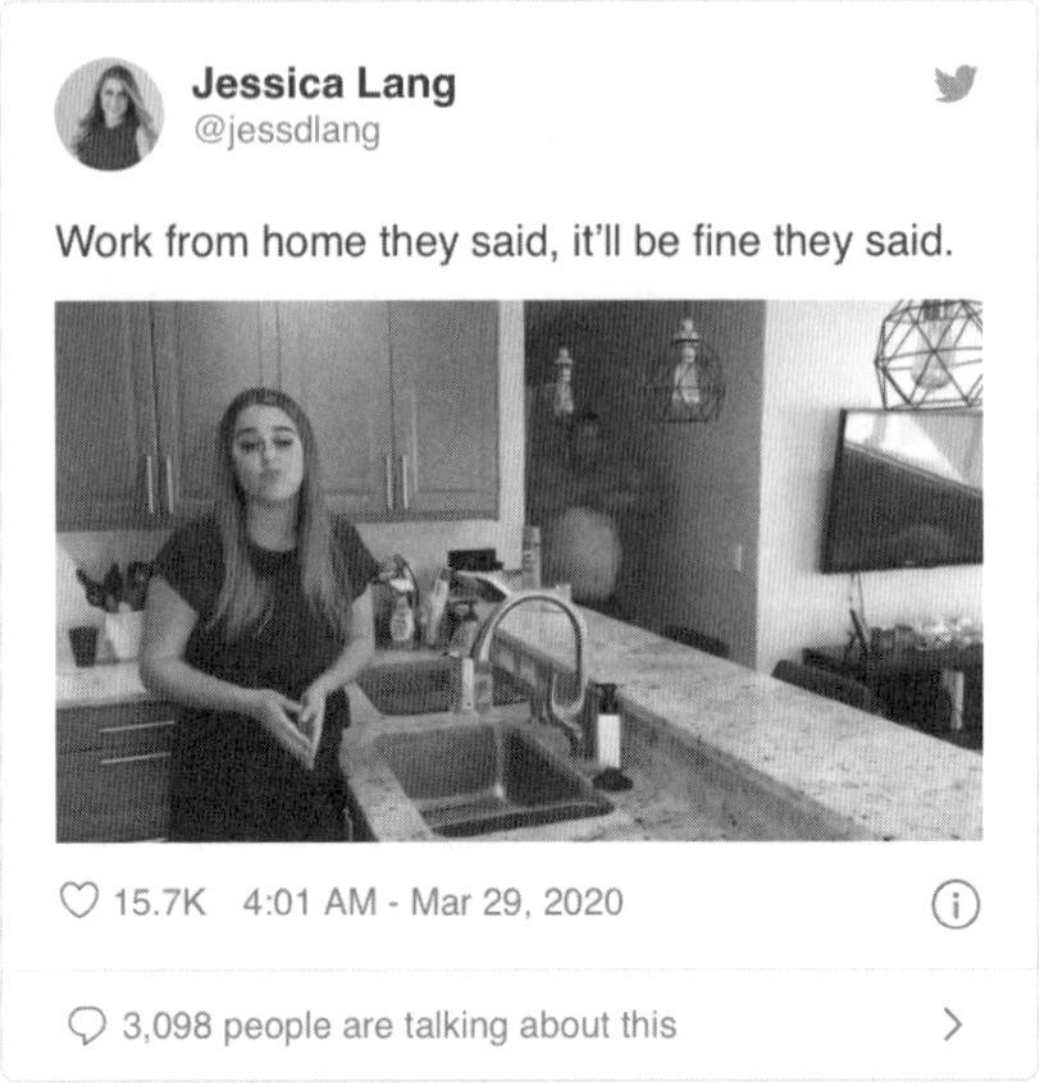

（出所：Jessica Lang 氏の Twitter の投稿）

背景にあると、どんな本を読んでいるのか知られてしまう。他人に見せることを前提としていない部屋でＷｅｂ会議に参加する際は、いちど振り返って背景を確認したい。

このような動画の「背景問題」を解決するために、背景の映像を変えられるＷｅｂ会議ツールがある。第2章でも紹介した、背景をぼかす機能などだ。そうした機能を利用するのも得策である。

中には「せっかくの機会だから自分の意外な一面を部下に伝えよう」と張り切る上司もいるようだ。ゴルフバッグや楽器、家族の写真などをＷｅｂ会議のカメラに映るよう自室に飾るという。そんなことをされると部下は気が散って会議に集中できず逆効果である。

問題その三

すっぴんだからWeb会議に出られない

「化粧をしていないので動画はなしでお願いします、すみません」。Web会議の開始早々、女性社員がこのように宣言することがある。男性社員でも、寝癖を付けたまま、パジャマを着たまま、といった理由から「動画なし」で会議に参加する人がいる。でも顔を見合って話すのはコミュニケーションの基本だ。対面には劣るが、それでも声だけで話し合うよりは、互いの表情を確認し合えたほうが意思疎通しやすい。

といって会議の前に必ず化粧をして、服を着替えるのはやや面倒かもしれない。出社することを考えれば化粧も着替えも手間ではないはずだが、それでも「今日は一日、企画書の作成に取りかかろう」と決め「自宅モード」で臨んでいたところに突然Web会議の招集がかかったら、慌ててしまうこともあるだろう。

そんな時に役立つアプリがある。「Snap Camera（スナップカメラ）」だ。米スナップが提供する。Snap Cameraを使うと、Web会議の動画に映る利用者の顔を装飾できる。「レンズ」と呼ぶ変身加工用の素材が用意されており、光の加減を少しだけ変えるようなことはもちろん、動物やキャラクターのようなものに変身することもできる。Web会議ツールの「Zoom」などと組み合わせて使える。ネットには「すっぴんでWeb会議に参加できる」などの感想が上がっている。

「Snap Camera」の利用イメージ。左が加工なし、中と右は加工例

スナップ社は動画や写真の共有サイト「Snapchat（スナップチャット）」を手がけている。スナップチャットのほうが有名かもしれないが、スナップ社は自社について「カメラ会社です」と説明しているように、カメラのレンズの機能を拡張することに注力している。

「本人そっくり」アバターでＶＲ会議

仮想現実（ＶＲ）の技術を活用し、ネット上の仮想空間でアバター（分身）同士が会議を開く仕組みの開発も進む。ＮＴＴデータが二〇二〇年中の導入を目指し、開発している。

会議出席者はヘッド・マウント・ディスプレー（ＨＭＤ）を頭にかぶり、仮想空間の会議室で他の参加者と身ぶり手ぶりを交えてコミュニケーションをする。ＶＲの臨場感を生かして遠隔地同士でも対面業務をできるようにする狙いだ。会議参加者の顔写真を基に、本人そっくりのリアルなアバターを作る。消費者向けサービスでは利用者が好きなようにアバターを選ぶのが一般的だが、ビジネス向けでは現実の本人とＶＲ会議に参加している人が同一人物であるとすぐに分かることが重要だからだ。

参加者が話した内容を音声認識して、マンガのせりふのようにＶＲ空間のアバターの周囲に発言内容を吹き出しで表示する。チャット形式でも、発言内容を表

示する。外国語の発言は日本語に翻訳して表示する。パソコンやサーバー上のファイルを共有したり、音声によるネットの検索結果を他の会議参加者と一緒に見たりすることも可能にする。

社内で試作版を試行したところ、一般的なＷｅｂ会議と比べて「誰が話しているかが分かりやすい」「ポインターで任意の場所を示しながら説明できる」と評価する声が上がったという。一方で、ネットワークの帯域不足による音声不良や、ＨＭＤの装着感の悪さなどの課題も出た。実用化はもう少し先になりそうだが、デジタル技術の進化によってＷｅｂ会議の可能性が広がっていくことは間違いないだろう。

問題その四
テレビ・家族・菓子の「誘惑」が次々と

ここからはWeb会議に限らず、自宅で仕事をする際の様々な問題とその解決策について取り上げる。自宅での最大の注意点は、会社と違って様々な「誘惑」があることだ。会社は働く場であり、周りの人はみんな仕事をしている。朝起きてなんとなく「気分が乗らないなあ」なんていう日でも、会社に着けば周囲に促される形で机に向かうことができる。

自宅だとそうはいかない。自宅は生活する場所であり、くつろぎのスペースである。食事をする、テレビを見る、家族と対話するなど、リラックスできるプライベート空間だ。会社とは正反対の位置付けにある。

ダイニングやリビングにノートパソコンを置いて仕事をして、ふと時計を見たら午後三時だった。「三時のおやつは」なんて言いながら席を立ち、お菓子を取りに行って、ほんの十分間だけ休憩するつもりが、なんとなくテレビをつけ、そのまま番組を見てしまい、気づいたら夕方だった、といったことになりかねない。

ノートパソコンに向かっていたら、ネット通販で頼んでおいた書籍が届き、ついそのまま読んでしまうような危険もある。調べ物をするためにネットを見ていたら、気になるニュースが目に入り、そのままニュースサイトを見ていたら時間が大幅に経過していた、といった事態も起こり得る。

小さな子がいる家庭なら「お父さん」「お母さん」と話しかけてくるだろう。親と同居していたら、親切心から「ごはんだよ」などと書斎に声をかけに来るかもしれない。本書のテレワーク調査に対する自由意見でも、「Ｗｅｂ会議中に話しかけてきて、返事ができないとあとで文句を言われたりする」（製造、マーケティング、部長クラス）との意見があった。

テレワーク中は意図せぬ中断を機に集中力が途切れたり、休憩が長引いたりしないように注意をしたい。専用の部屋を確保できるならドアに「仕事中」などと張り紙をしておく、「これから一時間は集中したいから話しかけないで」とあらかじめ家族に伝えておくなどの対策が必要だ。最も有効なのは、学校の時間割表のような、行動計画表を作ることだろう。あらかじめ休憩時間を確保しておき、時刻がきたら仕事に戻るイメージだ。仕事だけではない。就寝や起床、食事を含め規則正しい生活を普段以上に心掛けることが大切になる。日ごろの生活習慣の改善から取り組む必要があるというわけだ。

子が在宅中のテレワーク、三つの注意点

新型コロナウイルスの感染拡大に伴う学校の臨時休校を受け、子が在宅している状況でテレワークをする必要に迫られた人も多いだろう。「子が在宅中」のテレワークにおける注意点についても指摘しておきたい。首都圏にオフィスを構える約三十社で構成する任意団体「ＴＤＭテレワーク実行委員会」がこの三月に開いた「テレワーク相談会」での会合内容を基に整理した。

ポイントは三つある。「長時間子供を独りぼっちにさせない」「自宅にこもると運動不足になりがち」「機密事項もあるので大切な電話やＷｅｂ会議は別の部屋で」だ。

一つ目は「同じ家にいても親が仕事に集中すると、子供が独りになりがちになってしまう」との悩みを踏まえたものだ。子が独りぼっちになることとテレワークの成否は無関係と思うかもしれないがそうではない。子がストレスをためてしまうと、言動や行動に影響が及び、結果として親がテレワークに集中できなくなってしまう恐れがある。オンライン学習など、デジタルツールをうまく使いたい。友人同士で描いた絵をオンラインで見せ合って会話させる、幼稚園児や高齢者でも操作できるアプリを使って、祖父母と幼い子供とがコミュニケーションを取れるようにする、なども有効である。

二つ目の運動不足に対しては、昼休みの決まった時間に縄跳びを一緒にするなど、運動をスケジュールに組み込む手がある。朝礼時に全社員で体操をする習慣のある企業に勤める人の中には、オンラインで子供も一緒に参加させるケースがあるという。

最後は機密事項についてだ。子に聞かれたくない、聞かれたらまずい仕事の話はあるだろう。子ではなく、夫婦がそれぞれの競合企業に勤めているケースでも、機密事項に関する悩みは生じる。解決策は、一時的にでも一人で話ができる環境を設けることだ。終日確保できる書斎のようなスペースがない場合は、夫婦や家族で時間を決めて、一つの部屋を貸し切りにすることも有効だ。短時間ならウォークインクローゼットで電話をかけたりＷｅｂ会議をしたりすることも可能だろう。

問題その五
上司が仕事の邪魔をする

新型コロナウイルス対策の観点から必要に迫られ、急速に広がったテレワーク。一部の企業は二〇二〇年に予定されていた東京五輪・パラリンピックの際の通勤ラッシュ緩和などを目的にいち早く取り組んでいたかもしれない。だが多くの会社は新型コロナ対策で慌ただしく始めたという感じだろう。にわか仕込みとも言えるだけに、悪気なく「禁じ手」を繰り出す人が少なくない。特に上司に当たる立場の人の「よかれ」と思った行動が部下のテレワークを邪魔することがある。再び実話を基にした架空ストーリーを見ていこう。

「企画書の進ちょくは順調ですか？　予定通り午後二時にもらえそうですか？」

都内の大手製造業のＩＴ部門に所属する中堅システムエンジニア（ＳＥ）のタナカさんは、上司のオノ課長から送られてきたチャットのメッセージを自宅で見て「またかよ、困っていたらこっちから連絡するのに」とうんざりした表情を見せた。

オノ課長は普段から部下の仕事を細かく管理する「マイクロマネジメント」型の上司だ。部下の自主性を重んじて任せるというよりも、日ごろからこまめに声がけをして一人ひとりのタスクの状況を把握し手を打っている。ある意味で面倒見がよく、タナカさんはオノ課長に相談して助けてもらったこともしばしばある。

しかし急きょ全社で始まったテレワークの局面で、タナカさんはオノ課長にストレスを感じるようになっていた。オノ課長のマイクロマネジメントが普段よりも激しくなったためだ。

マイクロマネジメントが悪循環

オノ課長は毎朝十人の部下一人ひとりに、テキストチャットで一日のタスク目標を提出させるように指示をした。タナカさんは「若手扱いかよ」と不満を感じつつも「オノ課長はきっちり管理したいタイプだから仕方がない」とここは割り切った。

それでも我慢できないことがある。先に述べたように、チャットを使って頻繁に進ちょくを聞いてくる行為だ。ひどいときは三十分おきにメッセージが届く。

タナカさんはそのたびに仕事の手を止めて「今のところ予定通りです」と返した。煩わしいうえに「これまでだって任せてくれたんだから、テレワークならなおのこと信用してくれてもいいだろう」と腹立たしく感じた。

オフィスで仕事をしていたとき、オノ課長は部下の席を歩き回って声がけしていた。それがテレワークでテキストチャットに置き換わっただけという見方もできないことはない。だがテレワークだと部下の様子が分からないこともあって、オノ課長は手当たり次第に進ちょくを聞くようになった。「今のところ予定通りです」のようなぶっきらぼうな答えしか返ってこないので、余計に心配になってメッセージを連発するという悪循環に陥った。

タナカさんはテキストチャットのアプリケーションを閉じてオノ課長からのメッセージを無視するよ

うになっていた。それに業を煮やしたオノ課長はタナカさんに電話をかけ「なぜチャットを見ないのか。仕事にならないだろう」と声を荒らげた。タナカさんは言い返さなかったが、オノ課長への信頼感をすっかり無くしていた。電話を切ったあと、あきれると同時にストレスから「オノ課長は分かってないなー」と声を上げた。

悪気はなくてもノウハウが欠如している

こんな事態が発生している現場は多いようだ。オノ課長はもちろん悪気があるわけではない。テレワークであっても、オフィスにいるときと同じように部下の状況をつぶさに把握しようとしただけだ。さらにテレワークで部下が不安になっていないかと気遣い、普段より密接にコミュニケーションを取ろうとした。それが結果としてタナカさんら部下の仕事を邪魔した。

オノ課長の最大の問題はテレワークのノウハウが欠如していることだ。テレワークには特有のノウハウが必要である点を理解していない。オフィスでうまく機能していたマネジメント方法でも、テレワークに持ち込むと破綻することがある。

オノ課長はどうすればよかったのか。テレワークに詳しいコンサルティング会社アネックスの天笠淳代表取締役は「部下一人ひとりに合わせてマネジメント方法を変えるべきだ」と話す。例えば中堅クラスのタナカさんに対しては、タスクで行き詰まるか、完了したときに報告するよう指示すればよかった。中間のチェックポイントとして、企画書のある項目まで書いたら提出させるルールを設けてもよい。普段からタスクの納期を守る部下については、報告の頻度を自分で決めさせてもいいだろう。

テレワークは上司が部下の様子を把握しにくい。頻繁にチャットを送ると部下の仕事の邪魔になるし、部下からすれば監視されている気持ちにもなりかねない。上司が部下をさりげなく観察できるオフィスとは違う。ここを肝に銘じたい。

鍵は主体性である。上司が指示しなくても、部下が主体的に動いて報告・連絡・相談をしてくる。部下のそういう主体性を引き出すマネジメントがテレワークでは一段と重要になる。

もちろん仕事の基本を習得中の若手は例外だ。テレワークであろうと、常に様子を把握しつつ必要に応じて助ける必要がある。一方で中堅クラス以上に対しては主体性を重んじるマネジメントに変えるべきだ。そうしなければ、上司も部下も無駄に疲弊してしまう。

部下に何を任せられるか、上司として何をすべきか。単純に仕事をする場所を自宅に切り替えるのではなく、マネジメントのあり方を改めて考える機会にしたいところだ。

問題その六
肩こり腰痛がつらすぎる

テレワークによって腰痛や肩こりに悩む人が増えている。第2章の導入編でも少し触れたが、原因はテーブルと椅子にある。オフィス家具を扱う内田洋行の担当者によると、一般にオフィス用デスクは高さが七十二センチメートルであるのに対して、ダイニングテーブルの高さは六十五〜七十センチメートルだという。椅子の座面の高さはオフィス用が四十〜四十二センチメートルであるのに対して、ダイニング用は四十五センチメートル前後だ。

つまり自宅のダイニングはオフィスと比べて「テーブルは低く、椅子は高い」という環境なのである。ダイニングの主な目的は食事だ。テーブルと椅子は食事をしやすい位置関係になっている。オフィスと比べると、ノートパソコンのディスプレーとキーボードが低い位置になる。その結果、猫背になりやすく、長時間作業すると腰や肩への負担が大きくなる。自宅だけではない。カフェも店舗によってはダイニングテーブルと近い環境であることが多い。

どうすればこの問題を解決できるのか。重要なのは「正しい姿勢」を保つように意識することだ。内田洋行の担当者によれば姿勢、目線、座面の高さ、時間の四点から対処法を考えるといいという。順に解説しよう。

ダイニングチェアに折りたたんだ膝掛けを置いた例

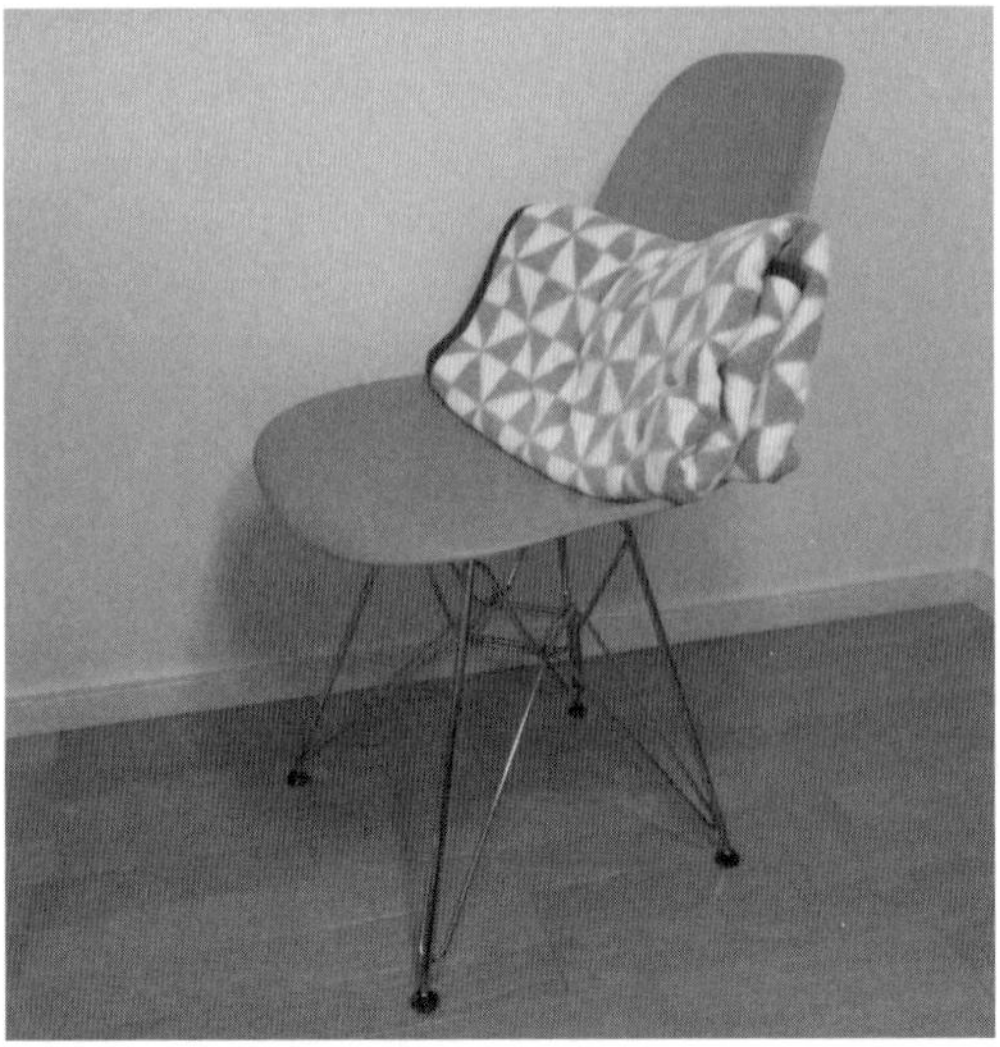

姿勢の理想は、立った状態

人間は立った状態で重量のある頭部を支えるために骨格と筋肉が発達している。立った姿勢の背骨の形が人間にとってニュートラルな状態だ。横から見るとS字型を描いている。座ると背骨はC字型になり、同時に骨盤が後方に倒れて背中の筋肉が引き伸ばされる。これは不自然な姿勢であり、身体は緊張状態になる。腰痛や肩こりなど、身体の不調の原因につながっていく。

腰痛や肩こりを避けるには、立った状態の背骨の形に近くなるよう姿勢を矯正する工夫をするといい。オフィスチェアは背骨がS字型になるようにサポートする機能を持つ一方、自宅のリビングやダイニングに置く椅子はほとんどがこうした機能を持たない。

そこで、ダイニングやリビング、カフェなどでテレワークをする場合には、クッションや座布団、折りたたんだ膝掛けなどを座面の奥や背もた

外部ディスプレーを使って理想的な目線に設定した例

れの下のほうに挟み込むといい。骨盤が立った姿勢に近い位置に矯正され、背骨が自然とS字型を描くような姿勢を作れる。椅子のデザインによってはクッションなどを挟み込めないかもしれない。その場合、クッションなどを挟み込みやすい椅子を用意する。

前かがみは腰痛や肩こりのもと

最近は家庭でもオフィスでもノートパソコンが主流になっている。ノートパソコンの画面はデスクトップパソコン用のモニターに比べると位置が低いうえに小さい。文字を読みやすいように顔を近づけて、前かがみになったり頭を前に突き出す姿勢になったりしがちだ。そんな姿勢は首や肩、背中の筋肉などへの負担が大きい。

この問題をクリアするには、画面の位置を高くするといい。目線を水平近くに保つと、頭部の重さを正しく背骨で支えられる。背骨がS字型を描く、立ったときと同じような姿勢になりやすい。

具体的な方法は、外部モニターあるいは「ノートパソコンスタンド」などと呼ばれるノートパソコン用の台を使うことだ。台に置く場合、できるだけ目線が水平に近づくように高さを調整する。台に置いた状態ではノートパソコンのキーボードは打ちづらいので、外付けキーボードを用意する。目線が水平になって体重が少し後ろ寄りになると、腕の重さが肩の負担になるかもしれない。その際は肘掛け付きの椅子を使うと肩の負担を軽減できる。

座面が高すぎると足がしびれる

前述の通り、ダイニング用の椅子はやや高さがある。体格に対して座面が高い椅子で長時間作業すると、足がむくんだりしびれたりする。太ももの裏が圧迫され、血流が滞ってしまうからだ。

自宅の椅子が自分の体格に対して高すぎる場合は対処が必要だ。座面の高さを調整できる椅子を用意するのが現実的な対処策である。

座面の高さは膝から下の長さに合わせるのが基本だ。高すぎると足がむくみ、低すぎるとお尻が痛くなる。ただ、机の高さとの関係がちぐはぐになると、今度は姿勢の問題が浮上してくる。座面の高さを調整する際は、作業時の姿勢が猫背になったり背中が反ったりしないように注意する。

長時間、同じ姿勢を続けない

人間は自然と、一定時間ごとに身体を動かして筋肉をほぐすような動作をするものだ。しかし緊張していたり仕事に集中していたりすると、長時間同じ姿勢を続けてしまうことがある。加齢で筋力が落ちた場合も同様だ。筋肉の緊張状態が続き、疲労につながっていく。

そこで一、二時間ごとに休憩を入れ、立って背伸びをするなどして身体をほぐそう。慣れない環境では筋肉がこわばりやすい。意識的に休憩を取るようにしたい。

自宅やカフェでテレワークをする際は、これら四点を踏まえるとノートパソコンで作業しても疲れづらくなる。なお「腰痛を軽減させる」といったうたい文句で椅子の上に置くクッションが販売されているが、それを置くと座面がさらに高くなる。テレワークで使うとかえって姿勢が悪くなり腰痛や肩こりを悪化させる恐れがあるので注意したい。

頻度が高いならオフィスチェアの購入も

自宅でテレワークをする頻度が高いならば、オフィスチェアを購入するのも手だ。机はダイニングテーブルのままでも、椅子を替えるだけで十分な環境改善を見込める。一般的なオフィスチェアは四十〜五十センチメートルの幅で高さを調整できる。ダイニングテーブルで作業をする場合、椅子を低めに設定すればいい。

オフィスチェアは、座ったときに自然と背骨がS字型を描く姿勢となるように設計されている。例えば、背もたれの下部が前方へせり出した形状になっている。オフィスチェアの中には、背もたれに「ランバーサポート」と呼ばれる腰を支える機能を持つ製品もある。深く腰掛ければ自然と背骨がS字型になり、長時間作業しても疲れにくい。

座面に工夫を凝らしたオフィスチェアもある。例えば内田洋行の一部の製品は「座骨前方サポート」

座骨前方サポート機能を持つ椅子。座面が複雑な曲面で構成されている

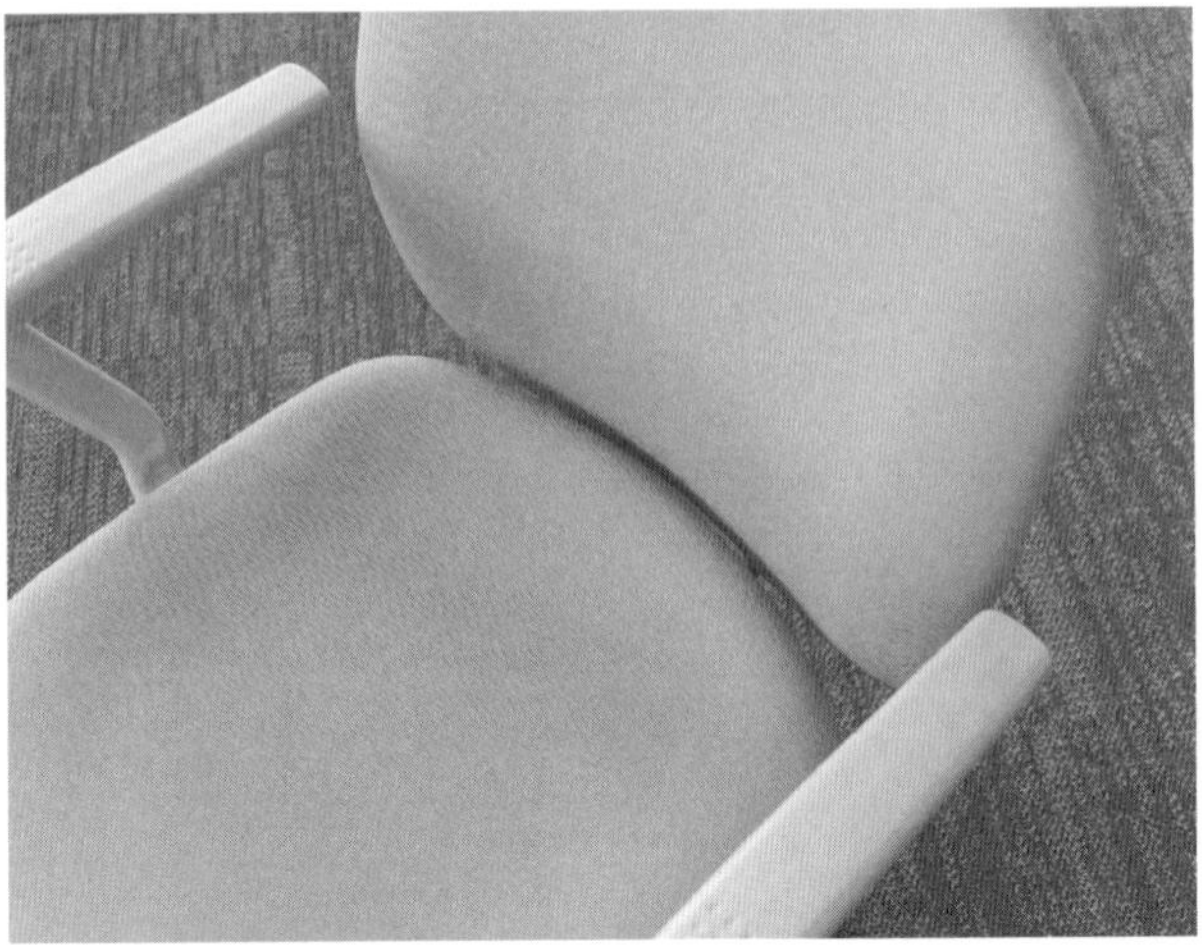

という機能を持つ。座面の奥部中央がくぼみ、お尻がはまり込む。自然と深く腰掛ける姿勢に誘導され、長時間座り続けても姿勢が崩れにくい。

テレワークに使う椅子の条件をまとめると次のようになる。スペースが許される範囲で、できるだけ多くの条件を満たすように椅子を選ぶと後悔が少ないだろう。

- **ランバーサポート機能はあったほうがいい**
- **肘掛けはあったほうがいい**
- **座面の高さ、ヘッドレスト、肘掛け、ランバーサポートの位置など、調整できる箇所はなるべく多く、調整範囲が広いほうがいい**
- **背もたれは大きくて安定感のあるほうがいい**

自宅に置く場合、他のインテリアとマッチするかどうかを重視する人も少なくないだろう。最近は木目調のインテリアを中心にしたオフィスが流行しており、

木製のオフィスチェアも登場している。高さ調整やしなる背面など、一般的なダイニングチェアよりパソコン作業に向く機能を備える。こうした椅子を選んでもいいだろう。

テレワークでせっかく通勤時間を省けたのに、腰痛や肩こりがひどくなって通院するようでは本末転倒だ。一日や二日だけというのならまだしも、本格的にテレワークに臨むのであれば、腰痛や肩こりを誘発させにくい環境を作りたい。

規則正しい生活を

腰痛や肩こりのほかにも健康被害は起こり得る。例えば運動不足になると、様々な病気につながりかねない。一日中自宅にこもっていると、汗をかくこともなく、筋力が衰える。抵抗力が弱まり、風邪を引きやすくなる恐れもある。先にも少し触れたが、散歩をする、あるいは腹筋や腕立て伏せをするなど、体を動かすように意識したい。毎日、あるいは決まった曜日、決まった時間に組み込めば、規則正しい生活にもつながる。

規則正しい生活はメンタルの面でもプラスになる。一人でずっとパソコンに向き合っていると、精神的につらくなることもあるだろう。規則正しい生活と適度な運動、あとは電話やＷｅｂ会議で同僚などと話すことも大切だ。ビジネスチャットばかりだと気がめいる。適度なコミュニケーションを意識したい。

問題その七
紙の書類とハンコを無くせない

オフィスでは文書や契約書など様々な紙の書類を扱う。申請や承認、決裁などの際には上司のハンコをもらう必要も生じる。紙の書類とハンコを前提とした仕事の進め方は、テレワークを進めるうえで大きな障壁である。

第1章でも紹介したように、本書の調査でテレワークをする際の阻害要因や不便・不安に感じることを複数回答で聞いたところ、押印や決裁、発送など「書類・伝票類を取り扱う業務を対象とできず不便」を選んだ人が三十二・二％に達した。調査の自由意見でも「紙・印鑑を必須とする相手企業および自社業務の存在がネック」（流通、情報システム、課長クラス）、「書籍、参考資料などのデジタル化が済んでいない」（製造、総務、その他）との声があった。

もちろん紙文書をオフィスから全廃するのは難しい。でも最新のデジタル技術を使えば、無くせる書類や業務はあるはずだ。少しずつでも紙の書類を減らし、押印も電子決裁などに移行していきたい。では、どこから手を付けるのが効果的なのか。

電子化すれば共同編集も可能に

まず候補として挙げられるのは、報告書や日報、会議の議事録、企画書、マニュアル、資料など、日常の業務で使う文書だ。紙の文書をファイルに閉じて保管しているような場合、オリジナルの書類をある社員がテレワーク用に社外に持ち出してしまうと、ほかの社員が参照できなくなる。紛失リスクや情報漏洩リスクも高まる。

このような文書はスキャナーや複合機などでスキャンし、PDFファイルなどの形にして、社内システムやクラウド型のストレージサービスなどに保管すると便利だ。電子化すればいつでもどこでも参照できる。同時に複数の社員が見ることも可能だ。

電子化した文書を社内システムで管理する場合、社外から情報セキュリティーを確保して社内ネットワークにアクセスできるVPN（仮想私設網）などの仕組みを用意する。クラウド型のストレージサービスに保管する場合はパスワードの管理などを徹底する。クラウド型のサービスはファイルやフォルダーへのアクセス権限を細かく設定できるものが多い。

テレワークの導入を機に、「紙文書を無くし、デジタル文書を前提に仕事を進める」という働き方にシフトしていくのもよいだろう。ビジネスチャットやクラウド型のストレージサービスの多くは、管理している文書ファイルを複数のユーザーが共同で編集する機能を備える。この機能を使えば、複数の社員が一つの文書ファイルを同時に見ながら意見を書き込んで、報告書を共同でまとめ上げていくことが可能になる。一人が書いた文書ファイルをメールで回覧して順番に編集し、完成させてからメンバー全員に確認を求めるやり方よりも、文書作成の効率を引き上げやすい。

文書や業務の種類別に見た、テレワークにおける課題と解決策

対　象	日々の仕事で扱う紙文書（マニュアルなど）	紙の契約書	経費精算	社内決裁
課　題	持ち出すと共有できない。情報漏洩などのリスクも高まる	押印や郵送が必要	申請や承認の作業と、紙の書類や伝票などのやり取りが必要	
解決策の例	電子化して社内システムやクラウドストレージで管理する	電子印鑑システムや電子契約の仕組みを導入する	領収書をスマートフォンで撮影して手続きできるシステムを導入する	社外からも利用できるワークフローシステムを導入する

テレワークを阻害する二大業務

次に、業務の視点から電子化について考えてみる。テレワークを阻害する二大業務といえば、経費精算と社内決裁だ。多くの企業で領収書や決裁文書といった紙のやり取りを前提に業務が組まれていることが多い。これらの業務に紙文書が残っていると、決裁文書に承認印を押すだけのために部長が出社する、月末の経費精算のために社員が会社に行く、といった無駄が生じる。部下が決裁文書を作成し、紙で印刷して管理職の机に置いたとしても、管理職が出張していると「上司の帰社待ち」になってしまう。これでは業務のスピードが落ちる。

平常時であれば、まだなんとかこなせたかもしれない。でも新型コロナウイルスの感染拡大に伴い緊急事態宣言が出された状況だと、そうはいかない。この四月、それこそ命がけで、ハンコを押すだけのために出社した役職者もいるだろう。新型コロナウイルスの問題を機に、経費精算と社内決裁の電子化についても本気で検討し、導入にこぎ着けたいところだ。

進む経費精算の電子化、制度改正が後押し

知らない人は意外に多いようだが、経費精算については大幅な規制

緩和が進んでいる。スマートフォンのカメラで社員が紙の領収書を撮影し、その画像データを基に経費精算を進める、といったことが既にできる。「電子帳簿保存法」と呼ぶ法律が運用の仕方を含めて見直され、企業が紙の領収書を電子的に管理しやすくなったのだ。電子帳簿保存法は国税に関わる書類を電子データとして保存する方法などを定めたもので、一九九八年に制定された。

その後の制度改正で、二〇一七年からデジタルカメラやスマートフォンで撮影した領収書のデータを紙の領収書の代わりに扱えるようになった。これにより社員は外出先などからスマートフォンのカメラとアプリを使って経費申請しやすくなった。役職者が出先で承認作業をすることも容易になった。テレワーク中の社員についても、経費精算や経費の承認が可能になったわけだ。さらに、規制緩和によって、それまで精算後も保管する必要があった紙の領収書も、一定の要件を満たせば破棄できるようになった。

一連の流れを受けて、スマートフォンから経費精算の申請や承認ができるクラウドサービスが増えてきている。欧州ＳＡＰ傘下の米コンカーやマネーフォワード、ラクスなど、提供事業者は多岐にわたる。二〇二〇年十月には、さらに制度改正が進んで、キャッシュレス決済などの決済データが支払いの証明として活用しやすくなる見込みだ。これが実現すれば、紙の領収書や紙を模した「電子領収書」そのものを撤廃しやすくなる。

社員五千人がスマホで手軽に経費精算

規制緩和を踏まえ、先進企業は経費精算の効率化に乗り出している。その一社が塩野義製薬だ。二〇一八年十二月に経費精算や間接材購買といった間接業務に使う新システムを稼働させた。新システムは国内のグループ会社で一斉導入した。稼働当初の利用者は本社や工場、営業拠点など全国の拠点に勤める約五千人である。この規模で電子帳簿保存法に対応するシステムを稼働させるのは、当時は珍しかった。

経費精算を電子化する狙いもあって、塩野義製薬は米コンカーが提供するクラウドサービスを採用した。社員が紙の領収書をスマートフォンのカメラで撮影することで、経費精算の手続きをできるようにした。経費精算の電子化によって、社員が紙の領収書を台紙に貼り付けて経理部門に提出する必要が無くなった。稼働から四カ月たった時点で、経費精算にかかる時間を一人当たり三割減らせるめどがついた。塩野義製薬の電子化の事例については、第4章で詳しく紹介する。

紙を無くし、社外から決裁可能に

経費精算と並んで、電子化を進めたいのが社内決裁だ。ワークフローシステムや電子印鑑システムを導入するなどして、ペーパーレスを図りたい。ここでは先行事例として、三井不動産のケースを紹介しよう。三井不動産は社内決裁をモバイル端末でこなせるようにした。二〇一九年四月に会計システムと決裁システムから成る基幹系システムを刷新したタイミングで、承認ワークフローも見直した。

従来は部門や業務ごとにフローがまちまちで、業務によっては紙の伝票が多く残っていた。紙の伝票には承認者の押印が必要だった。別の業務では決裁システムとは別に、Ｅｘｃｅｌ（エクセル）シートで支払いデータなどを管理していた。支払いが生じるたびに、事業部門と会計部門はメールでＥｘｃｅ lシートをやり取りしていた。決裁システムを使って出力した帳票を担当者が読み取って、必要なデータを会計システムに手入力する場面も多かった。

これらの問題を決裁システム刷新によって解決した。開発プロジェクトでは承認ワークフローを共通化。事業部門の担当者など約二十人が協力して、全社共通の承認ワークフローを考え、業務プロセスを策定していった。承認ワークフローを共通化するに当たり、押印無しで承認フローを回せるように変えた。さらに社内パソコンだけでなくモバイル端末でもシステムを操作できる機能を盛り込んだ。外出中やテレワーク中でもワークフローを回せるようにするためだ。

新システムの稼働に合わせて、全伝票を原則電子化してペーパーレスを達成した。同じ伝票データを複数の部署でシステムに入力する無駄も省いた。一連の取り組みで毎年八十四万枚の書類と五万八千時間の業務時間を減らせると見込んでいる。

ハンコ電子化、上司が社外から「押印」

ハンコの電子化に挑んだ事例も示そう。富士通エフサスの取り組みだ。同社は働き方改革の一環で、二〇一九年二月に電子印鑑システムを導入した。社員が申請した電子文書の内容を上司が確認し、問題がなければその文書に印影を電子的に付加できるようにした。このシステムは顧客企業に向けた文書で利用している。

それまではハンコを押さなければ顧客に提出できない文書については紙で扱っていた。上司がオフィスに戻ってこないと押印してもらえず、仕事が滞ることがあった。そこで確認対象の文書と印鑑を電子化し、上司が社外からでも電子的に押印できるようにした。これで印鑑が必要な文書を扱う仕事を円滑に進められるようになったという。

文書の電子化が進むにつれて、電子文書に電子的に押印ができるITサービスも広がりつつある。例えばシヤチハタは電子文書に電子的な押印ができるクラウド型のサービス「パソコン決裁 Cloud」を提供している。通常はハンコ一つ当たり月百円だが、二〇二〇年五月時点では新型コロナウイルスの対策のために期間限定で無償提供している。パソコンやスマートフォンのWebブラウザーを使って、PDF形式の決裁書類などに電子的なハンコを押印できる。いつ誰が押印したのかの履歴も残せる。

ハンコの電子化や電子化した情報の内容証明といったITサービスが普及すれば、取引先との間で交わす契約書を電子化できる道筋も見えてくる。契約書は相手があるために、自社の都合だけでペーパーレスに移行するのは難しい。だからといってあきらめていては、いつまでたっても紙は無くせない。最近ではGMOインターネットグループがハンコ全廃を決断するなど、新たな動きも出てきている。新型コロナウイルスの問題を契機に、多くの企業が契約書の電子化に踏み切れば、テレワークの可能性はさらに広がるだろう。それが業務の持続可能性を高めることにもつながる。

問題その八
勤務とサボりの区別が付かない

「部下はまじめに働いているのか」「テレワークと言いながらサボっているのではないか」。テレワーク中にこんな不安を感じたことのある上司は少なくないだろう。互いの姿が目に見えないからこその心配である。第1章で取り上げた本書の調査でも、自由意見として「同僚がサボっている気がしてならない」(その他、その他、経営者・役員)、「部下がテレワーク移行三日目にして音信不通になった」(建設、その他、課長クラス)という声があった。

新型コロナウイルスの感染が広がる前は、上司が部下のテレワーク申請を認めないこともそれほど珍しくなかった。業務改善やオフィスのコミュニケーション改善などを手掛ける会社あまねキャリア工房の代表、沢渡あまね氏はかつてIT企業に勤務していたとき、上司と次のような口論になったという。

上司：「見えない相手を評価できない。だから僕のチームではテレワークはダメ」

沢渡氏：「見えない仕事を評価できるようにするのが、あなた（マネジメント）の仕事でしょう。私たちはIT企業です。ITを活用しなくてどうするんですか?」

「労働集約型」と「対面依存主義」の罪

沢渡氏も「全ての仕事をテレワークにすべき」とまでは考えていない。プロジェクトの立ち上げ段階であれば、「全員が顔を合わせていたほうが相談しやすいし問題解決が早いから全員出社で、などの判断も大いにありだ」としている。

しかし「今までがそうだから、周りがそうだからといった理由で、業務上必要のないテレワークはNGというのはあんまりだ」と沢渡氏は指摘する。上司がこうした考えを持つのは、仕事に関する固定観念にあると沢渡氏はみている。

それは「労働集約型」と「対面依存主義」だ。対面依存主義とは「仕事を進めるときには関係者と必ず実際に会って仕事をする。テレワークのような非対面での仕事はしない」といった考え方を指す。「こうした発想は、組織を幸せにしない。個人のことも幸せにしない」と沢渡氏は続ける。

持つべき発想は「ABW（アクティビティー・ベースド・ワーキング）」と呼ばれる考え方だ。分かりやすく表現すると、仕事の内容に合わせて働く場所を選び、生産性やモチベーションの高い働き方をしましょうということである。

「何より残念なのは、テレワークを介護や育児あるいは災害時のバックアップ手段程度にしかとらえていない職場がいまだに多いことだ」。沢渡氏はこうも話す。テレワークも労働の新たな形態と位置付け、うまく活用していきたい。強い組織は業務の進め方などを見直して、オフィスでの仕事とテレワークをそれぞれうまく活用して成果を出している。新型コロナウイルスの感染拡大という社会問題に直面する今こそ、管理職が先頭に立ち、業務を再設計して場所にとらわれず成果を出せるよう変えていきたい。

変革を推進すべき立場の上司がテレワークに反対しているようでは困る。企業はまず、上司の意識を変えていく施策が必要だ。例えば婚活や結婚、自動車関連の情報サービスなどを手掛けるリクルートマーケティングパートナーズはテレワーク導入などの働き方改革を始める際、まず部長や課長といったミドルマネジメント層の意識改革から始めた。「現場の社員に最も大きな影響を与えているのが直属の上司であるミドルマネジメント層。ここの意識が変わらなければ社員は変わらない」と推進担当者が考えたからだ。そのうえで改革を進めたところ、ほどなく成果が出てきたという。

部下の意識改革も必要

意識改革が必要なのは上司だけではない。新型コロナウイルスの感染拡大前を思い出してみてもらいたい。「テレワーク制度を導入したところ、必要がないのに毎日テレワークをする部下が出てきて困った」。こんな思いをした管理職もいたのではないか。もちろん新型コロナ対策のために会社が出社を禁止した時期など、緊急時は別である。でもそうでない平常時に、毎日テレワークをして一切出社をしない、というのは良くない。

特定社会保険労務士で行政書士の杉本一裕氏は次のように話す。「テレワーク制度が許可制なら、申請を却下して問題ない。会議や客先対応などがある日についてはテレワークを認める必要はない」。制度を見直して日ごとにテレワークの許可を取る「都度申請方式」にすれば、「出社を拒み毎日テレワーク」というトラブルを減らしやすい。事前申請なら上司や同僚も勤務予定を把握できる。

重要なので繰り返すが、緊急時は別である。新型コロナウイルスの感染によって政府が緊急事態宣言を出した最中にテレワークを理由もなく却下すると、企業は安全配慮義務に違反したとみなされる可能性がある。労働契約法第五条には「労働者がその生命、身体等の安全を確保しつつ労働することができるよう、必要な配慮をする」と規定されている。

状況に応じた判断と社員一人ひとりの習熟度、業種や業務ごとの「向き不向き」を管理職が理解することが大切だ。例えば周囲のサポートが必要な新人社員、業務態度に問題がある社員などはテレワークに向かない。テレワークは基本的に一人で作業を進めるため、自身で作業をやりきるスキルが社員には求められるからだ。杉本氏はテレワークに向かない社員の例として、「能力不足」「勤務がルーズ」「自律性がない」といった特徴を挙げる。

「集中しすぎて働きすぎ」に注意

サボり対策もさることながら、上司は部下の働きすぎにも注意しなければならない。テレワークは一人で集中しやすい環境にあるため、集中力が高まる傾向にある。これが長時間労働につながることがある。申請をせずに残業をするようなことにもなりかねない。

あまり集中できず成果が上がらなかった日に、「この成果だとサボっていたのではと上司に疑われるかもしれないから、もうひと頑張りしよう」と夜遅くまで仕事を続ける人が出てくる可能性もある。第2章でも触れたが、上司は部下の過剰労働にも気をつけたい。ＩＴツールを使って始業と終業の時刻を正確に入力させ管理するなどの方策が求められる。適度な休憩を促すといった配慮も欲しいところだ。

「テレワークでは特に、始業から終業までの時間内で仕事を仕上げる意識を強く持つことが大切だ」。日本航空（JAL）のテレワーク推進担当者はこう指摘する。JALは間接部門の社員約四千人を対象に二〇一四年からテレワーク制度を始めている。「終業時間を意識するためにも、テレワークが終わった後、プライベートの予定を事前に入れておくとよい」という。テレワーク制度導入と並行してちょっとした工夫をすることで、終業時間に必ず仕事を終わらせる意識が社員に定着したという。テレワークをする社員から「普段は自宅を出る時間からテレワークを始めて、通勤時間の分をプライベートの時間に回す」という働き方も生まれてきたという。

テレワークに向く仕事とは

テレワークに向く人と向かない人のイメージをつかんだら、次は「テレワークに向く仕事」について考えてみたい。機械を扱う工場の現場、接客業務に当たる社員などにテレワークを適用しにくいのは、直感的に分かるだろう。分かりにくいのはオフィス業務である。政府が東京五輪・パラリンピックの開催時に交通渋滞を緩和する目的で実施したテレワークの試行キャンペーン「テレワーク・デイズ」に参加した企業でも、「テレワークで取り組める仕事が分からない」といった課題がオフィスワークをする複数の社員から上がった。

「テレワークに向く仕事がない」という課題に挑んだのが、環境プラントの建設などを手掛けるＪＦＥエンジニアリングだ。同社は二〇一八年四月、育児や介護が必要な社員向けだったテレワーク制度をフレックス勤務ができる社員にまで対象を広げた。それに先立って、社員十数人にテレワークを試行してもらった。どういった業務が適しているのかを探るためだ。「テレワークの利用シーンを社員がイメージできないと普及はしない」とテレワークの推進担当者が考えての取り組みだった。

試行の結果、社員が一人でパソコンを使って作業ができて、上司が成果を確認しやすい仕事がテレワークに向くと分かった。この結果を踏まえて、営業や製品設計などの部署ごとに「企画書や見積書の作成」といったテレワークに向く仕事を例示。製造現場の責任者や営業担当者など、テレワークに向く仕事の職種別比率も示した。「テレワークができるかどうか」「どんな仕事がテレワークに向くのか」について、社員が見当をつけやすくしたわけだ。エンジニアリング会社の特性上、現場を監督する必要もあり、テレワークに踏み切れない社員もいる。そんな製造現場の責任者に向けては「責任者の代役を務められる人材を増やしてバックアップ体制を確立すれば、テレワークができる」といった提案をして、テレワークの対象業務の拡大に努めているという。

向き不向きの仕事を整理する際は、部署ごとに考えるのではなく、もっと細かく、部署内の作業単位で検討したい。テレワークに向かないとされる営業部門の仕事でも、例えば注文書の内容を受発注システムに入力する作業などは、システム接続環境さえ用意できれば、自宅からでもこなせる可能性がある。提案書の作成も、自宅でできるかもしれない。

「時間管理での働き方ではなく、成果管理での働き方にも対応しないといけない」(製造、研究・開発、主任・係長クラス)。本書の調査に対する自由意見として、このような指摘があった。労働時間に基づく管理は、テレワークでは難しくなる。成果に着目し、労務管理や人事評価の仕組みを抜本的に見直すことが求められている。

問題その九
知らずに法律違反

テレワークは企業側からみると、社員がどれくらいの時間働いているかつかみにくい。社員が目に見えない場所で働いているからだ。労働時間の把握と管理が難しいと言える。既に述べたように、人によってはオフィスで働くよりも長時間労働になりやすい。「上司や同僚から話しかけられて仕事を中断することがない」など、仕事に集中しやすい環境にあるからだ。

だからといって、企業はテレワーク中の社員の働きすぎを見過ごすわけにはいかない。厚生労働省が企業に向けてテレワーク中の労務管理についてまとめた「情報通信技術を利用した事業場外勤務（テレワーク）の適切な導入及び実施のためのガイドライン」には「テレワークを行う労働者にも労働基準法、最低賃金法、労働安全衛生法、労働者災害補償保険法等の労働基準関係法令が適用される」とある。つまり部下の働きすぎの防止をはじめとする社員の労働時間の適正管理は、企業としての義務なのだ。この義務を怠るテレワーク導入企業は、「知らずに法律違反」となる恐れがある。

テレワークであっても長時間労働を社員にさせると、場合によってはその企業に罰則が科されることがある。これは二〇一九年四月に「働き方改革を推進するための関係法律の整備に関する法律（働き方改革関連法）」が施行されたことが大きい。同法により、労働基準法や労働安全衛生法など、複数の労働関連法がまとめて改正された。二〇一九年四月から大企業が法律の対象になったが、二〇二〇年四月からは中小企業にも対象が広がっている。

この法律によって「時間外労働の上限規制」などが企業の義務になった。時間外労働とは残業などを指す。社員に残業などさせる場合、企業は労働基準法第三十六条に基づき、あらかじめ労使間でいわゆる「三六（サブロク）協定」を結んでおく必要があるが、そのうえでこの義務を怠って違反すると、罰金や懲役といった罰則を科されることがあるのだ。時間外労働の上限規制とは企業が社員に残業をさせる際、「残業時間は月四十五時間まで」といった制限を義務付けることを指す。社員の健康を確保したり、社員が仕事と家庭を両立したりできるようにするのが狙いだ。

繰り返しになるが、テレワークをする社員にも労働基準法をはじめとする労働関連法が適用される。テレワークに臨む社員に上限を超えた時間外労働をさせると、企業に罰則が科されることがある。このことを肝に銘じたい。

では時間外労働の上限とは何か。詳しく見ていこう。

残業時間の上限は多岐にわたる

働き方改革関連法が定めた残業時間の上限には「原則」と「特例」がある。このうち原則に関する上限は二つある。「一カ月当たり四十五時間」と「一年当たり三百六十時間」だ。

企業の現場では人手不足などの理由で、業績を維持するためにこれらの原則を超えて残業せざるを得ないケースが出てくる。「商品やサービスの受注が急に増えた」「年末の納期直前で発注仕様が変更になった」といった場合などだ。

働き方改革関連法が企業に求める残業時間の上限

	原　則	特　例
1カ月当たりの残業時間の上限	・45時間 （単月の上限）	・80時間 （複数月平均の上限） ・100時間 （単月の上限） ・年6回 （単月の上限である45時間を超えられる回数の上限）
1年当たりの残業時間の上限	・360時間	・720時間

今の労働基準法は「一時的または突発的であること」などの条件を満たせば、一カ月当たり四十五時間を超えた残業を、特例として許している。年間では合計七百二十時間までの残業も特例としては可能だ。ただしこの場合、三六協定に「特別条項」を盛り込んで、特例となる場合や残業時間などを労使で合意しておく必要がある。

働き方改革関連法はこの特別条項のうち、一カ月当たりの残業時間などについて、二つの上限を設けた。二カ月や三カ月といった「複数月の平均が八十時間以内」と「一カ月当たりが百時間未満」である。

これはいわゆる過労死ラインを考慮した措置だ。一般に、脳や心臓の病気にかかるリスクは残業時間が月四十五時間を超えると高まるとされる。残業が二〜六カ月間の平均で八十時間を超えたり単月で百時間以上になったりすると、そのリスクはさらに高まる。

これ以外にも働き方改革関連法にはルールがある。例えば一カ月当たりの残業が四十五時間を超えられる回数は「一年間に六回まで」である。

月四十五時間の残業時間を単純計算で一日当たりに換算すると平均二時間程度となる。毎日数時間の残業が当たり前になっている職場は年六回の上限を簡単に超えてしまうので注意が必要だ。

複数月の平均で八十時間、一カ月当たり百時間未満の特例に関しても注意が必要だ。一カ月当たりの残業時間を計算する際、平日の残業時間だけでなく休日の労働時間も含めなくてはならない。

一年当たりの上限にも気を付けたい。原則の月四十五時間を守ったとしても、年三百六十時間という、年に関する上限を超えたらアウトだ。毎月四十時間の残業を続けていると年間では合計四百八十時間と、年間の上限を百二十時間も超えてしまう。一カ月当たりの残業を平均で三十時間以下に抑える必要がある。

残業を自宅に持ち帰るテレワークは本末転倒

こうした残業時間の上限規制を守るにはどうすればよいか。企業が社員に「残業をするな」と指示するだけでは不十分である。産業や社会の構造改革について詳しい東京理科大学大学院の田中芳夫教授は「働き方改革が国主導の政策であるならば、本来ならまず企業の仕組みを変えるところから始めなければならない。そうでないと隠れ残業、サービス残業の促進にしかならない」と指摘する。

田中教授は次のように続ける。「残業規制で『会社から早く帰れ』と言われても、仕事量が減らないのなら、個々の従業員は自宅に持ち帰るか、近くのコーヒーショップなどで仕事をするか、朝早くこっそり出社するしかない。長時間労働の是正が目的なら全体の仕事量を減らすか、人を増やすか、ITなどを活用して業務を効率化するかを考えないといけないのは明白だ。それらのいずれもが経営側の課題であり、実際に働く人が決められるものではない」。

テレワークは本来、適正な仕事量を前提に、社員が生産性を高める働き方であるはずだ。あふれた残務を処理するための手段ではない。企業が本当の働き方改革を進めるには、まず仕事量を減らすといった地道な取り組みが欠かせない。

田中教授は「今後の日本を考えれば働き方改革の掛け声だけでなく、生産性を高めるとともに働く人が疲弊しない継続性ある仕組みづくりが求められている。もう一度言うが、あくまでもそれは国や企業の経営の課題である」と強調する。

ツールで働きすぎを防ぐ

長時間労働対策については、テレワーク中の仕事の状況をきめ細かく把握する労務管理ツールが充実してきているので活用する手もある。こうしたツールはここ数年、「社員がちゃんと仕事をしているか」だけなく「働きすぎていないか」を把握する機能を充実させてきた。

労務管理クラウドサービスには、テレワーク関連のコンサルティング会社、テレワークマネジメントが提供する「F-Chair+（エフチェアプラス）」やパーソルプロセス&テクノロジーの「MITERAS（ミテラス）仕事可視化」といったものがある。

F-Chair+は勤怠管理機能を持ったクラウドサービスだ。テレワークを実施する社員のノートパソコンに専用のソフトウエアをインストールして利用する。テレワークをする人が「着席」「退席」など勤務状況を示すボタンを押すと、F-Chair+がパソコンの画面を自動的に撮影する。その内容を見ることで、管理者は部下の作業状況や作業内容を把握できる。社員の着席中はパソコンの画面がランダムに記録される。ランダムなのがポイントだ。社員は緊張感を持って作業に臨みやすいという。

パーソルのMITERAS仕事可視化は、専用ソフトを使ってパソコンのログを自動的に取得し、勤怠システム上の勤怠データと自動的にマッチングすることで、勤務実態を把握するクラウドサービスだ。テレワークをする社員のパソコンの操作ログから、勤務時間や利用しているアプリケーションの情報などを取得して可視化する機能を持つ。テレワークを実施する社員の上司は勤怠時間とマッチングすることで残業の過少申告や、反対に勤務時間が短いことなどが分かる。パソコンを利用して仕事をするエンジニアや企画職などを利用の対象として想定している。

富士通エフサスの「FUJITSU Software TIME CREATOR（タイムクリエイター）」のように、長時間残業をさせないようにするツールもある。社員のパソコンに導入し、定時になったら「退社時間」を警告する画面をパソコンに表示する機能を持つ。退社の警告は画面の七十％ほどを占め、「残業申請」をするまで作業ができなくなる。残業申請を受けた上司は、申請内容を確認することで社員の労働内容を把握できる。

厚生労働省がテレワークを実施する企業に向けて示している「情報通信技術を利用した事業場外勤務（テレワーク）の適切な導入及び実施のためのガイドライン」には、「使用者は長時間労働による健康障害防止を図ることが求められる」とある。さらにガイドラインは具体的な防止策として「時間外や休日、深夜に、部下へのメール送付の自粛を命ずる」「深夜、休日は外部からシステムなどにアクセスできないように設定する」などと示している。

問題その十
組織の分裂を招く「テレワーク差別」

「私の勤務先では三年前からテレワークを導入しています。ただしテレワークできるのは正社員だけですけれど」

テレワークが広がるにつれ、こうした不満が目立つようになっている。テレワークを始めた企業によっては、「まずは正社員から」という条件付きのケースが少なくない。できるところから取り組むのは、なにもしないよりは前進だ。でも、ずっとそこでとどまり、進歩しないとしたらそれは良くない。

「テレワークは正社員だけの既得権みたいな感じ。同じ仕事をしているのに不公平です」

こう漏らす非正社員も少なくない。ここではテレワークを活用する職場が増えるにつれて浮き彫りになった、「差別」問題について考える。

非正社員のエンゲージメントに悪影響

職場というところは人材の雇用形態が様々だ。正社員、派遣社員、グループ会社社員、協力会社社員あるいはその委託先のスタッフ、フリーランスなど、バラエティーに富んだメンバーが同じチームに集まり業務を遂行することもあるだろう。

現実として正社員だけで回している組織は、意外と少ないのではないか。情報システムの運用保守を担当するオペレーションデスクでは、一、二人の正社員を除く全員が派遣社員や協力会社スタッフというケースが珍しくない。コールセンターなども同様かもしれない。

にもかかわらずテレワークの対象を正社員に限定すると、チームのメンバー間に少なからず心の溝が生まれる。同じあるいは似たような仕事をしている非正社員が差別的に感じるのは当然だ。その状態が続けば、チームの一体感に影響する。非正社員のチームや仕事に対するエンゲージメント、つまり帰属意識や愛着、仕事への誇りが低下しかねない。

「いいな、あの人は。正社員ってだけでテレワークできるんだから」

そんなネガティブな意識を生みかねない。極めて残念かつ切ない問題である。

結局は正社員も出社する羽目に

「当社はテレワーク先進企業です！」などと宣言しても、正社員しかその恩恵にあずかれないなら効果は限定的だ。非正社員はいつも通りに出社させられる。職場周辺の人たちから見れば正社員も非正社員も区別が付かない。同じ会社に出入りしている人たちだ。「以前より少し減ったかもしれないけれど、相変わらず出社している人が多い会社」という様子は変わらない。満員電車の混雑も解消しにくくなる。

正社員が通常通り出社しなければならなくなるケースも出てくる。「オフィスに非正社員しかいない状態はマズいだろう」という声が上がり、誰かしら監督者が必要だという結論に達するような場合だ。結果的に正社員も何人かは出社を強いられる。こうして本来オフィスにいなくてもできる仕事を、わざ

正社員にしかテレワークを認めない弊害

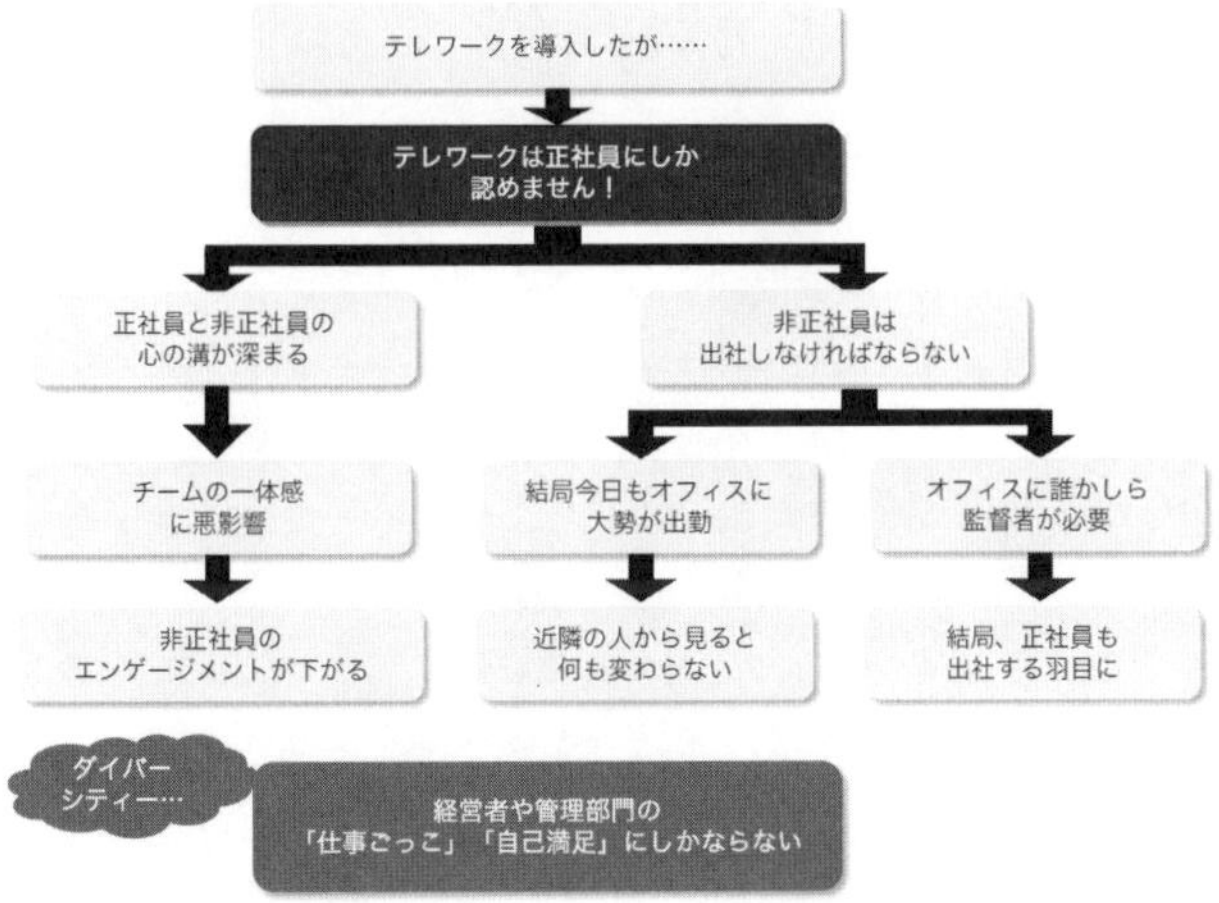

（出所：あまねキャリア工房、沢渡あまね氏）

わざ出社して会社でこなす羽目になる。これではせっかくのテレワーク環境や制度が宝の持ち腐れである。

「ウチのチーム全員が正社員だったら私もテレワークできるのに」。こんなふうに考える正社員が出てくるとも限らず、そうなると今度は正社員の側から非正社員に対して心の壁を作りかねない。

だからといって「やらない」は間違い

このような話をすると「だったらテレワークなんてやらなければいいんだ」「今までの働き方でよいじゃないか」と対極的な発想になる経営者や管理部門がいる。

でも先進的な企業は、Ｗｅｂ会議やビジネスチャットなどを駆使したバーチャル環境を通じて、正社員も非正社員も関係なくテレワークを使いこなしている。オフィスはあくまで、意識的あるいは偶発的に行われる対面コミュニケーションのための場。あるいは、そこで仕事をするほうが集中できる人のためのオプションという位置付けだ。テレワークを駆使しながら、一体感と生産性を同時に高めている。

新型コロナウイルスによる問題に直面した今こそ、出社できない人のための非常手段としてだけではなく、新たなコラボレーションやイノベーションを生むための手段として、オフィスにとらわれない働き方をどんどん実践すべきだろう。

非正社員あるいは仕事を請け負っている会社の側からはなかなか意見しにくい。だからこそ発注者の側から言い出すべきだろう。「環境を整えました。協力会社の皆さんもテレワークをお願いします」と。

システム現場に残る「常駐問題」

正社員か非正社員かの区別とは少し違うが、情報システムの開発や運用の現場でもテレワークの差別は生じやすい。常駐技術者をめぐる扱いである。金融、製造などの大企業は自社が使うシステムを開発・運用する際、自社の拠点に発注先のＩＴ企業の技術者を呼び寄せる形を採ることがある。この際、客先での作業を求められる技術者が常駐技術者だ。常駐技術者は自社の拠点には出社せず、朝から客先に出社し、仕事が終わったら客先から直帰する。プロジェクトの期間中、あるいは契約期間中は客先の社員と同じような動き方をする。

常駐技術者はシステム開発や運用の仕事を受注したＩＴ企業の社員とはかぎらない。そのＩＴ企業がプログラミングなどの仕事を発注した、下請け先の技術者のこともある。むしろ下請け企業の技術者であることのほうが多い。

システム開発や運用の仕事は、ほかのオフィスワークと同様に、本来ならテレワークを適用できる業務が多い。「情報管理などの観点から難しい」という反論も聞こえてきそうだが、それはどんな仕事も同じである。ルールを設け、情報セキュリティー対策を施せば、対処できる仕事もあるはずだ。技術者を社内に常駐させたところで、悪意ある人物による情報漏洩は起こり得る。

システム開発や運用の現場で働くのはＩＴに詳しい技術者であり、発注側も受注側も情報活用にたけた人材が多いはずである。にもかかわらず、システムの現場はテレワークの活用が遅れている傾向にある。それどころか長時間残業などの問題が未解決のまま残っている職場も少なくない。疲労がピークに達し、大きなストレスをため込んだ技術者たちが免疫力を落として新型コロナウイルスに感染するような事態となれば、それは厳しい言い方をすれば人災である。常駐技術者についても、自社の社員と同じように扱い、場所にとらわれない働き方について真剣に議論し、早急に手を打たなければならない。

問題その十一
ＩＴ部門に迫る「ひとり情シス化」リスク

常駐技術者とは別に、日本のシステム開発・運用現場における問題点がもう一つ、新型コロナウイルスの感染拡大によって浮き彫りになった。「ひとり情シス化」の問題である。この問題は中小企業だけでなく、大企業においてもひそかに、だが確実に進行している。テレワークとは話がややそれるように思えるかもしれないが、決して無関係ではない。

ひとり情シスとは企業の情報システム担当者が一人しかいない状態を指す。当初から一人しかいない零細企業だけでなく、リストラや人材採用難によりＩＴ部門が消滅してしまい、残された一人がシステムを担当する中小企業も少なくない。

「そんな問題は無縁だ。当社のシステム部門は十人はいる」などと安心するのは早い。大企業の場合、さすがにＩＴ担当者が一人ということはないだろう。常駐するＩＴ企業の技術者も含めれば、二十〜三十人を抱えるＩＴ部門がほとんどだろう。しかし、それはあくまで総員レベルでの話だ。各システムごとに見ると話は違ってくる。

例えば数年前に基幹系システムを刷新した製造業大手は刷新前、各ＩＴ部員がそれぞれ五〜六システムの保守運用を担っていた。これではＩＴ部門に多数の人員がいても、一人ひとりに注目すると、中小企業のＩＴ部門と状況はあまり変わらない。当時は一人でも休むと複数のシステムの担当がいなくなってしまうため、ＩＴ担当者が長期の休暇を取るのは困難だったという。まさにひとり情シスの問題に直面していたわけだ。

ここまで極端ではないにしても、ひとり情シス状態に陥っている大企業のＩＴ部門は少なくない。長年にわたって利用部門の要請に応えてきた結果、部門単位で複数の情報システムが乱立し、しかもそれらに改修を重ねた結果、プログラムコードが複雑になって、担当者以外の人はたとえＩＴ部員でも手を付けられないケースは多い。

そんな状況の中で、ＩＴ部員が一人でも新型コロナウイルスに感染したらどうなるのか。重症になれば長期にわたって業務から離脱を余儀なくされる。その人が担当するシステムの面倒を見られる人は誰もいない。その状況でシステム障害が発生すればお手上げである。

「二〇二五年の崖」を回避するためにも

新型コロナウイルスの脅威に直面し、多くの日本企業がＢＣＰ（事業継続計画）の見直しを迫られるはずだ。従来のＢＣＰは主に地震や台風など自然災害の備えとして策定されており、感染症を想定した例は少ないからだ。いざＢＣＰを見直そうとしても、ひとり情シス状態に陥ったＩＴ部門に有効な策はあまりない。

一つのシステムに複数の担当者がいるＩＴ部門なら、担当者同士の濃厚接触を避けることで、各システムの担当者が一人もいなくなるリスクを低くできるかもしれない。ただしその場合でも、担当者以外のＩＴ部員が業務を引き継げるわけではないから、不慮の同時感染によって担当者が不在となるリスクは残る。だからこそ、まずは社外でも仕事ができる環境を整えることが必要になる。テレワークにより感染リスクを減らして、事業の継続性を確保したい。

そのうえで、ひとり情シスの問題を抜本的に解決する。つまり、システムが乱立して保守運用業務が特定の部員頼みになってしまっている状態を解消するわけだ。それには基幹系システムなどの刷新が不可欠だ。その際、ＥＲＰ（統合基幹業務システム）などのパッケージソフトウエアやクラウドサービスを活用し、可能な限りカスタマイズを避け、保守運用の手順もそろえる。これにより直接の担当者が不在となっても、最低限の業務継続が可能になる。

経済産業省が二〇一八年秋に発表した「ＤＸレポート」で指摘した「二〇二五年の崖」はＩＴ関係者に広く知られるところとなった。二〇二五年の崖とは、古くなった基幹系システムを放置し続けると二〇二五年あたりに担当する人材が不足し、多くの企業でシステムトラブルが連発するという警鐘である。しかし今回のような非常事態になると、「崖」は二〇二五年を待たず、もっと早く目の前に現れる。崖から落ちないようにするには一刻も早くシステム刷新に動くべきだ。だが新型コロナの混乱下では、大規模なプロジェクトにすぐさま取りかかるのはなかなか難しい。ならばまずは情報システムの開発と運用の業務についても、しっかりとテレワークの環境を整えるべきである。ＩＴ部門はテレワークを推進する立場だ。「紺屋の白袴」と言われないためにも、早急に対策に乗り出したい。

問題その十二
自宅の電気代に悲鳴

テレワークにあたっては、自宅で仕事をする場合の通信費や光熱費の負担についてもルールを決めておきたい。第2章でも触れたように、就業規則に明記するなどの対応策が有効だ。

新型コロナウイルスの感染拡大を防ぐために出された緊急事態宣言により、四月は一カ月間ずっと家で仕事をした人もいるだろう。そのような場合、ノートパソコンや照明などの電気代が余分にかかったことになる。この先、テレワークを働き方改革や業務改革の手段と位置付けて継続的に活用していくとなると、それは無視できない金額になってくる。ただし電気代については公私の切り分けが難しく、会社で負担しにくい面がある。

テレワーク手当は広がるか

こうした金銭面の課題に対して、一部の企業は手当の支給という形で動いた。例えばネット企業のメルカリは二〇二〇年四月、従業員が自宅で在宅勤務環境などを構築するための支援策として、六万円の在宅勤務手当を支給すると決めた。東京と大阪、福岡のオフィスを閉鎖して完全在宅勤務体制とし、仙台の拠点も原則在宅勤務とする。データセンターなどを運営するさくらインターネットも、在宅勤務の社員に手当を支給した。在宅勤務への全面的な移行に伴い、一万円の臨時手当などを支給したという。

さくらインターネットは様々な手当を設けており、その詳細については第4章で説明する。

メルカリのようにオフィスの閉鎖までは踏み切れなくても、テレワークを前提とすれば、オフィスに「フリーアドレス」の仕組みを導入しやすくなる。フリーアドレスとは会社の座席を指定席ではなく自由席にする形態を指す。従来なら十人の部署には十人分の机と椅子を配置するのが普通だったが、フリーアドレスにすると、例えば机を半分に減らして、出社した人が空いている席を選んで使う運用ができるようになる。そうすればオフィスの床面積を減らすことができ、企業は支払う賃料を抑えられる。抑制分を原資にすればテレワーク手当を実現しやすくなるかもしれない。

労働組合との連携も重要に

手当にも関係する話だが、企業がテレワークを進めるには労働組合と密接に連携したい。厚生労働省がまとめた「テレワーク導入のための労務管理等Q＆A集」によれば、企業がテレワークの制度を導入する際、労働組合がある場合は労働組合との合意が必要である。

労働組合がない場合は労働者の過半数を代表する者と合意する。労働組合は従業員を守るのが使命。自宅など社外で勤務することになると、勤務時間を把握しにくくなり、結果的にサービス残業の増加につながってしまうのではないか、と労働組合は心配する可能性がある。従業員の不利益を防ぐためには当然のことだろう。

テレワークや働き方改革によって成果を出すことができれば、会社の業績が伸び、従業員にとっても利益につながる。この点を共有したうえで、労働組合の理解と協力をきちんと得て、上手に巻き込むことが大切だ。そのためには、前に書いたように、社員の労働時間を正しく把握する仕組みを整備することが欠かせない。就業規則や人事評価のルールについても、テレワークを実施することで不利益が生まれないように整える。手当の支給など金銭的な支援策についても話し合う。

お金だけではない。自宅で仕事をこなすスタイルを毎日続けると、通勤が不要になるため運動不足になる恐れもある。企業でテレワークを推進する担当者は社員の健康面にも配慮しなければならない。

問題その十三
私物スマホの「ギガ」不足が露呈

テレワークは大量のデータ通信を必要とする。中でもＷｅｂ会議は映像をやり取りするため、テキスト情報だけのビジネスチャットやメールよりもデータ通信量がかさむ。自宅の通信環境がＷｉ‐Ｆｉの場合はさほど問題にならないが、スマートフォンを使う場合は改めて注意が必要だ。月々の通信料を抑える目的でデータ容量に制限があるプランを契約しているような場合、Ｗｅｂ会議を何時間もこなすとすぐにデータ量が上限に達してしまう。特に私物のスマートフォンを使う場合にこのようなトラブルが起こりやすい。いうなれば、私物スマートフォンの「ギガ」不足問題である。

ある会社で試したところ、多い日は一人当たりの通信量が一日一ギガバイトを超えたという。スマートフォンの通信回線をパソコンで利用する「テザリング」の場合、Ｗｅｂ会議をほとんど使わなくても、一人平均で一日当たり六百メガバイト以上だったそうだ。もちろん使い方にもよるが、一日フルにテレワークをすると、それなりのデータ量を必要とすることが改めて分かる。私物スマートフォンでのテレワークを前提としている企業は、通信代の一部を負担するなどの施策を検討する必要が生じる。先に述べた電気代よりも通信料のほうが切実な問題と言えそうだ。

通信料は月二千〜三千円増える可能性が

月々の通信料はどのぐらい増えるのか。NTTドコモの従量制プラン（ギガライト）を定期契約なしで契約した場合を例に、一カ月の料金（税別）を見てみる。キャンペーンや割引は利用条件が複雑なため、ここでは適用しない。料金は通信量が一ギガバイトまでだと三千百五十円、三ギガバイトまでだと四千百五十円、五ギガバイトまでだと五千百五十円、七ギガバイトまでだと六千百五十円と、二ギガバイト増えるにつれ千円ずつ上がる。最大容量の七ギガバイトを超えると、料金は上がらないが速度制限がかかってしまう。ギガライトを契約して通信量を月三ギガバイトに抑えていた人がテレワークにスマートフォン回線を使うと、通信量は月七ギガバイトに達する可能性が高く、月々の料金負担は最大二千円増える計算となる。一年間だと二万四千円だ。

月七ギガバイトでの速度制限を回避するために、大容量のデータ通信が可能な上位プラン（ギガホ）に変える必要が生じるかもしれない。ギガホの料金は月七千百五十円だ。ギガライトを契約して月三ギガバイトに抑えていた人がギガホに切り替えたとすると、月々の負担は三千円増える計算となる。一年間だと三万六千円だ。

ギガ大量消費の問題は私物スマートフォンに限った話ではない。企業が社員にスマートフォンを貸与する場合でも、月七ギガバイトなどの制限を設けていることが多い。そうなると、十日ほどで容量不足になる恐れがある。企業はデータ容量の制限を上げるなどの対応策が求められる。

学生の通信料を無償にする動きも

企業で働く人たちがテレワークを余儀なくされたのと同じように、学生も四月からオンライン授業などを強いられた。首都圏の大学や高等学校、中学校などでは、Ｗｅｂ会議などのＩＴツールを使って自宅で授業を受ける取り組みが始まっている。こうした動きに合わせて、大手通信会社が学生のデータ通信料を期間限定で一部無償にする動きが出てきている。ＮＴＴドコモとＫＤＤＩ（ａｕ）、ソフトバンクの携帯大手三社は二十五歳以下の利用者について、月五十ギガバイトを上限に月々のデータ通信の追加料金を無償にした。年齢制限があり、テレワークというよりは学生向けだが、子を持つ家庭は有効活用したいところだ。

問題その十四
「使いにくい」と不満が噴出

テレワークの仕組みは新型コロナウイルスの問題が表面化する前から一部の企業が導入してきた。特にこの一、二年は東京五輪・パラリンピックの開催時に交通網の混雑を防ぐ目的で都内の企業などが活用に力を入れてきていた。だが、ほとんどは部署や拠点を限定したものだった。育児や介護を抱える社員などに向けた特別な制度と位置付ける企業も多かった。つまり対象となる社員数は少なく、規模も限定的だった。

いま求められているのは、全社規模での全面導入だ。ここは大半の企業にとって未知の取り組みである。

必要なITツールを整え、業務ルールや制度を見直し、さあ導入・活用だ——。こう意気込んだものの、「なかなか社員に利用してもらえない」「使いにくいなどの不満が相次いでいる」などと悲しい現実に悩むテレワーク推進担当者は少なくない。一方で一足先にテレワークを大規模導入し、円滑に運用している企業も存在する。そうした先行事例を取材すると、つまずくポイントと、それを乗り越えるための勘所が見えてきた。「ハードルを下げる」「迷わせない」「円滑なコミュニケーション」の三つである。テレワークを推進する部署や立場の人が知っておきたい内容を、順に見ていきたい。

「本日テレワーク」ポップで堂々宣言

最初のつまずきポイントはハードルの高さである。オフィスワーカーのほとんどはテレワーク未経験者であり、「仕事は会社でこなす」という固定観念が強い。興味はあっても、オフィスを不在にしていると、同僚や上司にさぼっていると思われてしまう懸念から、テレワークに踏み切れない社員は多い。そうした課題をクリアした事例として、ここでは損害保険ジャパンの工夫を紹介しよう。

「本日テレワーク」と書かれたピンク色のマグネットが、机の目立つ位置に掲げてある――。損保ジャパンのオフィスの日常風景だ。同社は二〇一七年末に働き方改革施策の一環として社員の状況を示すマグネットを全社員に配布した。テレワークする日の前日、社員は小売店で見かけるポップのようにこのマグネットを自席に掲げて帰る。「オフィスにはいないが、自宅などでちゃんと働いている」と周囲にさりげなくアピールできるようにした。同社は二〇一五年から約二万六千人の全社員を対象にテレワーク制度を導入している。運用する過程でハードルを下げる工夫を凝らしながら制度を定着させてきた。

テレワークの事前申請手続きも簡素にした。テレワークをしたい社員は所定のＥｘｃｅｌシートに実施日や取り組む仕事の内容を「業務プラン」として入力し上司に提出。了解を得る手続きを踏む。ここでの工夫は書き込む業務プランを簡潔にしたこと。例えば「社内マニュアル作成」といったシンプルな表現で構わない。実施後の報告も「データ分析は完了、報告資料は未完了」など短くてよい。「事細かに書くように強いると、テレワークが敬遠されてしまう」。損保ジャパンの担当者はこう指摘する。

申請理由は不問にし、「月四回まで」といったテレワークの利用上限も撤廃した。「集中して仕事をし

損害保険ジャパンが用意した社内アピール用グッズ

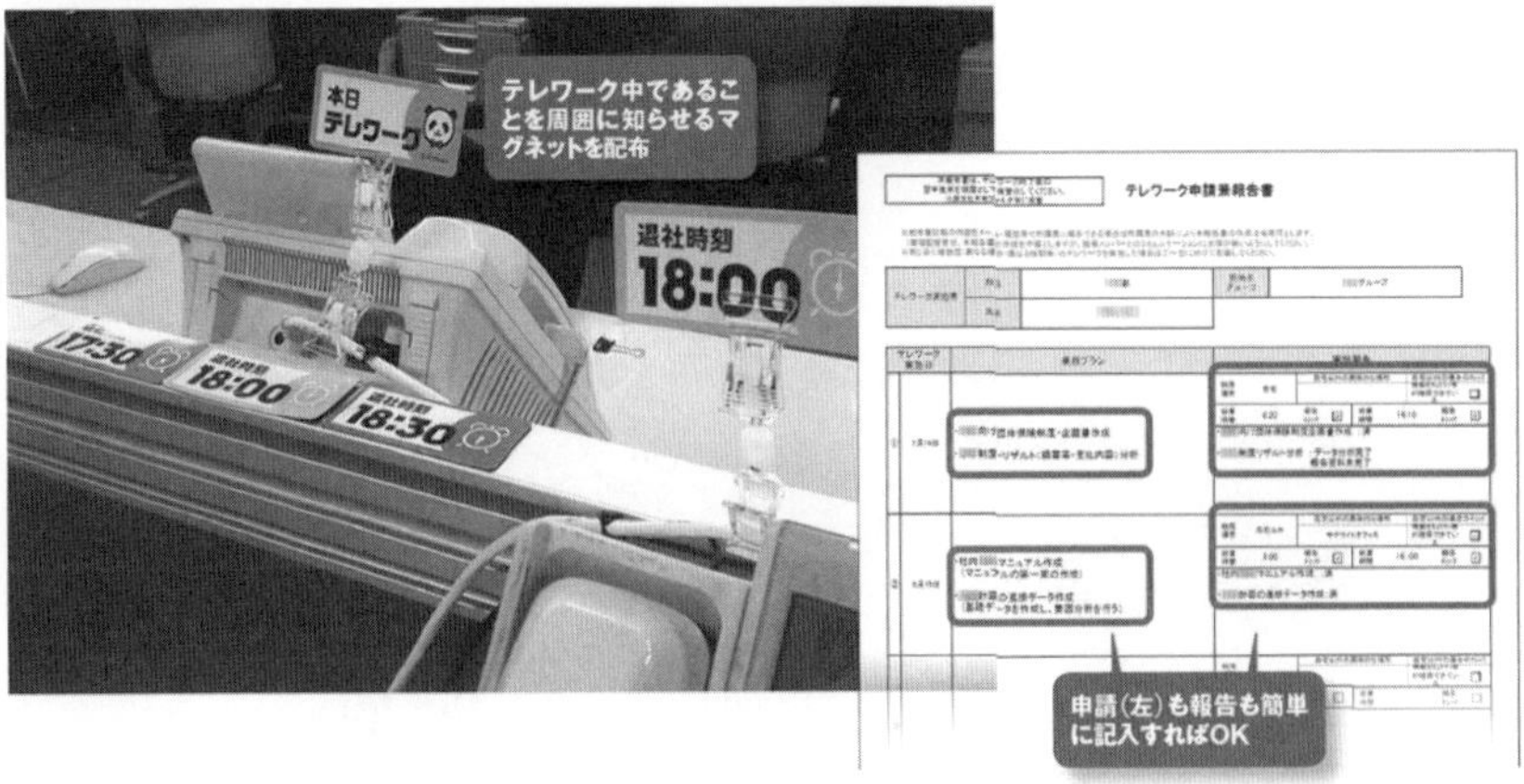

（写真提供：損害保険ジャパン）

たい人がいつでも使える制度になり、今は三千人ほどが利用している」と担当者は語る。

二〇一〇年から約三千五百人の全社員を対象にテレワーク制度を導入している製薬大手ＭＳＤも、申請のハードルを下げる工夫により制度を定着させた。

具体的には会議や打ち合わせに利用するＯｕｔｌｏｏｋ（アウトルック）の出席依頼機能を使い、テレワークを宣言する。社員は会議内容などを入力する画面から、テレワークの実施予定日や連絡先などの情報を入力。会議の出席依頼先を、所属する部署メンバーに設定して通知する。すると社員のテレワークの予定が部署メンバーの予定表に自動的に反映され、テレワークの状況を共有できる。オフィスで執務するメンバーは「あの人はテレワークをしているから不在なんだ」と予定表ですぐに分かる。連絡先も併せて予定表に書かれているため、連絡もすぐに取れる。

どんな仕事がテレワークに向くのかを前もって社員に示しておくことも、ハードルを下げる効果がある。先に述べたように、ＪＦＥエンジニアリングは営業や製品設計といった部署ごとに「企画書や見積書の作成」などテレワークに向く仕事を例示している。テレワークに向く仕事の職種別比率も示し、社員が見当をつけやすくした。

専用マニュアルでつまずき回避

テレワークを始めようとする社員が、「パソコンはどう設定したらよいのか」などと操作方法について迷ってしまうのが二つ目のつまずきポイントだ。どんなに立派なシステム環境を整えたとしても、社員が「面倒だ、出社したほうが早い」と考えてしまうとテレワークはなかなか浸透しない。社員を迷わせないということが、二つ目の勘所だ。

例えば「テレワークで利用するＩＴの使い方」「情報セキュリティー面でやってはいけないこと」などを事前に分かりやすくまとめて、社員に伝えたい。ＩＴの使い方とは仮想デスクトップやＶＰＮ（仮想私設網）などの接続手順、Ｗｅｂブラウザーの設定手順などを指す。

コニカミノルタジャパンは二〇一七年に全社員約三千五百人を対象としたテレワークのトライアルを実施した。その際に社員からアンケートを取り、直面したＩＴ面の課題を探った。すると「社内ＬＡＮに接続後、Ｗｅｂブラウザーで社内システムにアクセスしようとしたが、システム画面が表示されない」「社内ＬＡＮに一度は接続したが、途中で接続が切れてしまった」という課題を複数の社員が指摘した。

そこでテレワークの本格導入に当たり、図入りの専用マニュアルを作成して社内に公開した。具体的には「Ｗｅｂブラウザーやメールソフトが起動している場合は、全ていったん閉じる」「社外から社内ＬＡＮに接続する」など特に重要なＩＴの設定を五つのステップに分けて、ビジュアル形式でまとめた。

特に社員がつまずきやすいポイントについては、画面のスクリーンショットを盛り込んだ。「Ｗｅｂブラウザーで社内システムにアクセスできない」という課題には「ＷｅｂブラウザーのＬＡＮに関する設定項目のチェックを全て外す」といった具合に、図入りで解決策を提示した。「社内ＬＡＮに一度は接続したものの、途中で接続が切れた」という課題に対しては「ＶＰＮに接続した時のＷｅｂブラウザーの画面を閉じないようにする」といった注意点を記した。

以前からＶＰＮやメールなどのマニュアルは社内のイントラネットで公開していた。しかしテレワークを始めようとしている社員にとって、各システムのマニュアルをいちいち確認するのは手間がかかる。そこでコニカミノルタジャパンは専用マニュアルの社内公開とともに、社内説明会も実施した。その結果、テレワークに関する社員の満足度が六十％から八十％に上がり、テレワーク制度を利用する社員も増えたという。

「ねえ、ちょっと」を電子化

テレワークにおける第三のつまずきポイントは、ちょっとしたコミュニケーションが取りにくくなることだ。チャットやメール、電話などを駆使したとしても、すぐ隣にいる人に話しかけるような手軽さは損なわれる。テレワーク中でも円滑なコミュニケーションができるように工夫したい。言ってみれば上司から部下、あるいは同僚への「ねえ、ちょっと」の電子化である。

注目はビジネスチャットなどのITツールが備える「プレゼンス」機能だ。「応答可能」など相手の状況をつかめる。この機能を使ってテレワーク中の様子を互いに伝え合うというルールをあらかじめ設けておく。そうすれば、テレワーク中の部下が応答可能な時を見計らって、上司が「おいちょっと」とチャットなどで話しかけやすくなる。ただし呼びかけすぎると、前に記したように、上司が部下の仕事の邪魔をすることになるので注意したい。この点については、会社で仕事をしているときと同じだろう。集中して企画書の執筆などに取り組んでいる部下に対して、頻繁に「ちょっとこれ教えて」などと話しかけたら部下の仕事はその都度中断されて効率が上がらない。タイミングや回数など、対話の取り方については上司の力量が問われる。

Web会議をデフォルト利用OKに

「ねえ、ちょっと」の電子化を発展させたのが、会議の電子化とも言える。Web会議ツールを使えば、離れたところにいる何人もの人が議論を交わすことができる。一方で対面を前提とした通常の会議が存在すると、「その日はテレワークをしようと思っていたのに会議の予定を入れられてしまったから出社するか」となってしまう。これではテレワークは進みにくい。そこで、どんな会議でも遠隔参加OKというルールを設けたい。そうすれば社員はテレワークに臨みやすくなる。

例えば日本航空（JAL）は社内会議の出席について、テレワーク中の社員は業務用に携帯しているiPhoneの通話アプリ「FaceTime」で参加してもよい決まりにしている。これにより、テレワークをしたい日に社内会議が設定されていたらテレワークをあきらめる、といったケースを減らしている。

Ｗｅｂ会議を進めるうえでは、テレビ会議システムなどＩＴツールの使い方を社員が習熟しておくことが重要となる。そうしないと「いざテレビ会議を開こうとしたが、システムの使い方が分からず、結局会議ができなかった」という事態になりかねないからだ。

製薬大手のＭＳＤはテレビ会議システムなどのＩＴツールを普段から活用することで、不慣れな状況を作らないようにしている。社内の定例会議でもあえて使っているという。テレビ会議システムとして米シスコシステムズの「Cisco Webex」を利用している。会議の通知や資料の共有に普段からWebexを使うことで社員の習熟度を高めている。紙の資料の印刷や配布といった手間の削減にもつながっているという。

問題その十五

導入したいけどお金がない

「テレワークの必要性はよく分かっているが、お金の余裕がない」。こうした悩みを抱える企業がぜひ活用したいサービスがある。ＩＴ企業が新型コロナウイルス対策を目的に、有料のＩＴ製品やＩＴサービスを無償提供する特別プログラムだ。Ｗｅｂ会議サービスといった定番に加え、人材採用や新人研修の支援ツールなどもある。二〇二〇年三月時点で公開されていた、六〇超の無償施策を表にまとめた。上手に活用して、効率よくテレワークを導入・推進したいところだ。

サービス内容を個別に見ていくと、会社のパソコンに直接アクセスできるようにするリモートアクセスのツール、内線電話を社外で受けられるようにするサービスなども無償提供されている。

Ｗｅｂ会議の分野で目立つのはペーパーレスの会議を支援するための製品やサービスだ。紙の資料を社外に持ち出さなくても、セキュリティーを担保したままオンラインで参照できるサービスを無償提供する企業が続々と登場している。例えばアステリアの「Handbook」はモバイル端末上で紙の資料と同様に指でめくる動作で資料を見られる。

「Microsoft 365」や面接ツールも

大手ＩＴ企業では日本マイクロソフトが「セキュアリモートワーク相談窓口」を設置するとともに、

期間限定で無償提供されている主なIT製品・サービス（2020年3月時点。一部は無償公開を終えている可能性もある）

企業名	製品・サービス名	分　野
テレワーク環境構築・リモートデスクトップ		
BONX	BONX for BUSINESS	音声コミュニケーションプラットフォーム
米Dialpad	Dialpad Talk PRO	クラウドPBX
e-Janネットワークス	Splashtop for CACHATTO	リモートデスクトップ
fonfun	リモートブラウズ	リモートアクセス
RSUPPORT	RemoteView	遠隔操作
ZenmuTech	ZENMU Virtual Desktop	データ分散型仮想デスクトップ
網屋	V-Client	リモートアクセスサービス
オプティム	Optimal Biz	MDM・PC管理
スプラッシュトップ	Splashtop Business Pro	リモートデスクトップ
ソニックウォール・ジャパン	Secure Mobile Access（SMA）	SSL-VPN装置
ソフツー	BlueBean	クラウド型コールセンターシステム
ソフトイーサ	Desktop VPN	リモートデスクトップ
ソリトンシステムズ	Soliton SecureAccess	リモートアクセスサービス
ユニアデックス	Wrap	クラウド型ネットワークサービス
Web会議・コミュニケーション		
fonfun	リモートトーク	ビジネスチャット
fonfun	リモートメール法人サービス	メール送受信
NTTビズリンク	SMART Communication & Collaboration Cloud	テレビ会議
RSUPPORT	RemoteMeeting	クラウド型Web会議
アステリア	Handbook	モバイル情報共有ツール
エステック	ECO Meeting CLOUD	ペーパーレス会議システム
キッセイコムテック	SmartDiscussion	ペーパーレス会議システム
ギンガシステム	LoopGate for PC、同Tablet	テレビ会議
シスコシステムズ	Cisco Webex Meetings	Web会議システム
西菱電機	Check-in	日報・業務報告
ドコモ・システムズ	sMeeting	Web会議システム
トヨクモ	トヨクモ安否確認サービス2	安否確認
日本マイクロソフト	Microsoft 365	Web版オフィスソフトやWeb会議
ネオラボ	Calling	Web会議
ブイキューブ	Krisp	ノイズキャンセリングアプリケーション
富士ソフト	moreNOTE	ペーパーレス会議
ベルフェイス	bellFace	Web会議システム

採用活動・研修の支援		
manebi	playse web 面接	オンライン面接
イー・コミュニケーションズ	SAKU-SAKU Testing	e- ラーニング支援サービス
グロービス	グロービス学び放題フレッシャーズ	新入社員向け e ラーニング
コクリポ	コクリポウェビナー	Web セミナー
ジェイック	Future Finder	採用支援サービス
スタジアム	インタビューメーカー	オンライン面接
ブレイン・ラボ	ZENKIGEN の HARUTAKA	Web 面接
プロシーズ	ライブ配信サービス	Web セミナー開催サービス
問い合わせ対応		
GeeeN	chroko	チャット型 Web 接客ツール
Hmcomm	Terry	音声自動応答システム
ジーニー	Chamo	チャットボットツール
ユーザーローカル	サポートチャットボット	チャットボットサービス
業務支援		
Brushup	Brushup	レビューツール
Moffly	TAGsAPI	クラウド型ライブコマースサービス
アステリア	Platio	モバイルアプリ作成ツール
アリババクラウド	Alibaba Cloud	パブリッククラウドサービス
ディヴォートソリューション	アシロボ RPA	RPA
ファーエンドテクノロジー	My Redmine	タスク管理・プロジェクト管理
マネーフォワード	マネーフォワード クラウド請求書	請求書作成支援
マルチブック	multibook クラウド会計・ERP	会計
自治体・公共機関向け		
hachidori	hachidori	チャットボット開発
HENNGE	CHROMO	クラウド型コミュニケーションプラットフォーム
オウケイウェイヴ	OKBIZ. for FAQ / Helpdesk Support	FAQ/ 問い合わせ管理
その他		
AGREE	LEBER for Business	企業向け遠隔医療相談アプリ
Crevo	Crevo Base	動画制作管理
RSUPPORT	RemoteCall	遠隔サポート
オプティム	OPTiM AI Camera	AI 画像解析
オプティム	Optimal Second Sight	遠隔作業支援
オプティム、MRT	オンライン診療ポケットドクター	オンライン診療
プラップジャパン	Digital PR Platform	プレスリリース配信

「Microsoft 365」における企業向けの「E1」ライセンスを六カ月間無償提供し始めた。Webb版のオフィスソフトやWeb会議ツール、オンラインストレージなどが利用できる。Microsoft 365はメールなどのクラウドサービスだ。四月にサービス名称がOffice 365から変わった。

相談窓口ではビジネスチャットツール「Microsoft Teams」の利用方法のトレーニングや、「Microsoft Teams Live Event」を利用したビデオ会議の支援といったサービスを提供する。電話相談のほか、セットアップガイドやマニュアルなども提供する。

採用活動の本格的な盛り上がりを目前に控え、オンライン面接を支援するツールの無償提供も始まっている。録画機能などを持つ製品もある。四月に入社した新人社員向けのeラーニングツールなども無償提供されている。

問い合わせ対応支援にも広がる

日常業務を支援するための製品やサービスにも無償化は広がる。特に多いのは顧客からの問い合わせ対応支援だ。新型コロナウイルスに関連した問い合わせの自動化を支援するのが主な目的だ。

金融IT企業のマネーフォワードは請求書発行などを支援する「クラウド請求書」を、マルチブックは海外拠点向けの会計クラウドサービス「multibookクラウド会計・ERP」をそれぞれ無償提供する。

無償提供サービスの中には、自治体を支援するものもある。FAQ（よくある質問と回答集）サイトの構築を支援したり自治体に特化したコミュニケーション関連サービスを提供したりする。例えばユーザーローカルが自治体などの公的機関向けに用意したサービスを使うと、厚生労働省の「新型コロナウイルスに関するQ＆A」に準拠したチャットボット（自動応答プログラム）を各機関のWebサイトに設置できる。

新型コロナウイルスによる世界的な混乱を受け、企業を取り巻く環境は不透明な状態が続く。先々の売り上げを予測しにくいこともあり、不要不急の投資を抑えるといったコスト削減の判断を迫られる局面が増えるだろう。一方でテレワーク関連の環境整備も急ぐ必要がある。ＩＴ企業による無償の特別施策を活用すれば、これら二つの課題を同時に解決しやすくなる。

問題その十六

「VPN渋滞」が日本中で発生

社内システムにつながらない――。自宅でこう悲鳴を上げるテレワーク利用者が日本全国で多発している。理由は様々だが、最も多いのは通信ネットワークの問題だ。具体的には、自宅などの社外から社内システムに接続する「リモートアクセス」関連のトラブルである。

テレワークに伴うリモートアクセスではVPN（仮想私設網）と呼ぶ仕組みを利用するのが一般的だ。機密情報や顧客情報も扱うことがあるからだ。VPNは第2章でも示したように、安全な通信を担保する技術を指す。インターネット上に仮想的な閉域網を設けることから、仮想閉域網とも略される。

このVPNに関連し、名付けて「VPN渋滞」に悩む企業が続出している。VPN渋滞とは、多数の社員が一斉にVPN接続することによって、社内システムにつながりにくくなる事態を指す。本書が実施した調査の自由意見でも、「VPNアカウントが足りていない」（製造、研究・開発、一般社員）、「VPNのライセンス数が少ない」（製造、研究・開発、主任・係長クラス）など不満の声が複数あった。

問題の原因は、大勢の社員が同時にテレワークをする事態を想定していなかったところにある。例えば社員数が千人の会社が一部の部署や社員に限定してテレワークを導入していた場合、「同時に社内システムを使う社員はせいぜい五十人だろう」などと考え、購入する同時接続ライセンス数を抑えることが多い。無駄なコストの発生を防ぐためだ。

この状態で新型コロナウイルスの問題が発生し、テレワークを急きょ全社員に拡大すると、すぐに同時接続数が上限に達してしまう。ある社員がＶＰＮ経由で社内システムにつなごうとしても、別の社員がＶＰＮの使用を終えるまで接続できない。これがＶＰＮ渋滞だ。

ＶＰＮ渋滞を解消するには、同時接続ライセンスを追加購入するなどの必要が生じる。テレワークの適用対象を急拡大する企業にとっては、必要不可欠な費用である。ここで追加出費を惜しむと、業務を遂行できない社員が続出してしまう。

米グーグルは脱ＶＰＮ、背景に「ゼロトラスト」

ＶＰＮがらみのトラブルが発生する中、ＶＰＮを一切使わずにテレワークをしている大企業がある。米グーグルだ。社内システムを全てインターネット経由で利用できるようにしているため、社内システムにリモートアクセスする必要がない。そのためＶＰＮを利用する必要もないのだ。

グーグルがＶＰＮを使わなくなった背景には「ゼロトラスト・ネットワーク」と呼ぶ方針があった。ネットワークは全て危険だと認識し、接続元のネットワークの違いによってアプリケーションへのアクセスの可否を判断することはないという考え方である。

ファイアウオールなどで守られた内側のイントラネットを「安全なネットワーク」だと考える企業は少なくない。社内アプリケーションは「安全な」イントラネットからならアクセスできるが、危険なインターネット経由ではアクセスさせない。だからリモートから作業するには、ＶＰＮで「安全な」イントラネットに接続する必要がある。このような考え方が今は主流だ。

しかしこの考え方には弱点がある。ファイアウオールなどによる「境界防御」が破られ、安全とみなしていたネットワークの内側に侵入されると、侵入者によって社内アプリケーションに好き勝手にアクセスされてしまう問題があるのだ。実際、このようなセキュリティー事件が頻発している。標的型攻撃などによって従業員のアカウントが乗っ取られ、それを踏み台に社内ネットワークへ侵入されるトラブルなどだ。

それに対してグーグルは、社内アプリケーションへのアクセスについては社内外どこからでも必ずアクセスプロキシー（認証サーバー）を経由させる。このアクセスプロキシーでアクセス元の端末情報やユーザーの属性をチェックすることで、利用の可否を細かく制御する。例えば経理システムには「非開発用端末を使うフルタイムまたはパートタイムの経理部員」しかアクセスできないといった具合だ。

支援サービスにも参入

グーグルは二〇一七年から、自社が「脱ＶＰＮ」を成し遂げるために開発したソフトウエアなどをクラウドのサービスとしても提供している。また二〇一九年から、ＳＩＥＭ（セキュリティー情報イベント管理）のクラウドサービスも始めた。セキュリティー関連のログデータを容量無制限で保管し、グーグルの検索技術を使って瞬時に危険な情報を検出できるようにしている。

さらに二〇二〇年四月、グーグルは新しいリモートアクセスのサービス「BeyondCorp Remote Access」を始めた。ゼロトラスト・ネットワークの考え方に基づき、社外からＶＰＮを使わずに社内システムやクラウド上の業務アプリケーションにアクセスできるようになる。

こうしたクラウドサービスの提供によって、一般企業であってもグーグル並みのアクセス制御やセキュリティー管理ができるお膳立てはされている。しかし一般企業が「脱VPN」を果たすうえで最も難しいのは、社内アプリケーションのゼロトラスト対応、つまり移行作業だろう。グーグル自身はゼロトラスト・ネットワークを構築するのに八年を費やしたと述べている。

社内アプリケーションをゼロトラストに対応させるために必要な作業は主に三つある。第一にIPアドレスの扱い方の変更だ。社内システムの場合、企業によっては自社で決めた固定のIPアドレス（プライベートアドレス）を割り振っているケースがある。ゼロトラストに対応させるとなると、社外に公開されている一般的なWebサイトと同様、ドメイン名をIPアドレスに変換する「DNS」の仕組みを使う必要がある。第二にサイバー攻撃対策だ。業務アプリケーション単位で「WAF（ウェブ・アプリケーション・ファイアウォール）」などを導入する。第三にユーザー認証基盤の整備だ。社員の所属部署や権限などに応じて、どの業務アプリケーションにログインできるかを一元管理する仕組みである。

サイバー攻撃の高度化によってゼロトラスト・ネットワークの考え方に注目が集まっている。社内ネットワークの「安全神話」は崩壊し、VPNは時代遅れの仕組みになってしまうかもしれない。アフターコロナの時代を迎え、ネットワークの常識も変わりつつある。

問題その十七
通信トラブルとクラウド障害が襲う

テレワークは通信ネットワークがないとできない。だからこそＶＰＮや通信機器のトラブルには十分に注意したいし、スマートフォンのデータ容量の制限にも注意が必要なのは既に述べた通りである。実はこれ以外にも気を付けたい通信関連のトラブルがある。通信会社の通信サービス障害だ。通信会社の設備などに何らかの異常が生じ、携帯電話などが一定の時間にわたり使えなくなる事態である。頻繁に発生するわけではないが、といって「携帯電話の通信サービスは絶対安心」とも言い切れない。

通信回線のパンクはあるのか

いま心配される通信トラブルといえば、テレワークの利用拡大による通信回線のパンクだろう。外出禁止令が広がった米国ではトラフィックが急増した。米通信大手ベライゾンの二〇二〇年四月九日の発表によると、新型コロナウイルスの拡大前に比べ、通信トラフィックはゲーム向けが百十五％増、ＶＰＮが四十九％増、ビデオが三十六％増を記録した。

日本はどうか。ＮＴＴコミュニケーションズのインターネット接続サービス「ＯＣＮ」は、平日日中（午前九時～午後六時）のトラフィックが四十％程度増加した。二月三～七日を基準とすると、二月十七～二十一日の週まではほぼ変わらず、二月二十四～二十八日の週に数％増加。安倍晋三首相が小中高校に休校を要請した翌週（三月二〜六日）から三十〜三十五％増となり、四月上旬は三十五〜四十％増の水準となった。

平日日中のトラフィックが増えたとはいえ、ピーク時（午後十〜十一時）に比べれば三分の二程度の水準にすぎない。ピーク時のトラフィックも約十％増えているが、同社は「ピーク時の二倍に耐えられる設計でバックボーンを構築しており、直ちに問題となる状況ではない」としている。

ＮＴＴ東日本の「ＮＧＮ」における四月六〜十日のトラフィックは、二月二十五〜二十八日の週に比べ昼間で三十三％増、夜間のピーク時（午後九〜十時）で二％増だった。その後さらに増え、四月十三日の週の平日昼間のトラフィックは最大四十七％増えた。「ネットワーク全体の容量は十分に確保しており、問題ない」としている。このほか、ＫＤＤＩの固定通信サービスでも「平日昼間の時間帯で最大四十％ほどのトラフィック増加が見られる。夜間のピーク時への影響は限定的であり、あまり変わっていない」という。

国内各社の回答を総合すると、二〇二〇年四月時点で平日日中は三十〜四十％のトラフィック増加にとどまり、同時点では問題ないとのことだ。だが今後、テレワークの導入がさらに広がれば、まだ数倍のトラフィック増加が控えている可能性がある。現状は余裕があるとはいえ決して油断はできない。通信各社は警戒態勢を強めている。

大規模通信障害の恐怖

通信障害として記憶に新しいのは、二〇一八年に発生したソフトバンクの大規模通信トラブルである。十二月六日の午後、約三千万回線が日中の四時間半にわたって通話や通信できない事態に陥った。原因は通信の要となる「交換機」にあった。交換機で動くソフトの不具合により認証などの処理が進まず、ソフトバンクや格安ブランド「ワイモバイル」の4G(LTE)回線を利用した携帯電話サービスが日本全国で一斉に使えなくなった。

通信障害は企業活動にも影響を与えた。ソフトバンクの4Gサービスを全面導入していた佐川急便は、配達員が持つ専用端末に集荷依頼や再配達の情報が届かなくなった。配達員の携帯電話も使えず「連絡手段が断たれた」(佐川急便)。例えば不在票を受け取った顧客は営業所か配達員に電話をかけるか、専用サイトに必要事項を入力するかして再配達を頼む。しかし、障害によって顧客が配達員に電話をかけてもつながらなかった。営業所に電話するか、専用サイトに入力するかしても、佐川急便側がその情報を配達員に伝えられず、配達業務が滞った。

二重経路の確保が望ましい

テレワークの導入が進んだ世の中でこのような通信障害が起こると、その影響はさらに拡大する。テレワークの本格活用に当たっては、通信サービスの障害を視野に入れた対策が求められる。自宅であれば、固定回線を利用した「Wi-Fi」などの通信サービスを導入していることが多いだろう。Wi-Fiとスマートフォンを用意しておけば、携帯電話回線が使えなくなっても、固定回線を介してテレワークを継続できる。反対に固定回線がつながらなくなったとしても、スマートフォンの回線を使って通信を継続できる。会社からスマートフォンを支給されているような場合は、私物で使うスマートフォンの契約先を会社支給の端末とは違う通信会社にする手もある。こうすれば二台持ちの両方が同時に使えなくなるリスクを減らせる。

クラウドのリスクに注意

通信障害と同様に注意したいのがクラウドサービスのトラブルである。メールやビジネスチャット、Ｗｅｂ会議など、今や多くの企業が何らかの形でクラウドサービスを使っていることだろう。会計や給与計算、生産管理といった中核システムにクラウドサービスを活用する企業も増えている。テレワークに限った話ではないが、クラウドが使えなくなると企業活動が滞ってしまう。

クラウド関連のトラブルで記憶に新しいのは、二〇一九年八月に発生した、米アマゾン・ウェブ・サービス（ＡＷＳ）の大規模障害だろう。クラウドサービス「Amazon Web Services（ＡＷＳ）」の東京リージョンで午後に障害が発生。仮想マシンサービスの「Amazon EC2」とストレージの「Amazon EBS」、リレーショナルデータベース（ＲＤＢ）サービスの「Amazon RDS」について、性能が低下したり接続しにくくなったりした。復旧するまで六時間ほどかかった。原因は東京リージョンの一部エリアで発生した空調設備の故障にあった。

日本のクラウドサービスで五割近いシェアを持つ最大手だけに、影響は大きかった。東急ハンズは「販促キャンペーン中のＥＣ（電子商取引）サイトが一時的にアクセス不能になった」（広報）。スマートフォン決済サービスのＰａｙＰａｙは一部の利用者が支払いやチャージをできなくなった。楽天のフリマアプリ「ラクマ」では全ての機能が使えないトラブルが生じた。ユニクロでもＥＣサイトやスマートフォンアプリでログインや商品購入ができない事態に見舞われた。

チャットサービスでも障害発生

ビジネスチャットのサービスでもトラブルは起こっている。例えばマイクロソフトのＴｅａｍｓは、二〇二〇年三月十六日に欧州で障害を起こしている。グーグルの場合は三月二十六日と二十七日にクラウドのインフラ全般に障害が発生して、G SuiteやGoogle Cloud Platformが一部で利用できなくなった。

このようなクラウドサービスの障害については、利用企業が対策を講じるにも限界がある。万が一、トラブルが発生した場合には、システム部門などが情報を収集し、テレワークをしている社員に「クラウドサービスでトラブルが発生しており〇〇サービスが一時的に使えません」など早めに情報提供したい。そうすれば混乱を避けられるだろう。情報提供がなかったり遅れたりすると、テレワーク中の社員は「自分の家の通信環境に問題があるのだろうか」など不安に感じてしまう。イントラネットにクラウド障害のお知らせを載せようとしたら、クラウド障害の影響でイントラネットが使えなくなってしまった、といった事態も考えられる。ここでも連絡手段を複数用意するなど工夫を凝らしたい。

問題その十八

便乗サイバー攻撃で情報ダダ漏れの悪夢

テレワークを使う社員と、推進する立場の企業。その双方にとっての心配事の一つが情報漏洩だ。本書が実施した調査の自由意見でも、課題として「個人情報を取り扱う業務などセキュリティー面での不安」（情報・通信サービス、情報システム、経営者・役員）を挙げる声が相次いだ。顧客情報や機密情報がダダ漏れしてしまったときに企業が受けるダメージは小さくない。

パソコンのウイルス対策やＷｉ－Ｆｉの暗号化、パスワード設定など、基本的な情報セキュリティー対策については第２章で示したとおりである。ただ、基本を押さえたとしても万全とは言えないのが、セキュリティー対策のやっかいなところだ。まずはサイバー攻撃の恐ろしさについて紹介する。

マスク不足を狙った攻撃が新たな脅威に

社会が混乱する今のような時は、いつも以上に外部からのサイバー攻撃に注意する必要がある。サイバー攻撃者は人々の注意がおろそかになる非常時を狙ってくるからだ。実際、過去に大きな災害が発生した際には、それに便乗する詐欺やサイバー攻撃が必ず出回った。

いま新型コロナウイルスに関連して多くの人を悩ませているのがマスク不足だ。マスクを欲しがる人々の心理を突いたフィッシング詐欺が出現している。フィッシング詐欺とは、実在するＥＣサイトや

上は新型コロナウイルスに関連したフィッシング詐欺の例。下は偽物の商品販売サイトの例

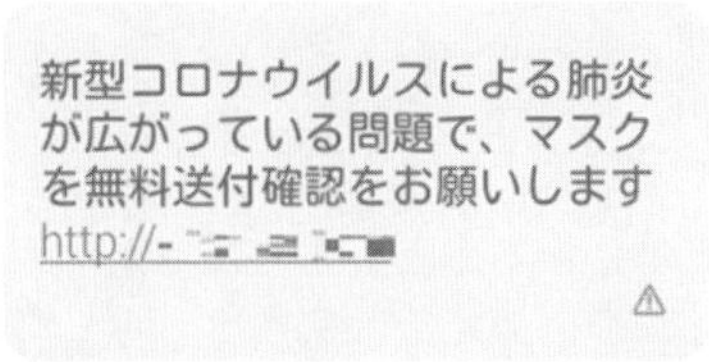

（出所：日本サイバー犯罪対策センター）

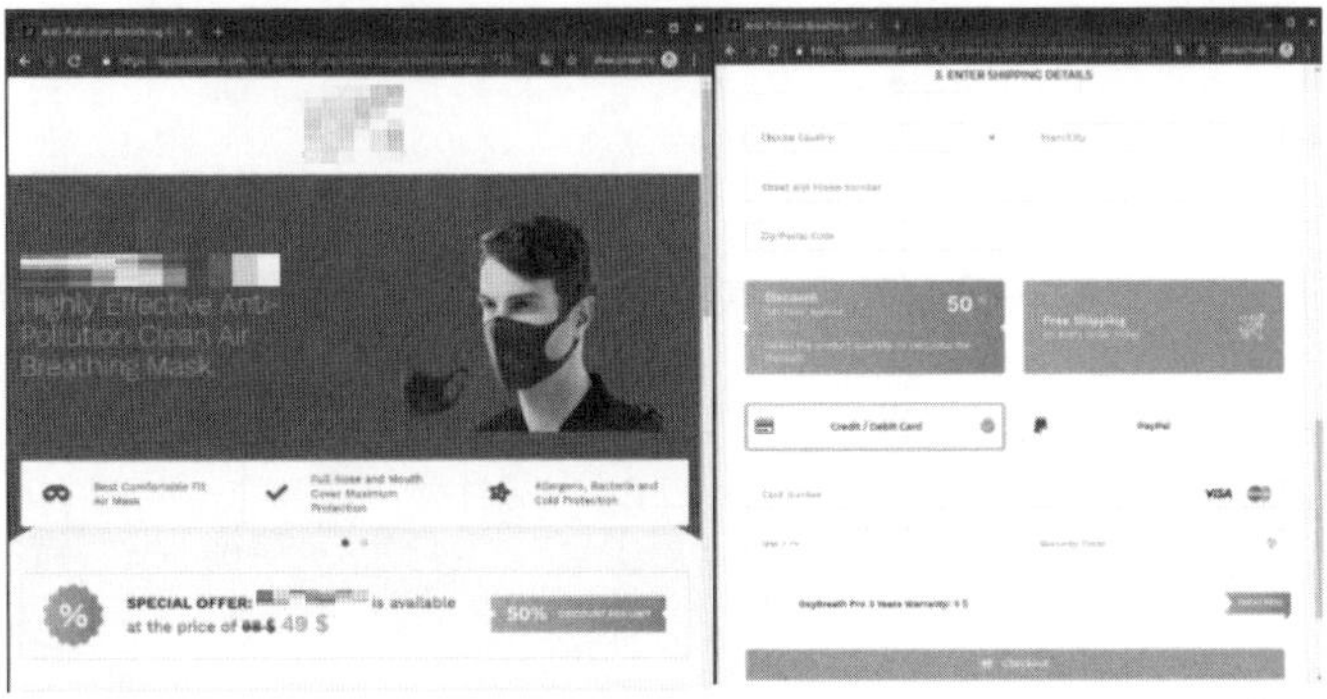

（出所：カスペルスキー）

銀行などになりすましてメールを送り、偽のＷｅｂサイトに誘導して個人情報を入力させて、それらを取得する犯罪行為だ。

　国民生活センターや日本サイバー犯罪対策センター（ＪＣ３）は、フィッシング詐欺目的と思われるＳＭＳのメッセージを確認したとして注意を呼びかけている。メッセージには「新型コロナウイルスによる肺炎が広がっている問題で、マスクを無料送付確認をお願いします」という一文とＵＲＬが記載されている。このＵＲＬをクリックすると、運送系企業をかたったフィッシングサイトに誘導されるという。

　高機能マスクを宣伝するスパム（迷惑メール）も世界規模で出回っ

ている。ロシアのＩＴ企業カスペルスキーは、「新型コロナウイルスの感染予防に効果がある」としてマスクを宣伝する英文のスパムを紹介。料金を払っても商品が届かない、あるいは届いたとしても広告通りの品質が保証されない可能性が高いとして注意を呼びかけている。

いつもなら英文のスパムなど相手にしない人でも、「Coronavirus」や「Ｍａｓｋ」といった単語に反応してお金を払ってしまう恐れがある。カスペルスキーが警告しているように商品が届かない可能性は極めて高い。英文だけではなく、ＳＮＳ（交流サイト）などでは日本語のスパムも報告されている。「マスクの注文を承ったのでしばらく待ってほしい」といった内容だ。金銭や個人情報を詐取することが目的だと思われる。相手にしてはいけない。

マスクを販売するという不審なメールは日本でも出回った。国民生活センターが公表した事例では、メールはスマートフォンに送られてくるという。送信者名には、産業資材を扱う実在するメーカーの名前が書かれている。価格は三十枚で四万千八百円。「ご購入はこちら」の画像をクリックすると、攻撃者が待ち受けていると思われるＵＲＬに誘導される。国民生活センターが送信者名に記載されたメーカーに連絡したところ、このようなメールは送付していないと回答。小売りもしていないという。

このメーカーのドメイン名は社名を表す複数の英単語で構成されていて、単語の間には「-」がある。ところがメールに書かれていたＵＲＬのドメイン名には「-」がない。攻撃者は似たドメイン名を取得して偽メールの送信に使ったとみられる。

偽物のWeb会議招待メールの例

You have a new Meeting Invitation
Waiting for you right now.
CHECK IN
Event Details
Status: Pending Acceptance
Date: March, 5 2020
Timeframe: 12 min 15 Sec
Meeting In Progress
Unsubscribe from list・Privacy statement

偽のＷｅｂ会議招待メールが出現

便乗詐欺に加え、新型コロナウイルスに便乗したウイルス攻撃も確認されている。情報処理推進機構（ＩＰＡ）は保健所をかたる便乗攻撃のメールを公表した。文面には「別添通知をご確認いただき、感染予防対策についてよろしくお願いいたします」と書かれている。この「別添通知」として添付されているＷｏｒｄファイルには、Ｅｍｏｔｅｔ（エモテット）と呼ばれるマクロが仕込まれている。開くとウイルスがダウンロードされ、インストールされてしまう。

新型コロナウイルス対策を支援するための寄付が世界中で始まるのに合わせて、偽の寄付サイトが確認され始めた。セキュリティー組織の米サンズ・インスティチュート（SANS Institute）は、「coronavirus」という単語を含むドメイン名が多数取得されているのを確認している。これらの一部は偽の寄付サイトを立ち上げるために使われているという。ＩＴ企業のカスペルスキーは米国の疾病予防管理センター（ＣＤＣ：Centers for Disease Control and Prevention）をかたってビットコインで寄付を募る詐欺メールを報告している。送信者のメールアドレスのドメインは「cdcgov.org」。ＣＤＣのドメイン「cdc.gov」に酷似している。

このほかＷｅｂ会議の利用拡大につけ込んだ手口も出現している。Ｗｅｂ会議への招待メールに見せかけた攻撃メールだ。セキュリティー企業のラックが報告した例では、招待メールに見せかけたメール中の「CHECK IN」ボタンを押すと、攻撃者が用意したＷｅｂサイトに誘導される。ラックによると、招待メールには「会議は既に始まっています」「あなたの参加を待機しています」など、ユーザーを焦らせるような文章が記載されているという。

感染マップに悪質プログラムが潜む

新型コロナはいつになったら収まるのだろうか。多くの人は心配し、毎日のようにネットで感染状況を確認しているだろう。そのような人々を狙う新手口も確認されている。コンピューターウイルス入りのウイルス感染マップだ。米国のセキュリティー企業であるマルウエアバイトなどが報告した。

確認された不審な感染マップは実行形式のプログラムだ。ファイル名は「corona.exe」など。実行すると、正確な感染状況をリアルタイムで表示する。米ジョンズ・ホプキンス大学が公開する感染マップ（https://coronavirus.jhu.edu/map.html）のデータをリアルタイムで取り込んでいるため、マップ自体は正確だ。

一見便利なプログラムのようだが、大きな間違いだ。ウイルスが仕込まれていて、Ｗｅｂブラウザーに保存されているパスワードやクレジットカード番号、Ｃｏｏｋｉｅなどを盗み出して攻撃者に送信する。しかも、このような悪質なプログラムを作成するためのキットが販売されているという。キットを使えば、任意のウイルスをいくらでも埋め込める。悪質なプログラムを実行している間、個人情報が盗まれ続けることになる。セキュリティー企業などは、出所不明のプログラムを使うのではなく、オリジナルの感染マップを参照するよう強く勧めている。

ここで紹介した便乗詐欺や攻撃はほんの一例だ。新型コロナに便乗した新しい手口は毎日のように出現している。もはや「新型コロナ」と書かれたメールやＷｅｂサイトは疑ってかかったほうがよいほどだ。人々の不安につけ込む卑劣な詐欺や攻撃の被害に遭わないよう、手口を知って備えたい。

うっかり誤送信に注意

情報漏洩のリスクは、利用者の操作ミスや不注意などにも潜む。最たる例がメールの誤送信だ。送信先アドレスを打ち間違えると、メールに添付した業務ファイルが漏洩する可能性がある。誤送信先が実在するメールアドレスだとエラーにはならないので、漏洩に気づきにくい。

実際、「gmail.com」を「gmai.com」と打ち間違えたことによる情報漏洩が複数報告されている。gmai.comを管理している法人・個人は不明だが、gmai.com宛てのメールがエラーとならずに「吸い込まれる」ことは分かっている。テレワークの導入に伴ってＧｍａｉｌの業務利用を許可した企業・組織などは、特に注意する必要がある。

「ＭＤＭ」の導入は必須

情報漏洩はスマートフォンからも起こり得る。会社が支給したスマートフォンに社員がゲームなどのアプリを好き勝手にインストールして、個人で楽しむようなケースは危険だ。端末内のデータを不正に取得する機能がアプリに埋め込まれている可能性がある。ファイル共有などのためにクラウド型のストレージサービスを導入している場合、そこに機密情報を置く社員がいるかもしれない。企業はあらかじめ、会社支給のスマートフォンにダウンロードしてもよいアプリを指定したり、外部サービスに保管してもよい情報を決めたりする必要がある。

社員に対して、情報漏洩に対する自覚を促す教育や研修を実施することも重要だ。勝手にアプリを導入したりＳＮＳや動画視聴など業務以外の用途に利用したりしていることが分かった場合には、懲罰の対象になり得ることをきちんと伝える。

ルールを決めて周知するだけでは危険を回避できない。業務で利用するスマートフォンなどの機器にはＭＤＭ（モバイルデバイス管理）と呼ぶツールを導入したい。ＭＤＭを使うとシステム管理者がネットワークを通じて社員のスマートフォンの利用状況を監視したり、セキュリティープログラムを一斉配布したりできる。ＭＤＭがあれば、スマートフォンの紛失や盗難時に管理者が遠隔操作でデータ保護することもできる。「業務用にスマートフォンを利用しているがＭＤＭは未導入」という企業は、早急に手を打ちたい。

悩ましい、「勝手ＢＹＯＤ」のまん延

私用の端末を業務に使う形態を「ＢＹＯＤ（Bring Your Own Device）」と呼ぶ。企業にとっては、端末購入費などのコストを削減できるメリットがある一方、情報漏洩などの対策がおろそかになることがある。ＢＹＯＤの端末であっても、ＭＤＭの仕組みによりある程度は管理することができる。それでも会社支給の端末のようにアプリのダウンロードを制限するのは難しい。

さらに気をつけたいのは「勝手ＢＹＯＤ」だ。情報保護などの理由から企業がＢＹＯＤを禁止しているにもかかわらず、社員が許可を得ず勝手に自分のスマートフォンなどを業務に利用する形態を指す。勝手ＢＹＯＤやデータ保存などのクラウドサービスを個人用アカウントで業務に利用することを「シャドーＩＴ」という。

管理者が何も対策をしなかったり、社員へのセキュリティー教育を怠っていたりすると、社内にシャドーＩＴがはびこる。その結果、社員が私用端末で社内システムにアクセスする、機密データを自分の端末に入れて自由に持ち出すといったことが起こり得る。

特に若い世代の社員はスマートフォンなどのモバイル機器に慣れ親しんでおり、上の世代が知らないサービスを利用したり、思いもよらない使い方をしたりする可能性がある。それがセキュリティーに関する問題を招いても、上の世代はなかなか気づきにくい。

シャドーＩＴが横行している場合、単に使用を禁止しようとすると「効率的なのに、なぜ禁止なのか」といった抗議を受けて同意が得られないかもしれない。あるいは、禁止しても一部の社員が従わずにこっそりと使い続ける可能性もある。私物のスマートフォンを業務で利用することがセキュリティー

上どれほど多くの危険を含んでいるのか、きちんと説明し、理解してもらう必要がある。

「わが社は社用スマホを配布していないし、ＢＹＯＤも許可していないので、セキュリティーのリスクはない」。こう考えるあなたの会社にも、リスクは確実に存在するのだ。

知っておくべきＷｅｂ会議のリスク

テレワークには必須のＷｅｂ会議サービスにも、情報漏洩の危険がある。クラウド型のサービスは、エンド・ツー・エンドの暗号化は利用できないことが多い。例えばよく使われる「Ｚｏｏｍ」は当初、マーケティング資料などでエンド・ツー・エンドの暗号化が利用できると説明されていた。しかし米メディアのThe Interceptが二〇二〇年三月に、この説明が誤りであり、実際にはエンド・ツー・エンドの暗号化はできなかったと報じている。

一方で消費者向けの音声・ビデオ通話アプリケーションである米アップルのFaceTimeや米フェイスブックのWhatsAppは、通話内容をエンド・ツー・エンドで暗号化している。会話の送り手と受け手以外は、サービス提供側であっても暗号を解除できない。

問題その十九
プリンターが壊れた

自宅で仕事をするにあたって、プリンターが欲しくなる場面も出てくるだろう。打ち込んだ書類の文面チェックなどは、紙に印刷して読んだほうが間違いを見つけやすいこともある。複数の企画書を並べて見比べたいような場合も、紙に印刷したほうが取り組みやすい。パソコンの画面だと一度に表示できる文書の量が限定されるからだ。

プリンターが既に自宅にある人はそれを使えば問題ない。置く場所があるなら新たに購入する手もあるだろう。A四判を印刷できる入門機なら一万円を切るモデルもある。

一方で予算をかけたくない、置き場所がないという人も少なくないのではないか。あるいは肝心な時にプリンターが壊れた、といった事態が生じることもあり得る。そんな場合にお薦めなのが、コンビニエンスストアに設置されている複合機だ。一般に「マルチコピー機」と呼ばれる。

マルチコピー機はコピー、プリント、スキャンといったオフィスの複合機の機能に加えて、業界紙や全国の地方紙、住宅地図のコンテンツ販売、住民票の写しや印鑑登録証明書、戸籍証明書の発行などの機能を持つ。ここでは仕事向けのプリント機能とスキャナー機能に絞って説明する。

なお大手コンビニ三社では、マルチコピー機のメーカーが異なる。ファミリーマートとローソンはシャープ製で同一と考えてよい。セブン-イレブン・ジャパンは富士ゼロックスの製品を導入している。

シャープと富士ゼロックスのマルチコピー機はだいたい同じような機能だが、操作画面や一部の機能は異なる。ここではシャープ製と富士ゼロックス製の両方を対象とする。

ファイルの受け渡し方法は五つ

シャープと富士ゼロックスのマルチコピー機はどちらも、Microsoft Office、PDF、JPEG形式のファイルをプリントできる。マルチコピー機に対象ファイルを受け渡す方法は次の五通りがある（扱えるファイル形式に一部制限がある）。

専用クラウドサービスの利用
専用ドライバーソフトの利用
LINE@アカウントへの送信
記録メディアの接続
スマートフォンのWi-Fi接続

一つ目に挙げた「専用クラウドサービスの利用」では、最初に対象ファイルを専用のクラウドサービスにアップロードする。そしてマルチコピー機でファイルを選ぶと、クラウドからダウンロードされてプリントされる仕組みだ。シャープのクラウドサービスの名称は「ネットワークプリント」、富士ゼロックスは「netprint」である。ネットワークプリントはファミリーマートとローソンで利用できる。

netprintはセブン-イレブンのみだ。どちらのサービスもパソコンのＷｅｂブラウザーまたは専用スマホアプリからアクセスする。

Ｗｅｂブラウザーを利用する場合、ネットワークプリントまたはnetprintのサイトにアクセスし、対象ファイルをドラッグ&ドロップしたりダイアログで選んだりしてアップロードする。

専用スマホアプリでは、ネットワークプリント、netprintとも、画面上でファイルを選択しアップロードする。他のアプリでファイルを開いた後、共有機能を利用して専用スマホアプリにファイルをコピーしアップロードすることも可能だ。アップロードできるファイルのサイズは、ネットワークプリント、netprintとも、一ファイル当たり十メガバイトまで。この制限には気をつけたい。

アップロードしたあとの流れは、シャープ（ネットワークプリント）と富士ゼロックス（netprint）で異なる。シャープのマルチコピー機では、会員登録時などに発行された「ユーザー番号」または「ユーザーＩＤ＋パスワード」を入力し、一覧表示されるアップロード済みファイルを選択する。あるいはマルチコピー機の画面に表示されるＱＲコードをスマートフォンのアプリで読み取ることで、ユーザー番号を入力せずにログインすることもできる。富士ゼロックスの場合は、アップロードしたファイルごとに発行される「プリント予約番号」を入力する。

二つ目の「専用ドライバーソフトの利用」と三つ目の「ＬＩＮＥ@アカウントへの送信」は、シャープのマルチコピー機だけで利用できる方法だ。専用ドライバーソフトの利用時は、パソコンに専用ドライバーソフトをインストールする。この専用ドライバーにより、プリント出力先としてネットワークプリントを選べるようになる。選んで印刷を実行するとネットワークプリントへの登録画面が起動する。

用紙サイズを選択して、ユーザーIDとパスワードを入力すれば登録が完了だ。その後の操作は専用クラウドサービスと同様である。LINE＠アカウントへの送信では、LINE＠アカウントの「ネットワークプリント」と友達になり、トークルームに写真やPDFファイルを送信する。この機能を使えるのはスマートフォンやタブレットだけだ。

大容量ファイルの印刷に便利な直接接続

マルチコピー機にファイルを直接送り込むプリント方法もある。第四の手段「記録メディアの接続」と第五の「スマートフォンのWi-Fi接続」だ。これらの方法を使えば、十メガバイトを超えるファイルでもプリントできる。前者はマルチコピー機のUSB端子に記録メディアを接続する。後者ではスマートフォンに専用アプリをインストールしたうえで、マルチコピー機とWi-Fiで接続。スマートフォン内の写真やPDFファイルをマルチコピー機に送信する。

データの受け渡し方法にかかわらず、一枚当たりのプリント料金は色（白黒／カラー）、用紙サイズ、用紙の種類、利用するコンビニチェーンによって決まる。普通紙へのドキュメント印刷であれば、税別で一枚当たり十～百円程度だ。

マルチコピー機はスキャナーとしても有用である。書類への修正指示をプリントアウトした紙に赤字で記入し、スキャンしたファイルを送るような際に便利だ。メールなどで説明するよりも直接赤字で書き込んだほうが修正の意図を正確に伝えられると感じる人は少なくないだろう。読み取り精度もオフィスの複合機と比べて遜色ない。スキャンしたデータはUSBメモリーに保存できる。

問題その二十
最大の阻害要因は経営者だ

テレワークを邪魔する最大の阻害要因になり得るのが経営者である。日本どころか世界が一丸となって新型コロナウイルスと闘っているこの時期に、テレワークを活用しきれていないという日本企業の現実がある。テレワークに限らず、今回のような想定外の事態が起きると、経営判断のスピードと質の差がはっきりと表れる。本書のテレワーク調査でも、経営者の後ろ向きな姿勢を厳しく非難する声がいくつもあった。例えば次のような意見だ。

「トラブル対応以外はテレワークまたは自宅待機にできるはずだが無駄に毎日通勤している。そういった判断をトップができない状況にある」(医療、情報システム、一般社員)

もっと辛辣な声もあった。

「職場にノートパソコンが少なく、デスクトップパソコンを自宅に持ち帰り、自宅のテレビにつないで業務することを会社は検討している。でも単身赴任の社員など環境のない人がいる。そんな社員を経営者がバカにする。テレワーク対策もしないのに社員を批判する愚かな経営者にはあきれてしまう」(物流・運輸サービス、経理、主任・係長クラス)

管理職の抵抗を抑え込むのは経営者の責任

テレワークのための投資は売り上げや利益に直結しにくい。Ｗｅｂ会議などのＩＴツールは、会社での仕事を前提としていれば基本的に不要である。緊急事態を想定してお金を投じてこなかった企業においては、そのしわ寄せが現場の社員にいっている。

ＩＴツールを導入していたとしても、それらを社員が使いこなせるように業務ルールや社内文化を変えていないなら合格とは言えない。説明したように、テレワークを導入するには就業規則や人事制度まで見直す必要がある。変化を嫌う現場の管理職が抵抗勢力になりやすい。管理職からすれば部下が目の前にいたほうが管理しやすいからだ。そうした抵抗を抑え込んで物事を進めるのは経営者の責任である。

一時的に業務効率が下がってしまうかもしれない。それでも育児や介護などで時間や場所に制約がある社員のために、そしてＢＣＰ（事業継続計画）のために、テレワーク環境の整備は必要だったはずだ。日ごろからそのようなことを考えて準備していた会社と、そうでない会社の差が出ているのが今の日本である。

国の強制力に期待する声も

本書の調査の自由意見では、経営者を動かすために国の後押しを期待する声も目立った。「勤務先に従うしかないので、行政が強制力を持って対応してほしい」（情報・通信サービス、情報システム、派遣社員・契約社員）。「なかなか会社がテレワークに移行しません。会社の危機管理意識は上場企業でもかなり低いです。国からテレワーク達成目標を定めて義務化する必要があると強く思います」（流通、その他、課長クラス）といった意見である。

もちろん全ての経営者が阻害要因というわけではない。先見性のある企業は育児や介護をしている社員が活躍できるように、そして今回のような緊急事態に備える目的で、設備に投資し、ルールを整え、カルチャーを醸成してきた。先進事例については、この後の第４章で詳しく説明する。

デジタル投資の巧拙が問われる

テレワークのためのＩＴ投資をするとなると、その目標として上がりやすいのは次のようなものだ。

従業員満足度、モチベーションの向上
リテンション（退職者防止）
子育て中など、多様な人材の活用
ＢＣＰ対応

増収や増益、などと違ってどれも成果を測りにくい。ＢＣＰといっても災害の発生確率は不明だし、実際に起こったときの被害金額も算出しにくい。金額換算になじまないのだ。

金額換算できない価値に経営資源をどの程度投入すべきか。とても難しい問題だ。本来、こういう正解のない問いに暫定的であれ解を出すために経営者がいる。だが、それを避けて「投資を回収できるか分からないならばGOサインは出せないね」と突っぱねる経営幹部が一定数存在するのが現実である。

勘のいい読者はもうお気づきだろう。DX（デジタルトランスフォーメーション）と呼ばれる、ITを使ったビジネスの抜本的変革と同じである。効果が見えにくい、金額の妥当性も分からない、そのような投資をどう決断し、遂行するか。アフターコロナの時代はこれまで以上に、企業のデジタル投資の巧拙が問われることになる。経営者にとっては腕の見せどころである。

第4章

事例編
先行七社の奮闘に学ぶ

新型コロナウイルスの感染拡大によって、場所にとらわれない働き方の確立が急務となっている。テレワークを全社で導入し、業務を滞りなく進めていくにはどうすればよいのか。政府の緊急事態宣言を受けて素早く動いたIT企業、先行してテレワークに挑み業務改革を成し遂げた大企業、コスト削減と売り上げ増につなげた中小企業など七社の実例を基に勘所を探る。

さくらインターネット、いち早く出社禁止を決断

データセンター運営などを手がけるさくらインターネットは新型コロナウイルスの感染拡大防止に向けて、テレワークを前提とした新しい働き方に挑んでいる。同社は社内外への感染拡大を防ぐことと、従業員の安全確保を目的に、二〇二〇年三月二日から従業員の勤務形態を原則テレワークに移行した。直接雇用する全従業員五百人超のほか、派遣社員なども対象だ。

そのうえで政府が緊急事態宣言を発令した直後の四月八日以降は、サービス継続上やむを得ない場合を除いて出社禁止とした。出社する場合は事前に役員の許可を得るようにする徹底ぶりだ。

同社の業務はインターネットサービスを支えるデータセンター運営である。インターネットはもはや社会インフラであり、サービスを止めるわけにはいかない。郵便物の受け取りや、紙の書類の対応も必要だ。業務上、どうしても出社しなければならない社員は存在する。そのため、出社が必要な従業員に対しては、一日当たり五千円の緊急出勤手当を支給すると決めた。

アルバイトにも手当を支給

並行してテレワーク支援の手当も設けた。第3章でも少し触れたが、自宅でのテレワーク環境整備を整えるために、臨時特別手当を一時金として支払うことを決めた。臨時特別手当は正社員と契約社員、

さくらインターネットが設けた手当制度の概要

手当名	金　額	支給日	対象拠点	対象者
緊急出勤手当	1日当たり 5000円	2020年4月8日以降	大阪 東京 福岡	データセンター勤務者、バックオフィスの一部、カスタマーサポートの一部など
臨時特別手当	1万円（一時金）	2020年4月	全拠点	正社員、契約社員、嘱託社員、出向社員
	3000円（一時金）	2020年4月		アルバイト
臨時通信手当	3500円（一時金）	2020年3月		直接雇用の社員
		2020年3月、4月		派遣社員
通信手当	月3000円	2020年5月以降毎月		直接雇用の社員

（出所：さくらインターネット）

嘱託社員、出向社員が一万円。アルバイトが三千円だ。このほか臨時通信手当として三千五百円を支給する。臨時の通信手当は派遣社員も対象だ。テレワーク関連の手当を設ける企業は少なくないが、正社員だけでなく派遣社員やアルバイトまで対象とする企業は珍しい。「同じ職場で働くメンバーだけに、不平等感を出したくない」（広報）との考えに基づく。

一時金だけではない。テレワークに伴う通信費を支援するために、五月以降毎月三千円の通信手当を支払うと決めた。さらに全従業員を対象に、Ｗｅｂ会議ツール「Ｚｏｏｍ」の有料アカウントを配布した。一連の施策を速やかにまとめ、四月十五日に発表。田中邦裕社長は次のようなコメントを出した。

「当社では、新型コロナウイルスの感染拡大防止と社員や関係者の健康を守るために、二月末に全面リモートワークを決定し、緊急事態宣言発令後は出社禁止としております。また、この様な状況が変わった後も、どこでも働けて、場所によらず活躍できる環境を加速させるためにも、リモートワークを、さくらインターネットの働き方の風土の前提とする方針とすることを決定しました」

「そのうえで、インターネットインフラを維持するために、データセンターなど出社が必要なケースも少なくなく、また出社することでしかできない業務以外のコミュニケーションなども存在すると考えており、これからの働き方に向けて、制度と風土、そしてツール整備を続けてまいります」

独自の「さぶりこ」制度が下支えに

さくらインターネットは従業員一人ひとりが働きがいを追求できる職場作りを目指して、二〇一六年に「さぶりこ」と呼ぶ制度を設けている。さぶりことは「Sakura Business and Life Co-Creation」の略である。会社に縛られず幅広いキャリアを形成しながら、プライベートも充実させ、その両方で得た知識と経験を共創へとつなげることを狙う考え方だ。

テレワークなど場所にとらわれない働き方に加え、様々な制度を設けてきた。例えば仕事を早く片付けたら定時退社時刻である午後六時半の三十分前、つまり午後六時には退社できるルール、勤務時間を十分単位でスライドできるフレックス制、残業時間が月二十時間に満たなくても二十時間分の残業手当を先払いする制度などだ。残業時間は一人当たりの平均が十時間以下というので、社員にとってはお得な制度である。このほか副業なども認め、社員の幅広い活躍を支援してきた。

一連の制度は子育て世代の社員に特に好評だという。例えば朝、保育園に子を送り出す際、子がぐずっていつもより少し時間がかかったときに、始業時間を十分単位で柔軟に変更できる。出社時間が決まっていると、親が急ごうとイライラして、その気持ちが子に伝わって子が余計にぐずるといった悪循環が生まれかねない。

自宅でテレワークに臨む、さくらインターネットの社員

（出所：さくらインターネット）

テレワークについても、二〇二〇年三月二日に「全面テレワーク」を宣言する前から全社員が利用できるようにしてきた。様々な制度を設け、運用してきたからこそ、テレワークの全面導入に踏み切れたと言える。出社禁止の宣言を出した四月以降も、「混乱なく業務を回せている」（広報）という。

ＧＭＯインターネットグループ、ハンコ撤廃へ

ハンコの完全撤廃とペーパーレスに踏み切った企業がある。ＧＭＯインターネットグループだ。二〇二〇年四月十七日に発表した。紙の書類のやり取りや押印のために出社しなければならない事態を防ぎ、新型コロナウイルスの感染拡大から社員を守るのが狙いだ。

「決めました。ＧＭＯは印鑑を廃止します」。ＧＭＯインターネットの熊谷正寿会長兼社長がＴｗｉｔｔｅｒにこう投稿したのが二〇二〇年四月十五日。それからわずか二日後に正式発表した。その翌日には「数年間はオフィス増床が不要、浮いた未来家賃の五十％を在宅手当として支給予定」ともコメントしている。

ＧＭＯインターネットグループはサーバー運営などのＩＴインフラ関連、インターネット広告、金融など様々な事業を営む。まずはＧＭＯインターネットが提供しているサービスについて、四月十七日に顧客の手続きからハンコを完全撤廃。電子契約を全面採用した。これにより顧客はサービスの申し込みや解約などの手続きをペーパーレスで進めることができるようになった。

グループ各社も続いた。ＧＭＯクリック証券は同日、法人口座の解約時に必要だった用紙への押印を不要にした。ほかのグループ会社のサービスについても順次、印鑑レスと電子化を進めている。取引先企業にも電子契約の利用を要請していくという。監督官庁や金融機関への提出書類など、書面での提出

や押印が義務づけられているケースだけは対象外とする。

GMOインターネットグループによれば、電子契約を採用すると通常二～三週間かかっていた契約締結までの業務を最短で数分に短縮できるという。効果が見込める一方で、古い商習慣を変えるのが難しいなどの理由から、紙とハンコを前提とした業務プロセスが残っているのが多くの日本企業の実態だ。GMOインターネットグループはそのような現状を打破するために動き出した。

GMOインターネットグループはグループ会社を通じて電子契約サービス「GMO電子契約サービスAgree」を提供している。この一部プランを一年間無償提供し、日本企業の電子化を支援する。同サービスは契約の締結から締結後の管理までを支援するクラウドサービスだ。契約にかかる業務時間の短縮に加え、印紙税や郵送費の削減ができる。電子認証サービスを活用しており、電子帳簿保存法の条件も満たしているという。

いち早く在宅勤務に切り替え

GMOインターネットは二〇二〇年一月に在宅勤務を導入した。新型コロナの問題が日本で深刻化するより前に先手を打った。東京都などで勤務する従業員約四千人を対象に、在宅勤務へといち早く切り替えた。早期に決断できた理由として、熊谷氏は「日ごろからの準備と訓練」と挙げる。パンデミック（感染症の大流行）や自然災害など、事業継続の難しい状況を想定し準備していた。

「組織の習慣とコミュニケーションの貯金」（熊谷氏）も理由の一つだという。同社は組織運営に関するノウハウや心構えを詰め込んだ、社是や社訓に当たる「スピリットベンチャー宣言」を一九九五年に定めている。これを全社員が毎週少なくとも一回は定例の会議などで声に出して読む取り組みを二十五年近く続けてきている。この宣言の中で、期限の管理に関する心構えを定めているという。熊谷氏は次のように語る。

「仕事の締め切りを決める場合、多くの会社は今週中とか今月中などといった表現を使うのではないでしょうか。私たちは『何時何分』まで決めます。例えば『今週金曜日の午後六時』などと申告するのです。テレワークをうまく機能させるには、こうした習慣が大切です」

一般的には「今週中に仕上げて」といった言い方をすることがあるだろう。これだと締め切りが曖昧になり、待っている上司はいつ報告が届くのか分からず、精神的なストレスを感じるという。「テレワークで部下の顔が見えないなら、なおさらです。何時何分まで決めるスタイルが浸透している組織とそうでない組織とでは業務効率に大きな差がつくでしょう」（熊谷氏）。同社はテレワークを始めてからも混乱なく業務を遂行できているそうだ。

GMOインターネットは五段階のBCP（事業継続計画）を設定しているという。在宅勤務を始めた当初はレベル四だったが、緊急事態宣言が出てから最高のレベル五に引き上げた。レベル四の段階では東京と大阪、福岡で勤務する四千人のうち二百～三百人は業務の関係でやむを得ず出社していた。レベル五はほぼ全員が在宅勤務だ。

コロナ後もテレワークを標準に

テレワークに伴い、在宅勤務の状況を社員にアンケート調査した．その結果、「通勤がなくなる分の時間を家族とのコミュニケーションや自分の勉強に充てられるので、生活の質や生産性が上がった」という回答がたくさんあった。そこで新型コロナウイルスの問題が収まった後もテレワークを標準にすると決めた。在宅勤務が可能な部署は、週五日勤務のうち一～三日間の在宅勤務を奨励する考えだ。

在宅勤務が当たり前になれば、オフィスの賃料を減らせる可能性もある。「二カ月あまり在宅勤務をして、実はオフィスは常に必要ではないんだと気づきました。ただしオフィススペースはゼロでもいいとかテレワークだけでよいといった考え方は極論です。当社は東急不動産から渋谷のビルを二棟、長期契約で借りています。東急不動産に育ててもらいましたので、急にオフィススペースを削減するといった不義理をするつもりはありません」(熊谷氏)。

一方で在宅勤務を取り入れれば、オフィスを増やさずに増員ができる。熊谷氏は「未来の家賃を削減できる」と表現する。先に紹介した、Ｔｗｉｔｔｅｒの投稿につながる考え方だ。削減できる未来のコストのうち半分を従業員に、残りの半分を株主に還元する方針である。

「人間の行動の九割は習慣です。典型例の一つが通勤ではないでしょうか」。熊谷氏はこう述べ、次のように続ける。「テレワークが身近になり、本格的に取り組むと意外にいけると気づいた。新型コロナを境に、(テレワーク普及へ)時間が一気に進むと思います」

塩野義製薬、領収書の電子化を断行

塩野義製薬は経費精算や間接材の購買に使うシステムを二〇一八年十二月に刷新した。電子帳簿保存法に沿って、領収書をスマートフォンで撮影・送信できるようにした。国税に関わる書類を電子データとして保存する方法を定めた「電子帳簿保存法」の要件も満たすように作り込んだ。これにより経費精算の際に領収書をスマートフォンなどで撮影して送信すれば済むようになった。紙の領収書を台紙に貼り付けて経理部門に提出する必要を無くすなど、稼働四カ月後の段階で経費精算にかかる時間を少なくとも一人当たり三割減らすめどをつけた。

新システムは国内のグループ会社十四社で一斉導入した。利用者は本社や工場、営業拠点などに勤める約五千人だ。塩野義製薬のほか、経理などのシェアードサービスを提供する子会社であるシオノギビジネスパートナー（ＳＢＰ）と、ＩＴ子会社のシオノギデジタルサイエンス（ＳＤＳ）を巻き込んだ。プロジェクトの運営や技術支援はＩＴコンサルティングのシグマクシスに依頼した。

プロジェクトメンバーは最上流のシステム構想に三カ月間を費やし、ステークホルダーを巻き込みながらプロジェクトの目的や進め方、実装方針を練り上げた。システム開発に割く時間は欧州ＳＡＰ傘下の米コンカーが提供するクラウドサービスを使うことで、最小限に圧縮。電子帳簿保存法の条文の曖昧さを国税庁相手に一つずつ解決し、構想策定開始から十カ月間で予定通り稼働させた。

悩ましかった、三つの課題

塩野義製薬は経費精算や間接材購買の業務に三つの課題を抱えていた。

一つ目はガバナンスを即時に徹底しにくかった点だ。社員が経費や購買に関して上司に事前申請するシステムがなく、誰がいつ承認したのかを追跡しにくかったという。経費精算や間接材購買に関する業務規定は複数あるうえに頻繁に更新される。申請や決裁が適合しているかのチェックは関連業務全体を把握する一部の社員の手作業に頼りがちだった。

二点目はデータ品質が高くなかった点だ。ＩＴサービスなど最近の支出に対応した費目の分類が不足していた。社員によって費目が統一されず、集計に手間がかかったり、入力金額のミスや必須項目の漏れなどが発生したりした。

三点目は作業負荷が高止まりしていた点だ。旧システムは規定に沿って自動的にチェックする機能が不足していた。「宿泊費が税込みで上限以内か」「特急電車での移動距離が五十キロメートル以上か」。ＳＢＰの経理担当者は都度こうした調査に手間をかけていた。システム刷新により、経理担当者がもっと付加価値の高い業務に専念できるようにしようと考えた。

クラウドに業務を合わせる

塩野義製薬は二〇一八年二月に経費精算と間接材購買に関する業務システムの刷新プロジェクトを始めた。二〇一七年初めからＳＡＰの管理会計システムに分析機能を追加するプロジェクトを進める中で、入力データの品質向上が要件に上がり、経費精算や間接材購買のシステム刷新を決めた。

プロジェクトの目的は「ガバナンスの強化」「データ品質の向上」「業務効率化」とした。それぞれ、先に挙げた三つの課題に対応する。

新システムには機能の豊富さからコンカーのクラウドサービスを導入すると決めた。経費精算・管理に「Concur Expense」を使い、請求書管理には「Concur Invoice」を、出張管理には「Concur Travel」を選んだ。SAPの管理会計システムと親和性が高い点、請求書の代理入力といったBPO(ビジネス・プロセス・アウトソーシング)サービスを利用できる点も評価した。

プロジェクトのサブチームは「立替経費旅費」や「請求書」などコンカーのクラウドサービスの単位で分けた。まずクラウドサービスに合う形で業務プロセスを見直し、不都合があれば切り戻すという方針に沿って、各サブチームは三カ月がかりで構想策定に取り組んだ。具体的には利用部門のキーパーソンらが規定や進め方の課題を改めて洗い出し、コンカーの処理に合うように承認フローや入力チェックの内容を固めていった。

条文の疑問を地道に解決

二〇一八年五月から三カ月間に及んだ要件定義で特に注力したのが、電子帳簿保存法への対応だった。同法は一九九八年の施行後、段階的に規制緩和されてきた。二〇一七年にはスマートフォンの撮影などによる電子化が認められた。緩和が進み、電子化に乗り出しやすいタイミングだったものの、法対応は一筋縄ではいかなかった。条文に解釈の幅があったからだ。

同法の適用を受けるには、利用開始の三カ月前までに所轄税務署への申請を終える必要がある。塩野義製薬は利用者のトレーニング向けに本稼働より一カ月早く、二〇一八年十一月にシステムを完成させる必要があった。この時点で残された期間は三カ月間だった。

その中で「電子データが改ざんされていないと承認する人は社内の誰が適任なのか」「複数認められている電子化の手法は併用してよいのか」といった解釈上の揺れを全て解決する必要があった。そのうえで「業務を回せるフローになるのか」という社内目線でのチェックも必要になる。当時は製薬業界で五千人規模の電子化に取り組んだ例はほとんどなかった。このため、プロジェクトチームはシグマクシスやコンカーの協力を得ながら、どのタイミングでどういった作業や書類が必要なのかを税務当局と地道に詰めていった。

申請後、問題があれば稼働までに連絡が来るという流れだったが、最終的に連絡は無かった。連絡を待ちつつ、五千人の一斉導入に向けてプロジェクトチームは「見て分かる」マニュアル作りに注力した。利用者の目線でフローチャートを考え、スマートフォンの操作画面などを多用した。トレーニング環境も用意した。二〇一八年十二月の本稼働から二カ月間ほどは一部で操作ミスが出たが、研修の成果もあり、次第に収束した。「正確」の象徴である「分銅」をモチーフとした社章を使う塩野義製薬にとって、新システムは創業以来の精神に基づいた体制強化につながったといえる。

日清食品、年間労働時間を半月分減らした秘策

二〇一九年度中に社員一人当たりの年間総労働時間を二千時間未満にする——。二〇一七年度にこの目標を掲げて働き方改革を進めた結果、一年前倒しで目標を達成できた食品メーカーがある。即席麺やチルド食品などを手掛ける日清食品グループだ。二〇一八年度には一人あたりの年間総労働時間を前年度比約八十四時間削減し、千九百八十五時間に短縮した。年間約十一日分、営業日ベースで約半月分もの労働時間を減らしたことになる。

日清食品グループは残業の抑制をはじめとする働き方改革を進めたことでこの目標を達成できた。年次有給休暇についても、割り当てられた日数の九割取得を目標に掲げ、促進を進めた。年次有給休暇が二十日ある社員は十八日の有休を取得しなければならない。九十六％の社員がこの目標を達成し、労働時間削減の成果を得た。

一連の目標達成のため、日清食品グループは目標管理制度を導入した。現場のチームごとに残業時間の削減や年次有給休暇の取得に関する目標を掲げて実践。目標を達成すると、給与の手当として社員に残業代を還元するインセンティブ施策を期間限定で実施し、目標の前倒し達成を果たした。グループ全体の施策として、テレワークの普及も図っている。

現場主導でボトムアップ

日清食品グループの働き方改革における特徴の一つが現場のかかわり方だ。同社は残業時間の削減やテレワークの普及といった全社規模でのトップダウン施策に加えて、現場が主導するボトムアップの働き方改革を進めている。このボトムアップの取り組みを同社は「B面プロジェクト」と呼ぶ。トップダウン施策をアナログレコードなどのA面とみなし、その対をなすプロジェクトであることを示すため、B面プロジェクトと名付けた。

具体的には二〇一七年に入って、総務や人事、財務、情報企画といった日清食品ホールディングスの管理部門が連携して、日々の仕事を効率化する施策を講じていった。年に数回、業務部門の各職場でアンケート調査をして、仕事の効率化に関する意見を集めた。例えば「会議室の予約がなかなか取れない」という意見を踏まえ、オフィス内にフリースペースを増やすなどのオフィス改革に乗り出した。

さらに東京・新宿の本社オフィスの一部をリニューアル。「クリエイティブ」「オープン」「集中しやすい」といったコンセプトを掲げ、社員が取り組む仕事に合わせて執務場所を自由に選べる空間作りを進めた。二〇一八年三月に完成した。執務ゾーン以外にも、パーティションで半個室状態に仕切った「集中作業ブース」や、仮眠ができる「クイックスリープ」と呼ぶエリアを設けた。クイックスリープは「ちょっと仮眠してリフレッシュしたい」という社員が十五分間を上限に利用できる。

新オフィスは社員の席を固定しないフリーアドレス制だ。それに合わせて社員が使うＩＴツールも見直している。持ち運びがしやすいように、ノートパソコンとしても使える米マイクロソフトのタブレット「Surface Pro」を導入した。同時期に内線電話としても使える「ｉＰｈｏｎｅ」を導入。オフィス

日清食品ホールディングス本社オフィス内の、パソコン作業に集中できるエリアの様子

（出所：日清食品ホールディングス）

内で場所にとらわれず働きやすくなった。

Surface ProやiPhoneの導入はテレワークの拡大にも生きた。二〇一七年一月に同社は在宅勤務制度を始めた。社員がそれまでオフィスで使っていたノートパソコンはサイズが大きく持ち運びには不便だった。Surface Proは「家に持ち帰るときにも重さが苦にならず、テレワークがしやすい」と好評だという。

二〇一九年三月には、社外で働く場を自宅に限定せずカフェなどにも広げ、テレワーク制度に進化させた。背景には「自宅だと仕事がしづらい」といった声が社員から上がったことが大きい。自宅で仕事をしていると家で昼食を作る手間が増えるといったケースもあり、かえって仕事がしづらくなるケースがあるという。テレワークができる場所を自宅以外に広げる際は、「パスワードの管理は徹底する」「のぞき見防止フィルムをSurface Proのディスプレーに貼り付ける」「席を離れる場

合はSurface Proを置いたままにしない」「社外では印刷しない」といったセキュリティー対策のルールを設けて、情報漏洩の未然防止を図っている。

中途採用の社員が増えて働き方改革が加速

日清食品ホールディングスが働き方改革を加速させたきっかけは、二〇一五年ごろから中途採用の社員が急速に増えたことが大きい。経営や事業のグローバル化を加速させるため社員の中途採用を拡大。現在は社員全体の三割を占めるまでになっている。

中途採用の社員から見ると、日清食品ホールディングスはITや働き方の点で他社から立ち遅れているように見えた。この気づきが社内に大きな動きをもたらす。中途採用の社員が入ってきたことで社内の人材が多様化。二〇一五年からダイバーシティー（多様性）推進の取り組みが始まった。女性リーダーを育成する研修制度を立ち上げたり、仕事と育児を両立できるよう非常時にベビーシッター代を補助する制度を整えたりして、女性社員が活躍できる環境を作ってきた。

ダイバーシティーを推進していく中で、残業削減を含めた働き方改革の必要性が高まり、二〇一七年にスマートワークプロジェクトを本格的に始めた。お昼の休憩時間を十五分増やすことで所定労働時間を短くしたり、コアタイムがないフレックスタイム制度を整えたりした。

日清食品ホールディングスはその後も働き方改革のためのIT活用を進めている。二〇一九年一月には活用推進プロジェクト「デジタライズ・ユア・アームズ」を開始。マイクロソフトのコミュニケーションサービス「Skype for Business」やグループウエアクラウドの「Microsoft 365（旧Office 365）」

の利用を拡大している。Skype for Businessはこれまでも働き方改革の一環で、離れた拠点にいる社員同士が移動の手間なく打ち合わせができる手段として活用してきた。加えて、Microsoft 365に含まれるビジネスチャットの「Ｔｅａｍｓ」やアンケートアプリの「Ｆｏｒｍｓ」など他のアプリの利用も広げていく。

経営判断に活用するための資料作りの効率化にも取り組む。米マイクロソフトのＢＩツール「Power BI」を導入し、「基幹系システムからデータをダウンロードしてＥｘｃｅｌなどを使って経営資料を作成する」といった一連の作業を効率化した。

社員の声を踏まえて次々と策を講じる

着実に成果を出している日清食品ホールディングスだが、働き方改革を始めた当初は社員の理解を得る必要があったという。働き方改革を進めるため、残業時間の削減目標などを掲げて社員に協力を求めたところ、「現場の仕事が減らない状況での達成は難しい」「残業代が減ってしまう」といった疑問や懸念の声が上がったという。そうした社員の声を踏まえて、前述のB面プロジェクトを立ち上げ、働き方セミナーを社内で実施したり、社内報で効率よく働くことにつながるノウハウを紹介したりした。残業代に関する社員の懸念は、残業時間の削減目標を達成した職場に、残業代を還元する取り組みなどで払拭した。

なかでも効率よく働くノウハウの共有には力を入れたという。「会議では資料を印刷するのではなく、事前に参加者へメールで送っておき、内容を読んでから会議に参加。会議中は物事を決めることに専念

働き方改革に関する社内報の例。実績や具体的なノウハウを紹介している

（出所：日清食品ホールディングス）

して、効率よく会議を進める」「部署内の会議終了後に議事録を書く手間を省くため、会議をしながら書き込んだホワイトボードの内容をiPhoneのカメラで撮影して参加者と共有する」といったノウハウを、社内報などで広げた。

働き方改革を進めていくうちに出てきた社員の声にも耳を傾けている。「効率的に働けるようになると、かえってチームワークが弱くなるのではないか」といった懸念の声が社内から出てきた。そこで二〇一八年一月、スーツ以外の服で仕事ができる日であるカジュアルデーを設けた。私服が会話のきっかけになったり、快適に働けるようにしたりすることを狙ったものだ。二〇一八年十一月からは毎日カジュアルスタイルで働けるようにしている。

向洋電機土木、テレワークで売り上げ倍増

新型コロナウイルス対策として注目が集まるよりも十年以上前、二〇〇九年にテレワークを導入し、業績の拡大につなげた企業が横浜市にある。電気設備の設計や施工を手掛ける向洋電機土木だ。スポーツ設備や公園など自治体が管理する施設、サッカースタジアム、住宅、商業施設などの照明設備の新設や改修を担っている。

向洋電機土木の社員は会社から配布されたノートパソコンやタブレット、スマートフォンを使ってテレワークに取り組む。設備施工の仕事が終わった後、その場でノートパソコンなどを使って報告書を作成したり図面を修正したりしている。それが済めば軽ワゴンなどの社用車で自宅に直帰できる。雨で現場の作業ができない日は自宅でノートパソコンなどを使った作業を進める。

コスト削減分を投資に振り向け成果

テレワークの直接的な効果について、向洋電機土木の横澤昌典CHO（最高人事責任者）は「自動車での移動や運転の負担が減ったことで、社員の心身の負担を減らせている。社用車の事故もなく、運転距離も短くなったので、ガソリン代や自動車保険料、自動車のリース料を削減できた」と説明する。

同社が得たテレワークのメリットはコスト削減にとどまらない。業績も順調に伸ばしている。具体的

向洋電機土木の本社外観（左）と、同社が手掛けた電気設備の施工例

（出所：右は向洋電機土木）

な金額は公開していないが、直近の年間売上高はテレワークを始めた二〇〇九年度に比べて二倍に伸びた。社員数も二〇〇九年度から倍増している。売り上げが伸びたのはテレワークによるコスト削減分を業績向上につなげる投資に振り向けてきたからだ。具体的には電気設備関連を中心にした資格の取得を促す社員教育である。社内で頻繁に勉強会を開き、社員の資格取得を支援している。

公共工事の入札には「社内にこの資格を取得している者がいること」といった条件が課される。その資格を社員が取得していないと応札はできない。「より高度な知識や経験が求められる資格を取得する社員が多ければ、それだけ応札の機会が増えて、受注可能性も高まる」と横澤ＣＨＯは説明する。実際に受注の機会が増えて業績が上向いている。

介護離職の経験生かして転職

向洋電機土木がテレワークの導入に踏み切ったのは横澤ＣＨＯが二〇〇九年に中途入社したことが大きい。横澤氏はそれまでの十数年、大手商社に勤めていて、組織管理や人事などの業務を経験していた。だが、父親の重病を機に介護離職していた。横澤氏は前職

で、仕事と介護を両立できる人事制度の利用を申請したが、「前例がない」「仕事で成果を出すことが必須」などの理由で認めてもらえなかった。上位の管理職に就いていたこともあり労働組合にも頼れず、結局離職することになった。

離職後、地元横浜の関係者から、向洋電機土木の倉澤俊郎社長を紹介された。倉澤社長は「育児や介護などと仕事を両立する必要がある社員はいるし、今後増えてくる。私は育児や介護の経験はないが、君には介護に関する問題に直面した経験がある。その経験を基に当社の組織や人事制度を作り替えてほしい」と横澤氏を熱く説得した。倉澤社長の言葉を意気に感じた横澤氏は未経験の業界だったが、向洋電機土木への転職を決めた。入社後、自らの経験を踏まえて、介護の準備をするための休暇制度や、時短勤務などの人事制度を整えた。

きっかけは社員が夜遅くまで残る疑問から

テレワークを始めたのは「夕方から夜にかけての残業時間に多くの社員が本社オフィスに残っている」と横澤CHOが気づいたのがきっかけだった。理由を聞くと「報告書の作成や図面の修正が必要なので、会社の共用パソコンが空くのを待っている」という。

そこで横澤CHOは共用パソコンの空き待ちによる残業をなくすため、ノートパソコンを社員一人ひとりに配布することを思い立つ。しかし一台二十万円程度のノートパソコンを、当時二十人いた社員分、一括購入して配布するのはコストがかさむ。そこで横澤CHOは残業を減らせた社員から順番に、ノートパソコンを配布する方針を示した。「なくせた残業代でノートパソコンを購入できる」（横澤CH

Ｏ）からだ。

ノートパソコンはいきなり社外で使ってもらうのではなく、まずは社内で使ってもらった。社員が慣れてきたら、施工現場や自宅など社外に持ち出してテレワークをしてよい決まりにした。さらに慣れた社員にはＷｉ－Ｆｉルーターを配布して社外でネット接続できるようにしたり、施工現場の事務所にＬＡＮを敷設してサテライトオフィスとして使えるようにしたりした。

企業がテレワークを普及させるうえで直面する壁の一つに「会社に来ないと仕事ができない」といった社員の思い込みがある。向洋電機土木のように社内で疑似的なテレワークをして慣れてもらったうえで実際のテレワークに移れば、社員の思い込みは払拭しやすい。

作業時間を計測、効率化につなげる

向洋電機土木の社内では当初、ノートパソコンを受け取れなかった社員から不満が出たという。これに対し横澤ＣＨＯは「上司や周囲が期待する時間内に仕事を終え、残業を減らせればノートパソコンを配る」と伝えて、効率よく仕事をこなすよう求めた。

社員が仕事を効率よくできるようにするため、横澤ＣＨＯは社員のタイムマネジメント力の向上にも取り組んできた。具体的には「作業にかかる妥当な時間の設定」と「実際の作業時間の計測・分析」をポイントにして進めた。

作業にかかる妥当な時間の設定とは、「全社員が作るこのＥｘｃｅｌ（エクセル）ファイルは作成に三十分」「このＣＡＤデータの作成はＡさんであれば二時間」といった具合に、パソコンを使った作業一つひとつについて目安を示すことだ。時間内に作業を済ませるだけでなく、繰り返し作業をする場合は時間内に作業を終える確率を上げることを社員に求めた。妥当な時間は横澤CHOが自ら作業を試すなどして決めた。

もう一つのポイントである「実際の作業時間の計測・分析」とは、どの作業にどれだけの時間がかかったかを社員が把握できるようにする取り組みを指す。パソコンの操作ログなどを自動的に集めて結果をグラフなどで示し、分析できるようにするツールを導入した。社員は自身の働き方の課題を捉えて、改善が図れた。

テレワークはオフィスとは違って集中して仕事ができるメリットがある。そのメリットを最大限得るには、テレワークをする社員が自らを律して、効率よく仕事を進めていくことが欠かせない。向洋電機土木の取り組みはテレワークの効果を高める策として参考になる。

横澤CHOはこのほか、上司が部下に仕事を依頼する場面や、部下が仕事を引き受ける場面では必ず「この仕事の意義は何か」を考えたり確認したりするよう社員に求めている。これを習慣にすることで各仕事の緊急度や重要度をつかめ、仕事の優先順位付けができるようになる。

こうした習慣が社員に定着し、仕事の時間に余裕ができたことで、顧客のニーズに合った施工の提案をする機会が増えたという。「提案が受け入れられて成果を出し、顧客から感謝状をもらう案件は少なくない」（横澤CHO）。

本社で映像を見て現場の社員に助言をする向洋電機土木のベテラン社員たち

（出所：向洋電機土木）

ウエアラブル端末でノウハウ伝承

向洋電機土木はさらに、ウエアラブル端末を使った働き方改革に乗り出している。一つがウエアラブル活動量計を使って社員が十分な休息時間を確保できているかを把握する試みだ。「社員がしっかり睡眠を取れているかどうか分かりそうだ」（横澤ＣＨＯ）。

政府が二〇一九年四月に施行した改正働き方改革関連法は「勤務間インターバル制度」の導入を企業の努力義務として課している。退勤してから翌日に出勤するまでに休息時間を一定以上確保する制度だ。一部の企業は退勤時間と出勤時間の間を一定以上確保する取り組みを始めているが、向洋電機土木は「社員は睡眠時間を十分確保できているか」にまで踏み込んで捉えようとしているわけだ。

もう一つは本社オフィスなどにいる社員が現場担当者からの情報を基に、遠隔で支援する取り組みだ。現場担当者がかぶるヘルメットに小型カメラを据え付けて、現場の様子を撮影しクラウドに上げる。遠隔の本社オフィスにいるベテラン社員がそれを見て、作業に関する判断や手順などを現場の担当者に伝える。若手社員のスキル向上につながるかどうかを見極めている段階だ。

別の狙いもある。「現場に行かなくても、ベテラン社員は豊富な経験が生かせる。七十代になっても活躍できる可能性がありそうだ」と横澤ＣＨＯは見ている。

アフラック生命保険、アジャイル型改革に挑む

アフラック生命保険はテレワークの全面導入をはじめとする業務改革を推進している。テレワークは全社員の約八割が利用し、業務効率を上げるなどの成果を生み出している。

アフラックが「アフラックWork SMART」と呼ぶ基本方針を掲げて働き方改革を始めたのは二〇一五年のことだ。全社員の約半数を占める女性社員がより活躍できるよう、長時間働いて成果を出す働き方から、決まった時間で成果を出していく形に切り替えることを目指した。「生産性を高めてより大きな価値を生み出したり、仕事と私生活を共に充実させて社員個人の価値を高めたりできるようにしたかった」。安岡公美ダイバーシティ推進部課長代理はこう語る。

現在、取り組みを加速させているのが「アジャイル型」で仕事を進める働き方改革だ。試行を経て二〇一九年一月から本格化させている。アジャイル型とは業務上の課題あるいは開発するサービスごとにチームを構成し、企画から実装、テスト、運用まで一通りをこなす方式だ。各チームは比較的短いサイクルで試作とテストを繰り返して、成果物を完成させていく。製造業でいえば少人数の技術者が一つの製品の組み立て作業を全て担う「セル生産方式」に近い。

これに対して「ウォーターフォール型」は工程ごとに役割を分担し、ある工程の作業を終えたら次の工程へ結果と作業依頼を引き継ぐ。製造業の「流れ作業方式」のイメージだ。アフラックが採ってきた

業務プロセスはウォーターフォール型だった。ただ、最近になってウォーターフォール型の問題が目立つようになったという。部門間の調整に時間がかかるうえ、内容の変更が発生すると前の部門にさかのぼってやり直す手戻りが無視できなくなりつつあった。「競争が激しく顧客ニーズも変わりやすい。変化に対応するため、ウォーターフォール型の仕事をアジャイル型に変えようとしている」と伊藤道博アジャイル推進室室長は説明する。

ソフトウエア開発の分野で広がりつつあるアジャイル手法だが、一般の業務に適用するケースは珍しい。アフラックは仕事のやり方そのものを見直して生産性の向上や新規事業の創出につなげることを狙った。

通常なら一年はかかるところ、数カ月で成果

アジャイル型の業務改革を進めるに当たり、同社はテーマごとに八〜十人のメンバーからなるチーム「スクワッド」を立ち上げた。各スクワッドには責任者であるプロダクトオーナーやアジャイル型の仕事がうまく進むように支援するスクラムマスター、マーケティングや契約サービス、ＩＴなど社内各部門の専門家が集まる。場合によって社外のＷｅｂデザイナーなども招く。

各テーマの企画から事業開発、契約などの社内事務、システム開発や運用まで、一つのスクワッドで完結させる。二〇一八年の試行開始以来、「保険金の支払い業務を改革する」など十一種類のスクワッドを設けた。「各部門の専門家が一堂に会することもあり、問題解決や物事を決めるスピードが早くなった」。伊藤室長はこう語る。通常なら一、二年はかかるとみられる業務改革プロジェクトをアジャイル

型で進めたところ、数カ月で成果が得られるようになったという。

例えば保険金などの支払い業務を改革しているスクワッドでは、従来の業務では想定しなかった改善策が生まれたという。具体的には給付金の請求手続きに関して顧客に提出を求める書類のうち、医療保険で一定条件を満たせば診断書を領収書で代替できるようにした。

きっかけはスクワッドのメンバーが発した一言だった。「給付金の請求手続きに必要とはいえ、診断書をわざわざ用意したくないという顧客が少なくない。何とかできないでしょうか」。病院で診断書を発行してもらうには数千円の料金がかかる。発行手続きのために病院を往復する手間も大きい。

「病院での精算時にすぐ手に入る領収書を、診断書の代わりにできないか」。スクワッドのあるメンバーからアイデアが出た。同じスクワッドに契約サービス部門など関連部門のメンバーがそろっていたため、実務面の確認やシステム改修といった作業を即座に実行してアイデアを形にできた。

顧客の悩みを洗い出す

マーケティングの手法も積極的に活用した。目的は同社が「ペインポイント」と呼ぶ、顧客が抱える悩み事を効率的に洗い出すことだ。一例が「カスタマージャーニーマップ」。顧客が商品やサービスの購入に至るまでの流れを図解したものだ。アフラックは契約者が保険金などを同社に請求する流れを洗い出した。

「ペルソナ」と呼ぶ顧客分類手法も活用した。年齢や性別、家族構成や生活スタイルに応じて顧客像を分類する手法である。それぞれの手法に基づいて作成した成果物については、保険金の請求経験がある顧客約千人へのアンケート調査で裏付けを取った。

スクワッドを運営するに当たっては、メンバーがアイデアを出しやすくする工夫を凝らした。どんな発言も否定せず、メンバーが安心できる雰囲気作りを心掛け、若手でも気兼ねなく積極的に発言できるようにしたという。従来の業務の流れやルールを疑ってみようと呼び掛けて、新しいアイデアを促した。レゴブロックで街の模型を作る作業をアジャイル手法で実践するワークショップを開くなど、全社に浸透させるための取り組みを進めてきた。

アジャイル型で進める仕事は少しずつ増やしてきた。二〇二〇年一月からは人事制度にも取り入れて、能力のある社員、やる気のある社員をアジャイルチームのリーダーにアサインしたり、若手社員を登用したりしている。この二月に発表した二〇二二年度までの中期経営戦略では「デジタルイノベーション」を全社で推進すると宣言。アジャイル手法を全社に広げ、「全社員でデジタルイノベーションを推進する」と古出眞敏社長は意気込む。

サテライトオフィスを全国に

アジャイル手法の導入と並ぶ働き方改革の柱が、場所や時間によらず働ける環境作りだ。人事制度や設備を見直し、テレワークを実践しやすい環境を整えてきた。人事制度については二〇一六年、全社員が利用できる在宅勤務制度をいち早く取り入れた。午前七時から午後九時までの間で始業時間と終業時間をずらせるシフト勤務や短時間勤務など、他の制度と組み合わせて利用できるようにした。設備については従来のＷｅｂ会議システムに加えて、米マイクロソフトの統合コミュニケーションサービス

「Skype for Business」を導入。在宅勤務でも会社にいる社員とスムーズにやり取りできるようにした。

二〇一七年以降は国内の主要拠点にサテライトオフィスやコワーキングスペースを設けて、社員に開放した。「社員が利用しやすいように、東京の町田市や八王子市など社員の自宅が多い地域を選んだ」(安岡課長代理)。同年からは全社員が年に一度はテレワークをする社内キャンペーンを実施。着実に社内に広げてきた。

仕事の棚卸しも進めた。例えば保険の販売代理店からの電話をオフィスで受け付ける営業部門が部内の仕事を洗い出してみた。すると営業実績の管理や販売代理店向けの研修資料の作成など、テレワークに向く仕事があると分かった。そこで電話応対を含めた業務を複数の社員で分担。必要に応じて分担を柔軟に見直し、どの社員もテレワークができるようにした。

夫の転勤後も移住先でテレワーク

女性社員が東京の拠点で担当していた仕事を、地方に移住した後も続けられるようにもなった。ある女性社員は夫の地方転勤に伴い引っ越すことになった。そこでアフラックは地方拠点に女性社員の席を設けた。Ｗｅｂ会議システムなどを使い、東京の所属部署と連携して仕事を進められるようにした。

家庭の事情で職場から遠く離れた場所に移住することになったら、会社を辞めざるを得ない──。こう考える会社や社員は少なくないだろう。「移住先でテレワークができれば辞める必要はない。これまで通り仕事を続けてもらえる」と安岡課長代理は話す。

二〇一九年に入ってからは、東京オリンピック・パラリンピックの期間に交通網が混雑した場合の対策として、テレワークを部署で一斉に実施した。具体的には同年五月にＩＴ部門の社員三百三十人のうち半数以上の約百九十人がテレワークを試行した。

順調に拡大しているものの、テレワークの浸透は途上だ。二〇一八年、テレワークに関する意識調査を社内で実施したところ「テレワークを活用したいが、踏み切れていない社員が少なくないと分かった」(安岡課長代理)。現在は社員を対象にヒアリングをして課題を洗い出し個別に解決している。例えば普段大型ディスプレーを使ってパソコン作業をしているある社員は、自宅に同型のディスプレーを持ち込むのが難しく在宅によるテレワークがしづらいと明かしたという。そこで小型のディスプレーを貸し出せるようにすることを検討している。安岡課長代理は「課題を一つひとつ洗い出して、社員が直面しているテレワークの課題を解決していきたい」と話す。

キユーピー、「おいしい」働き方改革で成果

キユーピーは二〇二〇年の東京オリンピック・パラリンピックで予想される交通混雑を見据えて、テレワークの普及を進めてきた。東京・渋谷の本社近くにはオリンピックスタジアムや国立代々木競技場、大規模拠点を置く京王線沿線には東京スタジアムがあり、観客の移動などによる混雑の影響を受けそうだからだ。

テレワークの社内普及のため、二〇一九年七月から九月にかけて政府が主導したテレワークの全国キャンペーン「テレワーク・デイズ2019」に参加した。期間中、最大で三百人強の社員がテレワークの大規模予行演習に取り組んだ。参加した社員はあらかじめテレワークをする日を二日間決めたうえで事前に申請して臨んだ。

キユーピーが進めた大会期間中のテレワークには特徴がある。社員が住んでいるエリアに応じて二種類のテレワークを使い分けた点だ。京王線沿線や埼玉県、茨城県に住んでいる社員は、近くにある自社拠点に設けたサテライトオフィスでテレワークをした。自社拠点がない千葉県に住む社員は在宅勤務、つまり自宅でテレワークをした。

具体的には、東京・府中の中河原工場内にある研修施設や、茨城県五霞町の工場、さいたま市の自社拠点などを、普段は別の拠点に自席がある社員がサテライトオフィスとして利用できるようにした。京

王線沿線の東京・仙川には社員千三百人ほどが働く大規模拠点「仙川キユーポート」があり、同じ京王線沿線にはサッカーなどの会場である東京スタジアムもある。東京スタジアムの最寄り駅である飛田給駅を通って、仙川キユーポートへ通勤している社員は少なくない。大会期間中は飛田給駅付近が混雑して通勤が難しくなる恐れがある。そこで飛田給駅を通らなくて済むよう、東京・府中にある中河原のサテライトオフィスに出勤してもらうことにしている。

オリンピックスタジアムや国立代々木競技場が近くにある東京・渋谷の本社付近も同様の混雑が予想される。ここで働くおよそ八百人の社員のうち、埼玉県などから出勤する社員は、都心に向かわなくても済むよう、さいたま市の大宮にある拠点や、茨城県五霞町の工場のサテライトオフィスでテレワークをする予定にしている。

さらに千葉県エリアに住む社員に向けては、在宅勤務ができるように、Ｗｉ-Ｆｉルーターを貸し出して自宅でパソコン作業ができるようにする。普段は管理職向けに配布しているＷｉ-Ｆｉルーターを在宅勤務が必要な社員に貸し出す予定だ。どうしても混雑する拠点に出社する必要がある社員に対しては、混雑を避けて通勤する時差出勤を勧めているという。

鉄道の運休対策にも

テレワーク・デイズではＷｅｂ会議システムを使った会議も試した。ある部署では東京・渋谷の本社、府中のサテライトオフィス、在宅勤務をする社員がＷｅｂ会議システムによる会議を試した。通常通り会議を進められたという。

テレワークの試行は台風による鉄道の運休対策にも役立った。テレワーク・デイズの試行期間が終わった直後の二〇一九年九月九日午前、関東地方に台風が接近したことにより多くの路線で計画運休が実施された。一部の路線は倒木などで運休に追い込まれた。

東京・渋谷の本社で働くある社員は通勤路線が運休し、出社が難しくなった。しかし、慌てることなく、復旧している別の路線を使って、他拠点にあるサテライトオフィスに出社。通常通り仕事を続けられたという。社員は体力的な負担を減らせて、時間も効率的に活用できた。会社としても非常時に事業を継続できるメリットは大きい。

サテライトオフィスが広がる

キユーピーの社員が台風で出社できなくてもテレワークで働けたのは、本格的に働き方改革を始めた二〇一七年以前から、サテライトオフィスでのテレワークを社内で広く進めてきたからだ。二〇一三年に東京・仙川の工場跡地に、グループ本社や研究開発部門などが集まる大規模拠点「仙川キユーポート」を設けたことなどが背景にある。仙川キユーポートは社員が執務する席を固定しないフリーアドレス制のオフィスである。社員が好きな場所で打ち合わせや執務をできるようにしている。

この仙川キユーポートと、二〇一六年から利用を始めた東京・渋谷にある新本社オフィスの二拠点にサテライトオフィスとしての機能を持たせた。他の拠点で働く社員が打ち合わせなどに来たときにもパソコンを使った執務ができる。これによって、場所にとらわれない働き方が社内に浸透した。

サテライトオフィスは運用面で工夫を凝らした。他拠点の社員に向けてノートパソコンを貸し出しているのだ。キユーピーは社員のパソコン環境に、シンクライアントシステムを導入している。シンクライアントとは、パソコンで参照したり更新したりする業務データをサーバーに保存する仕組みを指す。パソコンにはデータを置かず、画面に情報を表示するだけだ。シンクライアントの仕組みを使うと、社員はサテライトオフィスで借りたノートパソコンにログインするだけで、普段使っているデスクトップ環境を利用できる。

これにより社員は拠点を移動する際にいちいちノートパソコンを持ち運ばずに済み、負担が減った。持ち運んでいる最中にノートパソコンを紛失するリスクもなくせた。

ただしサテライトオフィスで執務する社員が増えると「上司や同僚とのコミュニケーションの量が減る」という課題が出てくる。そこでキユーピーはWeb会議システムや、ビジネスチャットなどができるGoogleハングアウトを使える環境を整備して、日々の業務で活用している。

具体的には本社と仙川の拠点をつないで会議をしたり、本社でのセミナーを中継したりすることで、勤務時間中の移動をなくすことにつなげている。二〇一九年に入って、それまでオフィスの会議室でしか使えなかったWeb会議システムを社員のノートパソコンからも利用できるようにした。

午後五時以降、問い合わせと社内会議は禁止

キユーピーが二〇一七年に働き方改革を本格化させたのは、当時、社会問題として長時間労働に注目が集まり是正しようとの機運が高まってきたのがきっかけだった。長時間残業をなくすため、毎週水曜日をノー残業の日にした。「終業時間の四十五分前に当たる午後五時以降は他の社員に問い合わせをし

キユーピーが会議室の入り口に設置した管理システムの画面。終了10分前にアラームが鳴る

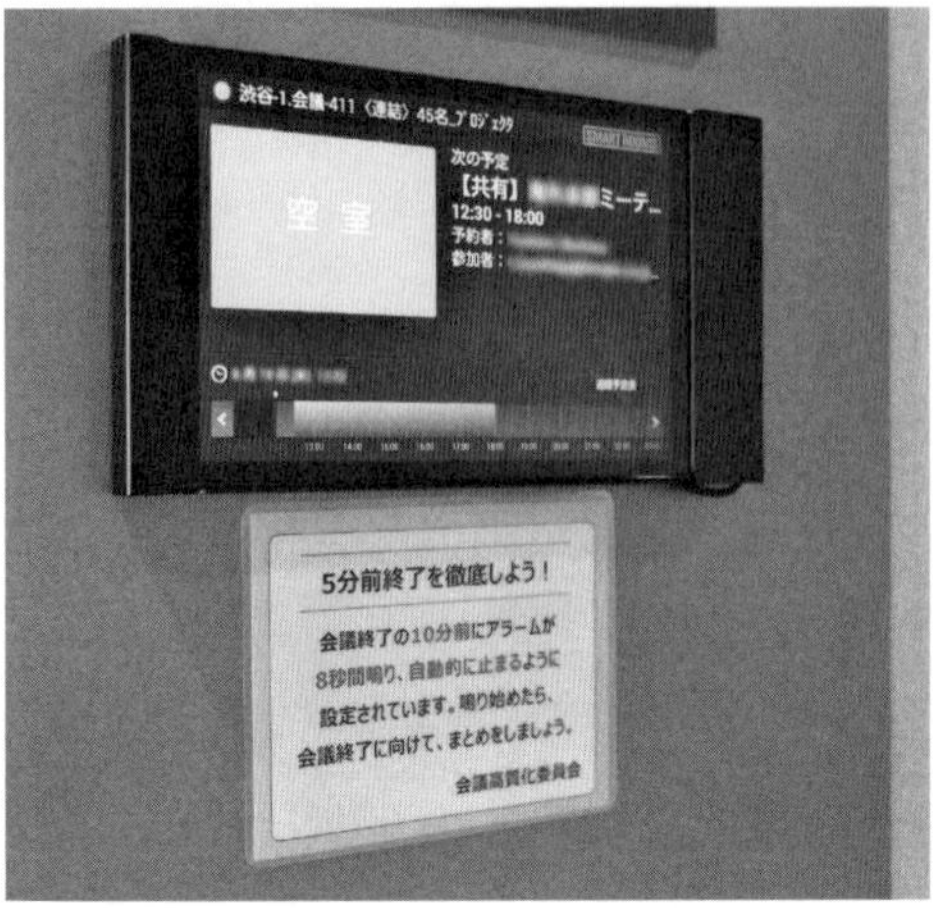

ない」といったルールも設けた。問い合わせに関するルールは、問い合わせを受け付けた社員が対応のために残業をするのを防ぐのが狙いだ。

社内で開く会議や打ち合わせも抜本的に見直し、午後五時以降の社内会議を禁止した。育児などで短時間勤務をしていたり、残業ができなかったりする社員が参加できないからだ。働ける時間によって得られる仕事の情報の量や質が公平でなくなるのは、社員のダイバーシティーの阻害につながる。こう考えて対策を講じた。

社内の会議や打ち合わせは効率化と棚卸しという二つの観点から見直した。効率化については、会議資料をメールなどであらかじめ参加者に配信するルールを設けた。紙に印刷するなどの準備作業をなくしたり、会議前に参加者が資料を事前確認することで資料説明の時間を省けたりできるようにした。Ｇｏｏｇｌｅカレンダーと連動した会議室管理システムの機能を使って、会議の終了予定時間の十分前

にアラームが鳴るようにした。このアラームが鳴ったら、会議参加者は五分で結論を出したり、次の会議に持ち越す議題などを確認したりしたうえで、終了予定時間の五分前に前倒しで会議室を出られるようにした。

会議の棚卸しについては、社内で開いている全ての会議を、事業に関する情報を基に意思決定をする「決裁」、アイデアや企画などを出し合う「創出」、連絡事項などの「共有」に三分類した。そのうえで「共有」に当たる会議を中心に「続ける必要があるかどうか」「集まるのではなくメールなど別の手段は取れないか」といった見直しをした。会議の効率化と棚卸しの施策によって、社内で開く会議の数と、全体の会議時間を減らした。

減った残業代を社員に還元、前向きな雰囲気に

一連の取り組みによって残業時間は確実に減っている。取り組みを始める前の二〇一六年は、社員一人当たりの月平均残業時間は二十五時間だった。二〇一七年にはこれを二十時間に減らせた。

確実に成果を出せた背景には、減らした残業代を社員に還元してきた取り組みがある。働き方改革で残業が減れば労働時間は減る。しかし、社員がこれまで得ていた残業代が減ると、「実入りが減る」といった理由から働き方改革にブレーキがかかる恐れがあった。

そこで「社員が努力して残業時間を減らして得た成果なので社員に還元する」というスタンスを当初から取った。二〇一七年からの二年間は、勤続年数などを踏まえ賞与を通じて社員に還元。その後は還元する分を給料のベースアップに組み込んでいる。これにより、社員が協力しながら残業時間を減らし

ていこうという機運が盛り上がっているという。

キユーピーは会議以外の日常業務を対象にした生産性向上策にも重点を置いていく。資料作成など日々の業務を棚卸しして、不要ではないか、必要ならどう効率を上げるか、といった観点で改善を進めていく。キユーピー流の「おいしい」働き方改革は地道な努力と創意工夫の積み重ねである。

第5章

発展編

ビジネスチャットで業務改革

ホワイトカラーの仕事は突き詰めれば同僚や取引先とのコラボレーションであり、意思疎通であり、対話である。本章ではテレワークの発展編として、対話の中核を成すITツール「ビジネスチャット」の活用法を解説する。ビジネスチャットを使いこなせば、円滑な意思疎通はもちろん、生産性の向上や不要な仕事の削減といった業務改革につなげることができる。

全社利用が効果発揮の第一歩

ＬＩＮＥにFacebook Messenger、WhatsAppと、スマートフォンやパソコンを使って短文をやり取りする「チャットツール」は個人のコミュニケーション手段としてすっかり定着した。仕事でチャットツールを使うケースも増えている。仕事で使い始めてみると、これまで仕事のやり取りをメールや電話でこなしていたのが不思議に思えるくらい便利だと感じられるのではないか。

ただ、電話やメールに慣れた上司にチャットツールの効果を説明して新たに導入するのは簡単ではない。加えてメールや電話時代の仕事のやり方をそのままチャットツールに移行してしまうと十分に効果を発揮できない。チャットツールそのものについても、個人がプライベートで使うことを想定したアプリと仕事向けの「ビジネスチャット」とでは、機能や特徴が異なる。

個人向けとの最大の違いはＵＩ

これまで見てきたように、チャットツールとはテキストや写真、動画などを対話形式で送受信するツールである。ビジネスチャットもメッセージを書いたり送ったりする基本的な機能は消費者向けのツールと同じだが、仕事で使うことを念頭に置いた機能を備えている。

現場の利用者からみて最も大きな違いは仕事向けに再設計されたＵＩ（ユーザーインターフェース）

である。具体例のひとつが検索機能の位置だ。仕事では過去の投稿を検索・分類・整理することも多いため、すぐに検索機能を使えるよう検索窓を画面の上部など目立つ場所に配置してあるツールが多い。「#」から始まるメッセージ分類用単語のハッシュタグについても同様に、追加ボタンが画面上に用意されているのが一般的だ。

感情表現に使うスタンプなどの絵を使ったメッセージはビジネスチャットでも送受信できる。ただし内容はビジネス向けのものが多い。「承知しました」「電話ください」など、仕事でよく使う言い回しを数多く備えている。逆にハート付きなどの感情表現を伴うスタンプは、セクハラやパワハラの恐れがあるため敬遠されることが多い。

表面的には目立たないが重要な違いがセキュリティー機能である。消費者向けのチャットツールもセキュリティー機能を備えているが、端末の電話帳データをアプリが自動的に取り込んだり社外の人とたまに意図せず友達としてつながったりする。ビジネスで使うと仕事以外の相手にメッセージを送ることができてしまうため、結果として情報漏洩のリスクが高まる。

ビジネスチャットは人為的なミスによる情報漏洩リスクを減らすための仕組みを数多く備える。電話帳データの自動取り込み機能をなくす、利用者を自社の社員だけにする利用者制限、端末をなくした場合に管理者がインターネット経由でロックをかける、などだ。

システム管理者向けの機能が充実している点も、消費者向けチャットツールとの違いだ。仕事でチャットを使う場合、不適切な投稿内容を放置すると発言した人だけでなく会社まで管理責任を問われかねない。責任者が投稿内容を確認して不適切だと判断したら削除できる機能は必須だ。このほか組織改編や社員の異動・退職があった場合にグループのメンバーを一括して変更する機能など、会社や組織で使う際に必要な機能を備えるツールが多い。

従来型のツールとの違いを知る

次にメールや電話、ネット掲示板など既存の情報連絡・共有ツールとビジネスチャットの違いをみていこう。代表的なツールであるメールとの最大の違いは、短文で素早い返信が可能であることにある。「お世話になります」といった日本のビジネスシーンで使われる定型のあいさつ、返信メールに本文をコピーする「引用返信」、本文の間に対応する返信文を挿入して返信する「インライン返信」、署名などが不要だ。

やり取りするメッセージはグループ単位で分けられる。ハッシュタグを使って送信者と受信者がメッセージに索引を付けることで投稿を簡単に整理できる。

電話との違いは相手を拘束しないことだ。電話をかけている間は相手の時間を半ば強制的に拘束することになるが、ビジネスチャットを使えば相手は仕事の合間を使って対応できるため、組織のメンバーは非同期で仕事を進められる。全体で見ると作業効率が高くなることが多い。込み入った内容でなければチャットで十分だろう。

ビジネスチャットが効果を発揮する利用シーンとしてまず挙げられるのが、離れた場所の人と一緒に仕事をするケースだ。

一例が出先の営業担当者と内勤の技術スタッフとのやり取りである。例を挙げよう。業務パッケージ

従来の情報共有ツールとビジネスチャットの違い

項　目	電子メール	Wiki（掲示板）	電　話	ビジネスチャット
情報の伝えやすさ	非同期なので受け手が好きなタイミングで閲覧できるが、長文になりやすく急ぎの要件や内容の要点を伝えにくい △	通知機能がないため閲覧するまで投稿や内容の更新に気づきにくい ×	音声などで着信を通知でき、相手が電話に出ればすぐに情報を伝えられる ○	短文なので情報を伝えやすく、非同期のため受け手が好きなタイミングで閲覧できる ◎
表現方法	HTMLメールもあるが本文は原則としてテキスト。添付ファイルの閲覧は別アプリが必要 ○	写真・動画を使えるものもあるがスタンプなどの機能は比較的少ない ○	伝達できる情報は音声のみ △	テキスト・写真・動画・スタンプ・リアクションなどをツール内で利用できる ◎
情報の蓄積・整理	フィルター機能などメールを分類する仕組みはあるが運用は個人任せ △	共同編集、ハッシュタグ、検索など情報の整理や蓄積に適している ◎	原則として情報は残らない ×	ハッシュタグで分類のグループを送り手が決めるなど、情報の整理に役立つ機能を備える ◎
他システムとの連携のしやすさ	APIなどのデータ連携の仕組みは乏しく、データの重複や文字化けも起こりやすい △	APIを備えていないものが多い △	情報が音声なのでデータとして扱いにくい △	他システムとの連携を前提に、ほとんどのツールがAPIを備える ◎
セキュリティー	誤送信による情報流出やマルウエア付きメールなど問題が多い ×	利用者認証はパスワード方式が主流で、セキュリティー機能は充実していない △	データは残らないが盗聴のリスクはある ○	送信先を社員に限定するなどセキュリティー機能が充実したツールが多い ○
カバー範囲	メールアドレスさえあれば誰とでもつながる ◎	事前にアカウント登録が必要 △	電話番号さえあれば誰とでもつながる ◎	事前にアカウント登録や既存ユーザーからの招待が必要 △

（出所：日経コンピュータ連載「職場活性化の切り札 ビジネスチャット活用術」）

ソフトを開発・販売しているA社は営業担当者が出先で顧客から技術的な質問を受けた際に、いったん持ち帰って確認してから後日回答することが多かった。同社はビジネスチャットを導入し、内勤の技術部隊とメッセージをやり取りするグループを作った。技術スタッフはパソコンに向かって仕事をしていることが多いため、営業担当者がスマートフォンで客先からグループに質問を投稿するとすぐに回答を得られる。営業担当者は客先で答えられるようになり、顧客からの信頼獲得につながった。

ビジネスチャットが効果を発揮するのは離れて働く人同士に限らない。新規事業の開発プロジェクトなど、同じ場所に集まって仕事を進める際に記録を残して関係者全員に情報を共有するケースにも役立つ。

一般にプロジェクトの開始時点でメンバーが全員そろっていることは少ない。大抵は少人数で始まり、必要な人員を徐々に追加していく。プロジェクトに途中から参加する人にとって、決定事項の経緯を追うのは難しい。

メールを使っている場合はメーリングリストの過去のやり取りから経緯を調べることが多い。ただメールは引用返信やインライン返信を多用するため文脈が途切れたり変わったりする。返信メールの内容を順番に読んでも内容を理解するのは難しい。

プロジェクトチームのやり取りをビジネスチャットに置き換えると、過去のやり取りは時系列で並ぶ。ハッシュタグをメッセージの索引として使えば、送信者と受信者の両方が情報を整理整頓しやすい。メールより短文で引用返信も少なく検索しやすいため、後から参加した人も議論をキャッチアップするのが容易になる。

リアルタイムにコミュニケーションを取る必要がない業務もビジネスチャットが効果を発揮しやすい。典型例がブレーンストーミングによるアイデア出しだ。

「ブレーンストーミングはその場に集まった人同士で意見を出し合うものではないか」。こう考える読者がいるかもしれない。多人数で集まってアイデアを出し合うとその時は議論が盛り上がるように感じる。しかしアイデアの数や質を追求する場合には効率が悪いことが多い。他人が話している間はアイデアを出すことができないうえ、話の流れによってはアイデアが偏ってしまうためだ。

各自がアイデアを投稿

アイデアを網羅的にたくさん発散させたい場合は、各自でそれぞれアイデアを出して、チャットツールを使って共有したほうがよい場合がある。自分一人では思いつかなかったアイデアや会議室では出てこなかった大胆なアイデアが出てくる可能性が高まる。

次に紹介するのは写真や動画といった視覚的な情報の共有が必要な業務だ。小売業や建設業が現場からの報告や本部からの指示をやり取りするようなケースである。

多数の店舗を運営する大規模な小売業の場合、本部と現場のやり取りにはグループウエアなどを使うことが多い。一方で少数店舗を経営する小売業はシステム投資の余力が乏しく、電話やファクシミリ、メールで情報をやり取りしているところが少なくない。ビジネスチャットを使えばスマートフォンで写真を撮って店内の陳列状況を報告したり、手書きメモ機能で本部が指示を出したりできる。これらの機能を自社で独自開発する場合に比べて安価に導入しやすい。

最後に紹介するケースが、本書のテーマでもあるテレワークでの利用だ。働き方改革の議論をきっかけに一、二年ほど前からテレワークを許可する会社が増えており、離れた場所で同時に仕事をすることが増えてきた。インターネットに接続できればどこでもビデオ会議ができるが、自宅の場合はプライベートの部屋をカメラで映したくないときもあるし、頻繁に打ち合わせが入ると仕事が進まないこともある。

細かいやり取りを頻繁にしたい場合は、ビデオ会議などよりもビジネスチャットのほうが向いている。相手の時間を拘束しないため、自分の都合のよいタイミングで返信できるためだ。メールより短文なので「ＯＫ」など一言で用事を済ませやすいメリットもある。

導入すれば成果は上がるのか？

ビジネスチャットは手軽なコミュニケーションが特徴のツールであり、うまく使えば従来のツールにない効果を発揮できる。しかし組織全体で使いこなすためにはいくつものハードルがある。ハードルを乗り越えて組織全体でビジネスチャットをうまく使いこなし、効果を出すためのポイントは何だろうか。

最も重要なポイントはコミュニケーションのツールやルールを変えたうえで、全社で使うことだ。「うちの部は昔から電話文化なのでチャットは使わない」「あのチームはチャットが導入されているのでメールは全然見てくれない」。誰も音頭を取らずに各部やチームの自由に任せてしまうと、ツールも運用ルールも混在した状態になり、かえって仕事の効率を下げてしまう。メールや電話のルールをそのまま新しいツールに移行しても効果は出ない。

業務を変えることを目的とする考え方も重要だ。新しいコミュニケーションツールを導入すると一時的に社内のやり取りは活性化するが、ツールの導入自体を目的にすると上司を説得することはできない。あくまで業務で使って仕事のやり方を変えなければ会社としては意味がない。皆が新しいツールを珍しがって「遊んで」いるうちに、新たな業務プロセスや意思疎通の手法を浸透させるのが肝要である。

効果を発揮するのがシステム連携だ。これまでPCでこなしていた業務の情報をスマートフォンのビジネスチャットからどこでも確認したり処理したりできるようになると、業務利用が一気に加速し、仕事のやり方が自然に変わってくる。

最後のポイントはコミュニケーションツールの変化や業務の変化を契機に、既存業務を整理する発想だ。ビジネスチャットは人工知能（ＡＩ）を使った自動応答機能であるチャットボットなどを使って、一部の業務を代替できるものが多いが、付加価値のないルーチンワークを自動化するだけにとどまると効果は限られてしまう。

重要なのは自動化を契機に業務プロセスを見直し、重複していたり不要だったりする作業をなくすことだ。そのうえで自動化を進めてビジネスチャットを土台に業務が回り始めると、新たな働き方の展望が見えてくる。

検討と導入は「小さく素早く」

どれだけ便利なシステムでも、企業が導入する以上は費用対効果を問われる。ビジネスチャットも同様だ。生産管理や営業支援のように成果をコストや売上高で測れるシステムならまだしも、社内のコミュニケーションを活性化するための道具であるビジネスチャットの効果を数字で示すのは難しい。

選択肢が多いのも企業にとっては悩ましい問題だ。Ｗｅｂを検索するとざっと五十以上のツールが見つかる。日本企業が開発・提供するものだけでなく、米マイクロソフトなど海外企業の製品もある。短文のメッセージを手軽にやり取りするという基本的な機能は共通しているが、詳細な機能やＵＩ（ユーザー・インターフェース）、自動応答プログラムであるチャットボットの開発生産性や使いやすさなどは製品ごとに異なる。

いざビジネスチャットの導入を決めたとして、多数の製品から自社に合うツールを選び導入するには、どんな点を工夫すればよいのだろうか。

自社に合ったツールを選ぶ際、最も重視すべき点は「目的」だ。目的が明確であれば、必要な機能や予算の範囲を自ずと絞り込める。料金は様々だが、多くは月額課金方式であり、機能限定ながら無料で使えるツールから、一人当たり月二百～千六百円程度のサービスまで幅広い。費用対効果も重要な観点ではあるが、コミュニケーションの活性化の効果を正確に計測し証明するにはそれなりのコストがかかる。そのため後述のように小規模な範囲で試しながら現場の声を集めた方が現実的だ。

セキュリティーも製品選定の重要な検討事項だ。ビジネスチャットの多くがパブリッククラウドサービスとして提供されている。セキュリティーの観点からパブリッククラウドを業務に使うことを禁止している企業は依然として多い。クラウドではなく、社内システムの形で運用できる製品もあるが、製品の選択肢が限られるうえ、最新機能をタイムリーに利用しにくくなるといったデメリットがある。

多数の製品を一つずつ調べる前に、自社の状況を踏まえてある程度候補を絞り込んでおきたい。自社の従業員のＩＴリテラシーが低いのに高機能で先進的な製品を選んでも、使いこなせない可能性が高い。拡張機能やチャットボットを現場の従業員が自由に開発したり追加したりできる製品を選ぶと、企業によってはセキュリティーポリシーに抵触する恐れがある。

機能と管理のしやすさで選ぶ

製品を絞り込むポイントは、大まかに機能性と運用管理性の二つに分かれる。機能性については外資系ベンダーか国産ベンダー、どちらの製品を選ぶかの判断基準とする。一般に外資系の製品は高機能なものが多く、現場の利用者が製品をカスタマイズしたり拡張機能をインストールしたりできる。その分だけ使いこなすのが難しく、利用者に相応のＩＴリテラシーが求められる。国産製品はシンプルな使い勝手を売りにした製品が多い。拡張機能を開発するオプションが充実している製品ももちろんあるが、全体としては手軽に使い始めやすいという特徴を重視しているようだ。

国産製品の中でも大企業向けと中小企業向けに製品を分けることができる。そこで次の絞り込みのポイントが運用管理機能の充実度合いである。利用者数が千人を超える大企業が導入する場合、利用者情報の追加・変更や利用状況の監視といった運用管理作業を効率よくこなすことが重要になる。利用者数が少なく運用管理の手間が大企業に比べて少ない中小企業には、同機能を簡素化した分だけ安価に導入できる製品が向く。

ここまで調べればかなり数を絞り込めるはずなので、次の指標として初めて具体的な機能を検討する。ただし詳細な機能比較表は不要。自社が必要としている機能で決定的に不足しているものがないかチェックするだけで十分だ。決定的な不足点がなければ、候補の製品を三つぐらいに絞って実際に試してみるのが早いだろう。

機能性やセキュリティーといった要件のほかにも、ビジネスチャットならではの検討ポイントがある。API（アプリケーション・プログラミング・インターフェース）の種類や使い方のドキュメントが充実しているかどうかだ。APIは既存の業務システムとビジネスチャット製品を連携させ、メッセージを送るだけで様々な業務処理を実行できるようにするための仕組みだ。これまでPCでしかできなかった業務がスマートフォンからできるようになると、ビジネスチャットの業務利用に弾みが付く。

失敗例は「メッセ見て」と電話

製品選定を終えて予算を確保したら、いよいよ導入・展開作業の本番である。ここで重要なのが、導入後の運用を見越したルールを検討しておくことだ。利用者を広げながら徐々に運用ルールを浸透させれば、本格的に使い始めた後の苦労を減らしやすい。ビジネスチャットをはじめとするコミュニケーションツールの刷新は、仕事の進め方を変えて業務効率を高める好機だ。メールや電話をただ置き換えるだけではチャンスを生かせない。従来の不合理・非効率なやり方を見直すべきである。

運用ルールがあいまいなまま導入を進めたことによる典型的な失敗例が、メール派と電話派、チャット派が併存してしまうことだ。同じ連絡事項でも相手によってメールやチャットを使い分けなければならず、かえって効率が悪くなる。

ビジネスチャットの導入を担うのは一般に情報システム部門だが、ツールが併存するのは同部門だけの責任ではない。利用部門の仕事の進め方や情報共有手段を変える取り組みのリーダーシップは、現場の業務に詳しい利用部門が担うべきだ。「忙しいから今のやり方を変えたくない」といった理由でのサボタージュを放置すると業務効率は上がらない。

ビジネスチャットを使い始めたとしても、メールや電話時代のルールをそのまま当てはめると効率は思うように上がらない。例えば「○○事業部△△様、お疲れさまです」などとメールのように宛名書きやあいさつをメッセージに書き込むケース。メッセージを送った後、急ぎでもないのに「いまメッセージを送ったので見てください」とメールしたり電話したりする利用者も少なくない。笑い話のようだが実例である。

メールにはメールのマナーがあるように、ビジネスチャットにも特有のマナーがある。上司や年長者が相手でも短文で要点を伝える、スタンプやリアクションを使って素早く返信する。ビジネスチャットの特徴を生かした運用ルールを定めたほうがよい。

小規模チームから段階的に

ルールを検討したら次は具体的な導入作業に入る。特に組織が大きい場合、一気に全社展開するのではなく段階的に導入範囲を広げていくのがよい。導入対象の部門を選んで同部門のメンバーから成る小規模なチームを作る。同チームでビジネスチャットを使って効果を検証し、事前に予想できなかった問題を洗い出す。こうすることで事前に検討した運用ルールを実態に合わせて修正できる。小規模であってもコミュニケーション活性化の成功事例を作ることで、他の部門でどのように活用すればいいか具体的にイメージしやすい。

ではどのような部門を選べばよいのか。お勧めはズバリ営業部門である。理由は冒頭にも述べた費用対効果を、他部門よりも示しやすいからだ。コミュニケーションの無駄を減らすことによるコスト削減効果を人件費に換算できるのはどの部門でも同じ。営業部門ならば浮かせた時間を営業活動や提案活動に充てることで、収益増に貢献した分の費用対効果を上乗せできる余地がある。対象とする営業部門の社員に聞き取りをしたり現場を観察したりして、可能な範囲で費用対効果の仮説を立てよう。

具体的イメージを立てて全社展開へ

仮説を立てたら次は検証の方法を考える。キーワードは「小さく素早く最小のコストで」だ。検証にかかる期間が短くコストが小さいほど、予算が承認される可能性が高まるうえに何度もチャレンジできる。小さな成功事例をいくつか作っておくと、全社導入する場合も具体的かつ説得力をもって費用対効果を説明できるようになる。

小規模チームでの仮説検証と本格導入の決断を経て運用ルールを修正し終えたら、次は全社利用を見据えて複数の部門に展開するフェーズに移る。部門横断のプロジェクトチームを結成し、まずチーム内でビジネスチャットを使ってみる。

部門横断プロジェクトチームには対象部門の責任者に加えて、小規模な仮説検証に協力してもらったメンバーにも参加してもらう。全社展開を見据えた場合、対象部門からでなくてもよいのでやる気のある若手社員をメンバーに加えるのが望ましい。

同チーム内で具体的な活用イメージを作り出せたら、各部門のどのような業務で使えば効果的かアイデアを募る。ここでもキーワードは「小さく素早く最小のコストで」。簡単に導入できて効果をすぐ実感できそうな業務に絞って実験する。実験で得られた小さな成功事例と失敗事例をまとめて「勝ちパターン」を確立したうえで、全社展開に挑む。

部門横断プロジェクトのメンバーは、全社展開フェーズで勝ちパターンを伝えるエバンジェリスト（伝道師）の役割を担う。現場に定着するまで部門横断プロジェクトチームは解散せず、各現場で起こった問題や解決策を共有する。

ビジネスチャットが注目を集める理由はコミュニケーションの効率化だけではない。ＡＰＩを通じて他の業務システムとつながることで、業務の要としてチャットが機能し始める。

システム連携で効果倍増

これまでに書いた内容を実施すれば、社内コミュニケーションの効率は着実に上がる。ここではビジネスチャットを使って業務効率をさらに高める方策を示そう。業務システムとの連携である。

ビジネスチャットと業務システムを連携させて仕事の効率を改善する活動は、ITエンジニアにとっては目新しいことではない。一例が「ＣｈａｔＯｐｓ（チャットオプス）」である。Ｃｈａｔ（チャット）とＯｐｓ（システム運用）を組み合わせた造語で、チャットを使って社内のシステムを運用したり管理したりする活動を指す。システムからの通知やアラート（注意メッセージ）、管理者がシステムに送る運用管理の指示を、全てチャットのメッセージ形式でやり取りする。

ある業務システムで障害が発生すると、システム管理者のチャット画面に障害発生を知らせるメッセージが届く。送り主は人間ではなくシステム管理を担うチャットボット（自動応答プログラム）だ。内容は人間が送るメッセージと同様の文章である。障害の程度や対象システムの重要度に応じて「急ぎです！」などのスタンプを使い、緊急であることを示すケースもある。

システム管理者はメッセージを見て状況を把握し、サーバーの交換が必要だと判断したら「サーバーを切り離して」と書き込む。チャットボットは「分かりました」などと応答。サーバーの切り離し処理を実施したことや障害が復旧したことなどを、システム管理者に順次メッセージで伝える。

ChatOps とメール通知の違い

項　目	ChatOps	メールによる通知
通知の方式	・双方向	・一方通行
対応作業の実施方法	・チャットに応答することですぐに障害などの対応指示が可能	・障害対応などの指示は別システムを使い分け ・障害の内容を URL から Web サイトに移動して閲覧することも
通知内容の整理方法	・メッセージにハッシュタグを付けることで自動振り分けが可能	・メールをフォルダーに振り分ける設定は受信者が実施

（出所：日経コンピュータ連載「職場活性化の切り札 ビジネスチャット活用術」）

システム障害などのイベントを通知する手段には、これまでメールを使うのが一般的だった。ＣｈａｔＯｐｓのようにメールの代わりにビジネスチャットを使う利点は、双方向のやり取りが可能なところにある。メールで通知をする場合は、システムからメールが送られるだけの一方通行のケースが多い。

システム障害の復旧指示などの対応作業をスマートフォンだけで完結させられるのもビジネスチャットツールの特徴だ。ビジネスチャットの多くはメッセージ内にイエスあるいはノーを回答するボタンやコメント入力欄などを付ける機能を備える。手軽に素早く情報をやり取りできるというチャット本来の利点を生かし、通知内容を見てすぐに対応作業に取りかかれる。

通知をメールで受け取る方式の場合、メール本文には通知内容そのものではなく詳細を記したパソコン用ＷｅｂサイトのＵＲＬだけを記載するケースが多い。せっかくスマートフォンでメールを受信してもパソコンを立ち上げなければならず、二度手間になる。

多数のメッセージを振り分けて整理するための仕組みにも違いがある。ビジネスチャットのメッセージ振り分けに使うのが「＃」で始まるメッセージ分類用単語のハッシュタグだ。どのメッセージにどのようなハッシュタグを付けるかを、メッセージの送り手があらかじめ指定できるため、受け手に届いた時点でメッセージは振り分けられている。チャットボットを使った自動応答も同様で、チャットボット単位やメッセージの種類などに応じてハッシュタグを設定できる。メールを通知に使う場合は受け手が各自でフィルターや振り分けを設定する必要があった。

広がるシステム連携の輪

システム運用業務を対象にしたＣｈａｔＯｐｓだけでなく、現在では様々な用途へとビジネスチャットの活用範囲が広がっている。例えばメンバーとの会話や作業指示にチャットを使うことで、各メンバーがプロジェクトの状況をリアルタイムに共有できる。チャットボットを組み合わせれば、開発者や運用担当者が実施する単純作業を自動化してさらに効率を高められる。

あるＩＴ企業はＩＴ製品のデモを披露する際、対象のソフトやダミーのデータを仮想化ソフト上に整えたデモ環境を構築する。この際、営業担当者はチャットボットに「○○のデモ環境構築をお願いします」といったメッセージを送るだけ。後続作業は自動で進む。従来は営業担当者がシステム部門にデモ環境の構築を依頼する必要があったが、チャットボットを使うことで必要に応じてすぐにデモを準備できるようになった。

ＩＴ企業だけではない。ある機械メーカーの法人営業部門は顧客訪問の結果などをまとめた営業リポートとビジネスチャットを連携させ、リポートが登録されたら内容をビジネスチャットのタイムライン上に表示するようにした。社員が「いいね！」などのリアクションをしたりコメントを付けたりする機能も設けた。

社員が日常的に使うツールであるビジネスチャットに営業リポートが届くことで、これまでほとんど見ていなかった製品企画部門やサポート部門がリアクションしたりコメントしたりするようになった。その結果、営業リポートの内容を基に製品やサポートの品質を高める活動が定着したという。多数の反応があったことにより、リポートを書く営業担当者のモチベーションが高まりリポートの質も上がる副次的効果も表れた。

連携専門のクラウドを使う

業務システムと連携させることでビジネスチャットの価値が一段と高まることがお分かりいただけただろうか。ではどのように連携すればよいのか。「利点は分かるがシステムごとに連携機能を開発していたら費用がかさむばかりではないか」。こんな疑問を抱く読者もいるかもしれない。

そこで役立つのがＡＰＩ（アプリケーション・プログラミング・インターフェース）である。多くのビジネスチャット製品は業務システムとの連携を想定し、様々なＡＰＩを標準搭載している。

これらのＡＰＩ同士をつなげて、多数の業務システムを仲介するハブの役割を果たす「ｉＰａａＳ（インテグレーション・プラットフォーム・アズ・ア・サービス）」というカテゴリーのサービスも登場している。一例が「Ｚａｐｉｅｒ」だ。同名の米企業が開発・提供している。クラウドサービス同士の連携に特化しており、開発の簡単さや手軽さと対応するクラウドサービスの多さが特徴だ。

開発作業といってもプログラミングは不要。Ｗｅｂ画面から簡単な項目を設定するだけだ。連携でき

iPaaS による連携のイメージ

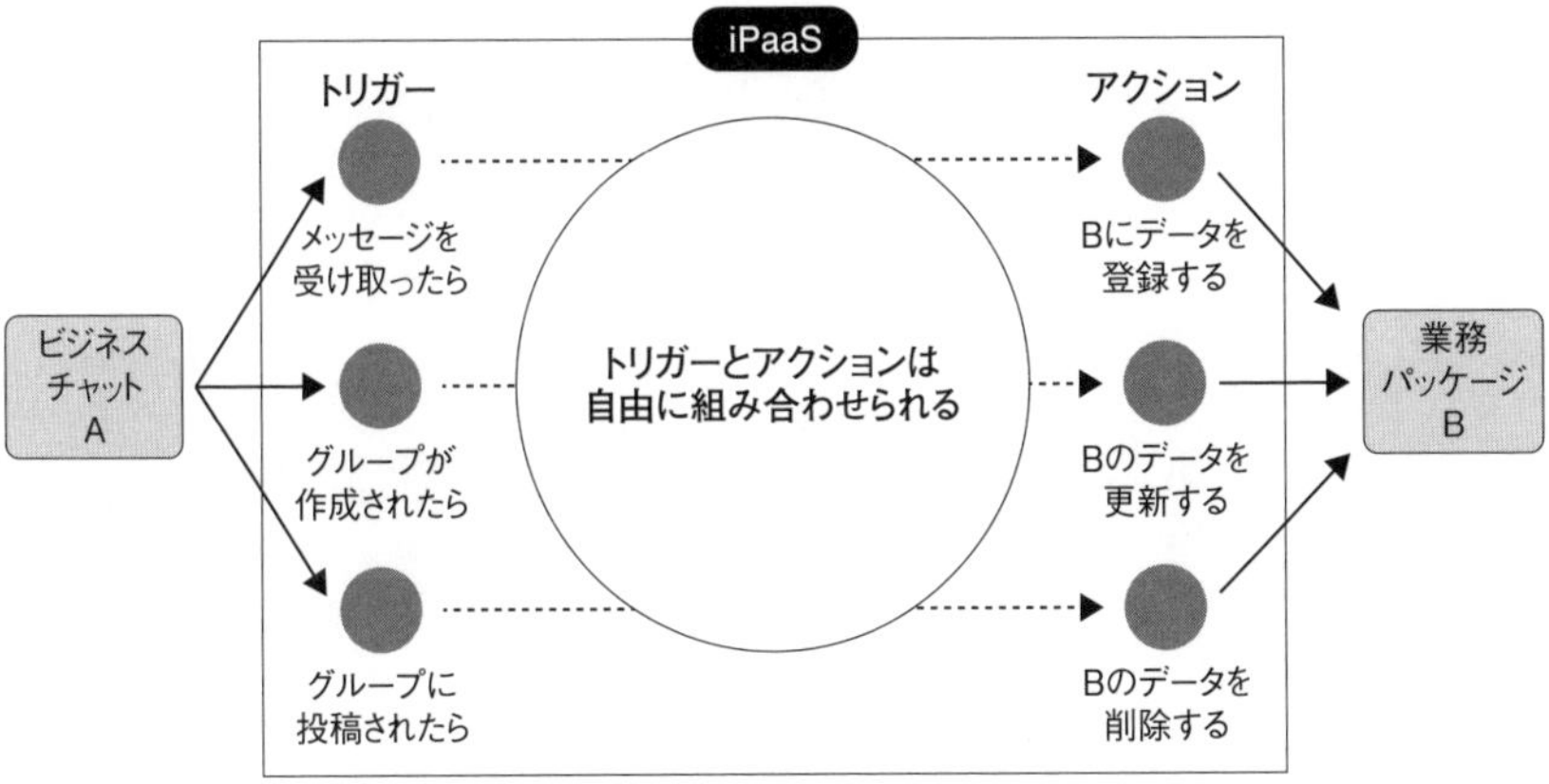

（出所：日経コンピュータ連載「職場活性化の切り札 ビジネスチャット活用術」）

るクラウドサービスの数はざっと千を超える。連携するシステムの数やデータをやり取りする回数などに応じた料金を支払う企業向けの有料版のほか、個人向けの無料版もある。

企業利用に特化したｉＰａａＳには米マイクロソフトの「Microsoft Power Automate（旧Microsoft Flow）」などがある。社内に設置したクラウド以外のシステムやパソコンソフトとも連携できる。

最近のビジネスチャットはＡＰＩに加えて、主要なｉＰａａＳとの連携用モジュールである「コネクター」を標準で備えるツールが多い。コネクターはユーザー企業が自社向けに独自開発することも可能だ。

コネクターにはそれぞれ「トリガー」と「アクション」という設定項目がある。トリガーは引き金となるイベントを、アクションは対応して実行する処理を示している。

主要なｉＰａａＳは連携するクラウドサービスやアプリケーションごとに様々なトリガーとアクションを用意

している。ビジネスチャット向けトリガーの例は「メッセージを受け取ったとき」「（メッセージを複数人で共有する）グループが作成されたとき」「（グループに）メッセージが投稿されたとき」だ。表計算アプリケーションのアクションは「データをある行に書き込む」「ある行のデータを更新する」など。

これらのトリガーとアクションを組み合わせれば、「ビジネスチャットにメッセージが投稿されたら表計算アプリケーションにデータを書き込んで一覧表を作る」といった処理がすぐに実現できる。メールソフトのメッセージ振り分け設定に似ているため、使い始めればすぐに慣れるだろう。

開発者はトリガーとアクションを自由に組み合わせることができる。ビジネスチャットのクラウドサービスと社内の業務システムを組み合わせた様々な自動化処理を素早く低コストで開発しやすい。

古いシステムはＲＰＡで連携

自社の業務システムが外部との連携用のＡＰＩを備えていなかったりｉＰａａＳが自社システム向けのコネクターを備えていなかったりするケースもあるだろう。独自開発したシステムや導入したパッケージソフトが古いケースだ。

それでも諦める必要はない。活躍するのはＲＰＡ（ロボティック・プロセス・オートメーション）ツールだ。ＲＰＡはデータのコピー・アンド・ペーストなど、パソコンを使った繰り返しの単純作業を自動化する技術である。

ＲＰＡを使えばＡＰＩを備えていない業務システムでも、ｉＰａａＳのトリガーとアクションに相当する連携機能を開発できる。ビジネスチャットと業務システムを操作する手順をＲＰＡツールに記憶させればよい。iPaaSのように組み合わせを選ぶだけというわけにはいかないが、ゼロからプログラミングするのに比べればずいぶん楽にシステム連携機能を開発できるはずだ。

RPAは本来、人間の単純作業を肩代わりするための技術であり、システム連携のためのものではない。だが連携機能を一時的に代替することはできる。まず簡易なシステム連携機能をRPAによって試作してひととおり運用し、期待通りの効果があることが分かれば本格的なシステム連携に向けてiPaaS向けのコネクターを開発するといいだろう。

ビジネスチャットと業務システムを組み合わせてスマートフォンから仕事ができるようにし、難しい作業をチャットボットで自動化すると、社員は自然にチャットから業務をこなすようになる。チャットが「業務の要」へと変わり、俊敏な組織へと進化する土台となる。

ＡＩとビジネスチャットは「名コンビ」

近年の人工知能（ＡＩ）ブームで、データ分析や作業の自動化に対する企業の期待はやや過剰とも言えるほどに高まっている。ビジネスチャットに関しても導入してしばらく経つとＡＩを組み合わせることで、さらに仕事の効率を高められるとの期待が出てくる。自動化の基盤技術としてＡＩに着目するのは自然な流れだ。

ここではビジネスチャットとＡＩを組み合わせて、顧客サービスの品質や業務の生産性を高めるための活用例と導入の勘所を紹介する。ＡＩを使ったビジネスチャットの有力な用途が消費者などの顧客向けに企業が情報を提供したり問い合わせを受け付けたりするサービスだ。

企業のＷｅｂサイトやメールに代えて、ＬＩＮＥをはじめとするチャットツールを使ってやり取りする。消費者がいつも持ち歩くスマートフォンを使うことで、手軽に素早く情報をやり取りできる。本書で紹介してきた企業内の情報共有や業務効率化に加えて、消費者向けのチャットサービスも企業が使うという意味でビジネスチャットの応用例と言える。

消費者向けサービスの場合、利用者が使うのはＬＩＮＥなど個人向けのチャットアプリだ。ただユーザー企業内の顧客情報管理システムやデータベースなどとＬＩＮＥを接続する必要がある。多くの場合、チャットツールの提供元が企業向けの接続サービスを用意している。ＬＩＮＥの場合は運営元のＬ

AIを使ったビジネスチャットの活用例

一般消費者向け

- 保険料の見積もりや問い合わせ対応
- アルバイト情報の検索
- 宅配便の集荷や再配達の日時指定、配送状況の検索
- ECサイトの問い合わせ対応
- 自治体のごみの出し方の案内と検索

企業内

- チャットの文章を自動翻訳
- 社内に散在するマニュアルを検索
- ヘルプデスクの応答を自動化
- 社内報の内容を解析して関心の高そうな内容を推薦
- 会議のスケジュール調整の代行
- 会議の発言内容を音声認識して議事録を自動作成
- グループチャットの内容からチームの雰囲気や活性度を分析、見える化

（出所：日経コンピュータ連載「職場活性化の切り札 ビジネスチャット活用術」）

ＩＮＥが提供する「ＬＩＮＥ ビジネスコネクト」を使うことで、ユーザー企業内のシステムとＬＩＮＥを接続できる。

消費者向けに浸透

ＡＩとビジネスチャットを組み合わせたサービスは既に私たちの日常生活に溶け込みつつある。最も多い実例がチャットボット（自動応答プログラム）だ。あらかじめ定めた手順に沿って限られた応答を自動的に返すだけでなく、ＡＩを組み合わせることでより複雑な処理を実施したり利用者とのやり取りを通じてサービス品質を高めたりできる。

例えば日本郵便の配送情報サービスの場合、利用者は同社のキャラクター「ぽすくま」にメッセージングサービスのＬＩＮＥでメッセージを送って荷物の配送状況を尋ねたり配達日時を指定したりできる。転居届を出して荷物の転送手続きをすることや、切手の購入手続きも可能だ。二十四時間いつでも応答する。宅配ドライバーなどに直接電話をかけるのに比べて心理的なハードルは低いと言えるだろう。

企業内でもＡＩとビジネスチャットが活躍する余地は大き

い。一例が社内のイントラネットに散在したデータや大量のＦＡＱ（よくある質問と回答集）を検索して回答をチャットの形で利用者に送る、といった用途だ。グループチャットの発言内容から組織の雰囲気や従業員の仕事への意欲を分析する企業向けサービスもある。ＩＴを使って人材活用を支援する「ＨＲテック」にも生かせるわけだ。

クラウドで手軽に体験

最近はビジネスチャットとＡＩを組み合わせたシステムを開発するためのツールが充実してきている。紹介した「ｉＰａａＳ（インテグレーション・プラットフォーム・アズ・ア・サービス）」と同様、画像認識や機械学習といったＡＩ機能を提供するシステム（ＡＩエンジン）をＡＰＩ（アプリケーション・プログラミング・インターフェース）経由で使えるクラウドサービスが多い。

これらのサービスを使うと、目的に応じたＡＩ機能をビジネスチャットに手軽に追加できる。開発作業もｉＰａａＳと同様、プログラミングではなくＷｅｂブラウザー上で簡単な設定を施すだけで済む。

米マイクロソフトが提供する「ＱｎＡ Ｍａｋｅｒ」は、質問に自動で答えるチャットシステムを作るためのクラウドサービスだ。企業は質問と回答のペアを表形式にまとめたデータファイルを作ってクラウドにアップロードするだけ。後はＱｎＡ Ｍａｋｅｒが自動的に内容を学習するため、チャットを使った消費者向けのＦＡＱサービスなどを簡単に作れる。

ＡＩとビジネスチャットを組み合わせたシステム開発作業そのものは容易だが、応答の精度を高めるには試行錯誤が必要だ。まず十分な量と品質の学習用データを用意しなければならない。回答の精度を高めていくためには、ＡＩが質問と回答結果を学習してより適切な回答を自ら選べるようにする仕組みも必要だ。

回答結果と同時に回答が役に立ったかどうかの選択肢も表示し、利用者からのフィードバックを得る仕組みが一例だ。多くの質問が集まるほどフィードバックを得られる機会も増えて精度向上につながげやすい。言い換えると利用者や質問件数が少ない場合はＡＩを使うメリットが小さいと言える。

ＡＩ以外の解決策をまず探す

ＡＩを組み合わせることで顧客サービスの品質や社内業務の生産性を高めるビジネスチャットの効果を見てきた。ただし、ここで紹介した用途を読者の皆さんがそのまま取り入れても思うように効果を発揮できるとは限らない。業務プロセスが企業ごとに微妙に異なるうえ、付加価値が低く自動化すべきでない業務もあるからだ。

ビジネスチャットにＡＩを組み合わせるための最初のポイントは、現場の困りごとや組織上の課題をまず探すところにある。「ＡＩでできることは何か」という視点ではなく、あくまで無駄が多くかかわる人員が多い業務を洗い出すようにしたい。

解決すべき問題を発見したら、次に心掛けるべきポイントはＡＩにこだわらないことだ。ＡＩ導入の勘所としては逆説的に思えるかもしれないが、ＡＩよりもっと安く簡単に問題を解決する手段が見つかる場合が少なくない。

ＡＩの導入が最適だと判断したら、小さく素早く試す。ビジネスチャットそのものの導入と同じく、

ビジネスチャットにAIを組み合わせる際の判断手順

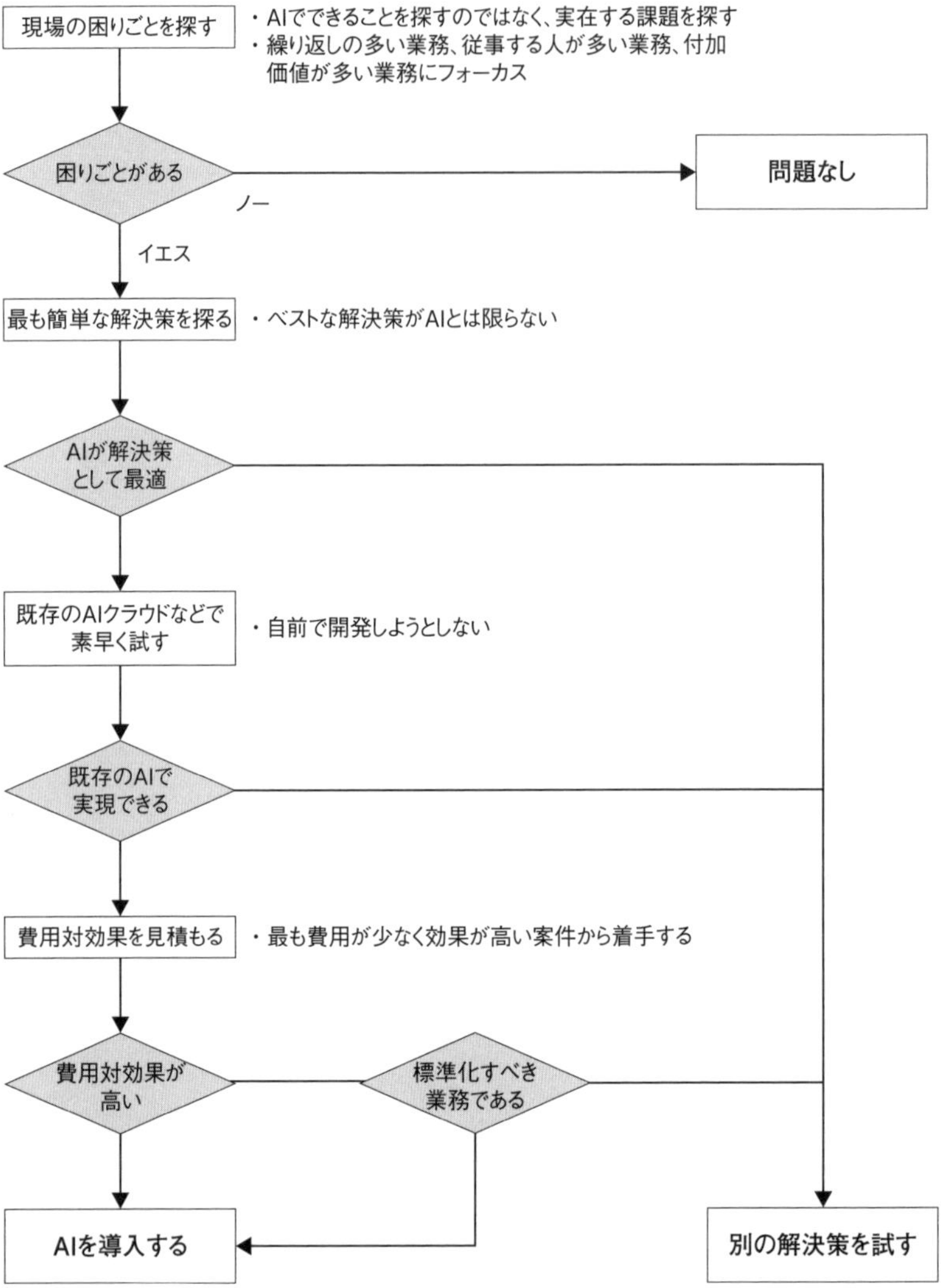

現場の困りごとを探す
・AIでできることを探すのではなく、実在する課題を探す
・繰り返しの多い業務、従事する人が多い業務、付加価値が多い業務にフォーカス
困りごとがある
ノー
問題なし
イエス
最も簡単な解決策を探る
・ベストな解決策がAIとは限らない
AIが解決策として最適
既存のAIクラウドなどで素早く試す
・自前で開発しようとしない
既存のAIで実現できる
費用対効果を見積もる
・最も費用が少なく効果が高い案件から着手する
費用対効果が高い
標準化すべき業務である
AIを導入する
別の解決策を試す

（出所：日経コンピュータ連載「職場活性化の切り札 ビジネスチャット活用術」）

新しい技術で仕事のやり方を変えるには小さな成功事例を積み重ねるのが近道だ。

この点でも、ＡＩの機能をゼロから開発するのではなくＡＰＩを呼ぶだけで手軽に試せる既存のクラウドサービスをお薦めする。様々な機能を組み合わせるだけでもかなりのことができるため、自社が実現したいと思えるサービスを見つけたら試作して実際に使ってみるとよい。

ここまでの段階でＡＩを使う価値がありそうだと判断したら、以降は通常の情報システム開発とほぼ同じだ。コストの見積もり、費用対効果の試算、費用対効果が高い業務から試験導入、といった手順を踏む。

当たり前と思っていた仕事を見直す契機

ＡＩとビジネスチャットで業務を自動化するメリットは既存の業務やサービスを改善することにとどまらない。業務そのものの見直しと整理につなげられる副次的なメリットも生まれる。多数の関係者でこなす業務は、時間が経つにつれて担当者の異動や社内手続きの変更などが重なり無駄な作業が発生するものだ。例えばトラブルの再発防止策としてチェック作業を追加するケースは多いが、防止すべき業務の内容が変わってもチェック作業そのものを見直すケースは少ない。

どこの企業にも、利用者が大幅に減って費用対効果が見合わなくなったり業務フローが変わってチェック作業が不要になったりしたにもかかわらず、残り続けている業務は少なからずあるだろう。ここでＡＩによる自動化が役に立つ。ある業務を自動化しようとすると作業手順を洗い出さなければならないため、過去の経緯からという理由だけで実施していた作業の無駄や矛盾が浮き彫りになるからだ。

人件費に作業時間を掛け合わせて費用対効果を算出すれば個々の作業によるロスを金額で示せるため、意味の無い作業は自動化する前に取りやめる判断も可能になる。当たり前と思っていた作業もゼロベースで見直すことで、現場の無駄取りに貢献できる。

ＡＩとビジネスチャットを組み合わせる意義は、働き方を変えることにとどまらない。これまでの仕事のやり方を改め変革できる組織の土台作りにもつながる。

セキュリティーもメールに勝る

ビジネスチャットを安全に使うには適切な情報セキュリティー対策が欠かせない。ツール自体の機能に加え、端末を安全に運用する技術を使うのが得策だ。導入目的を明確にして、得られる効果とセキュリティー水準、コストのバランスを取りたい。ビジネスチャットを企業が導入・展開して業務を効率化する際に考慮すべきセキュリティーについて、対策のポイントを示そう。

ビジネスチャットのセキュリティーを検討する際に理解しておくべき、基本的なポイントを改めて整理しておこう。まず理解したいのは既存の情報共有ツールであるメールとの違いだ。ビジネスチャットは一般にメールよりもセキュリティーに優れている。メールは不特定多数とやり取りでき、いったん送ったメッセージは基本的に取り消せないが、多くのビジネスチャットツールは送信後のメッセージを取り消す機能を備えているからだ。

私物スマホの欠点を補える

ＬＩＮＥやFacebook Messengerなど一般消費者向けのチャットツールと比べた違いはどうか。ＬＩＮＥなどの消費者向けツールは不特定多数の利用者にメッセージを公開したり誰でも自由に参加できるグループを作ったりできる。公開範囲をきちんと確認したうえでメッセージを投稿しないと、不適切な相手と業務情報や個人情報を共有してしまう。

ツールによってはスマートフォンに登録した電話帳のデータを自動的に取り込んで、意図せず様々な利用者と「友達」になってしまうこともある。消費者向けのチャットツールにはミスを防ぐ仕組みが整っていないため業務上の情報共有には向いていない。

これに対してビジネスチャットを使ってメッセージをやり取りできるのは、原則として管理者が指定した社内や取引先の相手だけだ。投稿内容の公開範囲も管理者が指定できる。

ビジネスチャットのセキュリティーに関して理解しておくべきもうひとつのポイントは、私物スマホの業務利用（ＢＹＯＤ）の利点と欠点だ。ＢＹＯＤを許可すると従業員は普段から使い慣れたスマートフォンを仕事に使える。私用と業務用と二台の端末を持ち歩かずにも済む。会社側にとっても新たに業務用のスマートフォンを購入するコストを抑えることができる。一方で安易にＢＹＯＤを許可すると、セキュリティーのリスクが高まる恐れがある。私物スマホには様々なアプリを入れているうえ、ウイルス対策などを施しているとは限らないからだ。

ＢＹＯＤの欠点はビジネスチャットツールのセキュリティー機能を使えば、ある程度はカバーできる。漏洩した際の影響が大きいデータのやり取りを禁止するなど、ルールやガイドラインの整備と利用者教育を組み合わせれば、より効果が高まる。

うっかりミス防止をまず検討

メールや消費者向けツールに比べてセキュリティーが高いと言えるビジネスチャットだが、それでも導入する際には実際の利用形態に合わせたセキュリティー対策が必要だ。中でも重要なのは人為的なミスによる情報漏洩への対策である。セキュリティーに関する各種の調査によれば、情報漏洩事故の原因のトップは端末の紛失や誤操作。いずれも利用者のミスによるものだ。誰でも思い当たるフシがあるのではないだろうか。

端末の紛失対策の代表例が「アプリパスコード」だ。端末自体ではなく、アプリ単位で利用を制限する機能である。一定時間操作しないとビジネスチャットのアプリを利用不能にロックするよう設定。登録しておいた数字や文字を入力したり指紋認証センサーを使ったりしてロックを解除する。端末そのものにロックをかける機能と併用すればさらにセキュリティーが高まる。

ただ、ロックされるまでの間に端末を操作されることがあるため、紛失した端末を拾った人に不正に操作され続ける可能性もゼロではない。これに対してビジネスチャットにはインターネット経由で端末上のデータを削除する「リモートワイプ」や一時的に端末を使用不能にする「リモートロック」といった機能を備えているものがある。

利用できるネットワークを限定

紛失と並ぶ人為的ミスが誤送信や誤操作。これらを防ぐ仕組みが充実しているのもビジネスチャットの特徴だ。多くのビジネスチャットツールは社外の利用者とつながることを制限できるため、メールの宛先を間違えて社外の人にメッセージを誤送信してしまう危険性はそもそも少ない。一度送ったメッセージを送信者が後から取り消す機能もほとんどのツールが備えている。万が一誤送信した場合でも、閲覧履歴やファイルのダウンロード履歴から相手を特定し、情報漏洩の範囲を特定する監査機能を備えたツールもある。

システムの脆弱性を突いた不正アクセスへの対策も欠かせない。従業員による人為的なミスに比べれば発生頻度は少ないかもしれないが、ひとたび不正アクセスによる情報漏洩が発生すれば被害は甚大だ。

不正アクセス対策はアプリだけでなくOSやネットワークなどインフラの部分から講じる必要がある。一例が「IPアドレス制限」だ。利用できるIPアドレスを限定することで、社内ネットワークやVPN（仮想私設網）からしかアクセスできないようにする仕組みである。インターネットからアクセスできないようにしておけば、社外からの不正アクセスや脆弱性を突く攻撃を防ぎやすくなる。

ただし、会社で配布しているスマートフォンから社内ネットワークに接続できない企業にはIPアドレス制限は使えない。BYODを許可している場合も同様。私物スマホを社内ネットワークに接続することを禁じているケースが多いためだ。これらの企業は会社で許可した端末以外からのアクセスを禁止する「端末認証」といった機能を使うべきだろう。

MDMツールを適切に使う

人為的ミスや不正アクセス対策を実践するうえで導入を検討したいのがMDM（モバイルデバイス管理）ツールである。ビジネスチャットツール自体が備えるセキュリティー対策機能だけでは不十分な場合があるためだ。MDMはスマートフォンなどを安全に使うための管理技術を指す。

ビジネスチャットツールが備えるセキュリティー機能の例

対策分野	機能名	内　容
誤送信・誤操作対策	送信先制御	社外利用者とのメッセージ送受信を禁止または制限する
	メッセージの取り消し	送信したメッセージを後から取り消す
	監査ログ	情報漏洩の範囲を特定する
不正アクセス対策	IP アドレス制限	社内ネットワークからだけアクセスできるようにする
	アプリのインストール制限	指定したアプリしかインストールできないようにする
	閲覧権限管理	内容を閲覧できるグループを管理者が指定する
	データ暗号化	保存したデータや送受信するメッセージを暗号化する
紛失対策	アプリパスコード	一定時間アプリを使わないと自動的にロックがかかる
	強制ログアウト	指定した利用者を管理者がインターネット経由でログアウトさせる
	リモートロック、リモートワイプ	管理者がインターネット経由で端末を使用不能にしたりデータを削除したりする

（出所：日経コンピュータ連載「職場活性化の切り札 ビジネスチャット活用術」）

スマートフォンにマルウエアが入っている場合はもちろん、管理者権限を乗っ取る「ｒｏｏｔ（ルート）化」やＯＳの制限事項を不正に解除する「Jailbreak（ジェイルブレイク、脱獄の意）」を実施されると、ビジネスチャットツールの機能を使っていくら対策を施しても無意味になる。ビジネスチャットはＰＣに比べて持ち歩く頻度がはるかに高いスマートフォンで使ってこそ本領を発揮する。ｒｏｏｔ化やJailbreakの危険性を回避するには、ＭＤＭツールなど端末側の対策も併せて行うのが基本である。

もっとも、ＭＤＭ製品も万全ではない。ｒｏｏｔ化やJailbreakの方法は無数にあるうえ、ＭＤＭツールによって端末がｒｏｏｔ化された事象を検知できてもその前にデータを抜き取られてしまったら意味がない。データを暗号化しておけば抜き取られても被害は防げるが、暗号化の方法によっては破られる恐れもある。スマートフォンの画面を背後から盗み見る「ショルダーハッキング」など、原始的な不正アクセス方法もある。突き詰めればどこまでやってもきりがないのがセキュリティー対策だ。

確率も踏まえ現実的な対策を

いったい何をどこまで対策すればよいのか。セキュリティーを検討する際によくある失敗が、検討に時間をかけすぎることだ。完璧なセキュリティーなどないにもかかわらず、全てのリスクに対応しようとして、いつまでたっても検討が終わらなくなる。

セキュリティーを重視するあまり、肝心の利便性が損なわれてしまうケースもある。ある会社はスマートフォンでビジネスチャットを使う際に、端末のロック解除、ネットワークへの接続、アプリ起動のそれぞれにパスワードを入力する運用を検討していた。日常の業務連絡を見るだけで三回もパスワードを求められるのでは、使われなくなるのは目に見えている。端末やネットワークの管理部門とツールの導入部門が異なると、現場の使い勝手を軽視するかのような事態が起こりやすい。

実質的に意味のある対策を実施するには、まず目的を明確にして関係者全員で共有することだ。ビジネスチャットの場合、ツールを導入することではなくツールを使って仕事を変えることが目的である。

セキュリティー対策を考える際は、セキュリティーレベルと優先度の判断が重要となる。セキュリティー事故が発生した場合の損失額の大きさと発生確率を掛け合わせて、結果が大きい事象から対策を考えるのが定石だ。

ビジネスチャットを導入する際のセキュリティー検討プロセス

目的を共有する	範囲を限定する	セキュリティーレベルを判断する	対策を実施する	小さく試す	範囲を広げる
守るべき情報や業務を関係者全員で議論し合意する	対象の利用者や業務、試行期間を決める	損失額の大きさと発生確率から求めるべきセキュリティーレベルと優先度を決める	損失額の大きさと発生確率に基づき算出したコストの範囲で対策する	部門や利用者を限定して対策の効果を検証する	利用範囲を段階的に拡大し全社展開を図る

（出所：日経コンピュータ連載「職場活性化の切り札 ビジネスチャット活用術」）

損失額の大きさや発生確率は業務や期間を限定して考えれば、具体的な数値として試算しやすい。公開されている過去の情報セキュリティー事件の情報を参考にすれば事故発生時の損害賠償金額や推定社内コスト、原因別の発生件数などが分かり、おおよその損失額や発生確率を推定できるだろう。

以上のセキュリティー対策の考え方は一般的な情報システムと同じだが、ビジネスチャットの場合はグループ内のやり取りを閲覧できる権限の設定に特に注意する必要がある。例えば未発表の新製品や企業買収の情報などを不必要な人に公開してしまうと、インサイダー取引などに発展する恐れがある。

イラストで目的を共有

セキュリティーの検討プロセスの中でも、特に重要なのが最初の工程、つまり目的の共有だ。ビジネスチャットでやり取りする情報が日常的な業務連絡だけなのか、それともチャットボット（自動応答プログラム）を使って顧客向けシステムの運用を自動化するのか。これだけでも端末の紛失や不正アクセスが起きた時の影響度が違うことが分かるだろう。この点でもビジネスチャットを導入する目的を明確にすることが欠かせない。

共有すべき目的は文章で表現してもよいが、イラストや物語を使うと人に伝えやすい。ビジネスチャットの導入検討チームだけでなく、端末機器やネットワークの管理者、利用部門の代表者、ビジネスチャットツールの導入支援ベンダーなどにイラストを見せて、目的を説明するとよいだろう。

働き方改革の先にあるものは

本章では働き方改革にビジネスチャットを役立てる勘所を紹介してきた。改めておさらいすると、ビジネスチャットの効果はコミュニケーションの効率化にとどまらない。ＡＩや業務システムとの連携を通じて、業務を効率化したり自動化したりできる。ビジネスパーソンが働き方を変革する目的は、単なるコスト削減ではなく、付加価値の創造に使える時間を捻出するところにある。

今後はロボット技術の進化などにより、業務の効率化と自動化がさらに進むだろう。ただし、効率化を進めても新たな価値を生み出すことを怠れば、働き方改革の成果としては不十分ではないだろうか。働き方改革の本来の目的は生産性の向上であり、生産性の向上は付加価値の増加とコスト削減を両輪で進める必要があるからだ。ビジネスチャットはその有力なツールになり得る。

第6章

助成金とガイドライン

資料編

これからテレワークを始める企業のために、政府や自治体は助成金など様々な導入支援策を設けている。政府や自治体、ＩＴ企業などが無料公開しているテレワークの導入ガイドラインと合わせて、ぜひ活用したいお得な情報をまとめた。

政府・自治体の助成金と支援策

まずは国の助成金と支援策だ。総務省と経済産業省、厚生労働省がそれぞれ相談を無料で受け付けたり、テレワーク環境の整備費用を補助する制度を設けたりしている。

全国無料相談については、厚生労働省が「テレワーク相談センター」を設置している。総務省もテレワークの専門家を「テレワークマネージャー」と認定したうえで、テレワークマネージャーが企業からテレワークに関する相談を受け付ける事業を実施中だ。

自治体では東京都が国と連携し、テレワーク普及支援施設を運営している。東京・飯田橋の東京テレワーク推進センターである。ここでは都内の企業に向けて、テレワークに関する相談窓口を設けている。テレワークに役立つＩＴ製品の常設展示スペースもある。

厚生労働省は働き方改革推進支援助成金

次はテレワーク環境の整備費用を補助する制度だ。全国の企業に向けては、厚生労働省や経済産業省が制度を設けている。

厚生労働省は「働き方改革推進支援助成金（テレワークコース）」を設けている。「残業を削減する」「社員が仕事と生活を両立できるようにする」といった目的を持つ企業を支援する狙いで、テレワーク

政府や東京都が設けているテレワークの相談窓口の例

事業などの名称	担当省庁・自治体	概　要
テレワーク相談センター	厚生労働省	テレワークに関する質問や助成金の申請手続きなど相談を無料で受け付ける。労務管理コンサルタントを３回まで無償で全国に派遣する訪問コンサルティングも実施している
テレワークマネージャー相談事業	総務省	テレワークの導入を検討している全国の企業などに対して、総務省が認定したテレワークの専門家「テレワークマネージャー」が無料でアドバイスや情報提供をする
東京テレワーク推進センター	東京都、中央省庁＊1	テレワーク関連製品やサービスの利用体験、テレワークの導入事例などの情報収集ができる東京・飯田橋にある施設。製品やテレワーク制度などに関する相談窓口も設けている

＊1　内閣府、総務省、厚生労働省、経済産業省、国土交通省

の導入などにかかった費用の一部を助成する。助成の対象は「テレワーク用通信機器の導入・運用」「就業規則などの作成や変更」「労務管理担当者に向けた研修」「社員向け研修や周知・啓発活動」「社会保険労務士など外部専門家のコンサルティング」が対象だ。いずれか一つ以上実施することが助成の条件である。

申請できる企業には条件がある。まず労災保険の適用企業であること。次に「資本または出資額」「常時雇用する労働者数」のいずれかが一定以下であること。最後にテレワークを新規で導入する企業か、テレワークを継続活用している企業であること。テレワークを試行導入している企業も含む。

「資本または出資額」や「常時雇用する労働者数」が一定以下という条件は業種によって設定されている。飲食店を含む小売業であれば資本または出資額が「五千万円以下」、常時雇用する労働者数が「五十人以下」だ。サービス業であれば「五千万円以下」「百人以下」、卸売業だと「一億円以下」「百人以下」、その他の業種だと「三億円以下」「三百人以下」になる。

助成を受けたい企業は専用の申請書や実施計画書など必要書類を厚生労働省のテレワーク相談センターに提出する。期限は二〇二〇年十二月一日だ。その後厚生労働省から交付決定の通知書が届いたら提出した計画に沿って実施。それが終わったら、支給申請を二〇二一年三月一日までに行う。

助成金の補助率や上限額は実施時の成果によって変わってくる。テレワーク環境の整備後に実施する数カ月程度の評価期間の中で「一回以上、対象にしている全労働者にテレワークをさせる」「テレワークを実施した日数は週平均で一日以上」という目標を全てクリアすれば、費用の四分の三を助成してもらえる。上限額もあり、一人当たり四十万円、一企業当たりだと三百万円だ。

目標をクリアできないと補助率はかかった費用の二分の一、一人当たりの上限額は二十万円、一企業当たりの上限は二百万円に下がる。上限額は「一人当たりの上限額に対象の労働者数をかけた金額」と「一企業当たりの上限額」を比べて低いほうが採用される。

新型コロナ対策のための助成金制度も

厚生労働省は二〇二〇年三月、働き方改革推進支援助成金の一環として新たに「新型コロナウイルス感染症対策のためのテレワークコース」を時限的に設けた。これからテレワーク環境を導入する企業やテレワークを試行している企業を対象とする。支給対象になるのは、二〇二〇年の二月十七日から五月三十一日までにテレワーク環境を新規導入したうえで、実際にテレワークを実施した労働者が一人以上いる企業だ。補助率はかかった費用の二分の一、一企業当たり百万円を上限に助成する。

助成の対象は「テレワーク用通信機器の導入・運用」「就業規則などの作成や変更」など「働き方改

革推進支援助成金（テレワークコース）」と同じだ。手続きは、まず交付申請の手続きをテレワーク相談センターに対して行う。交付決定の通知を受けたら計画に沿って取り組みを進めて、終わったら支給申請を行う。ただし二〇二〇年二月十七日から五月三十一日までに要件を満たす取り組みであれば、計画の事後提出もできるようにして、助成の対象範囲を広げている。

経済産業省は「ＩＴ導入補助金」などを用意

経済産業省も「ＩＴ導入補助金」と呼ぶ制度をこれまで設けてきた。ＩＴ導入補助金の事務局などが事前に審査して採択した「ＩＴ導入支援事業者」と呼ばれるＩＴ企業と連携して、助成対象となるＩＴツールを導入していくことが助成を受ける条件の一つだ。助成対象のＩＴツールは、ＩＴ導入支援事業者が事務局に事前登録したソフトウエアやクラウドサービスである。ソフトウエアの本体に加えて、機能拡張などの「オプション」費用や、導入コンサルティングといった「役務」も助成対象に含まれる。

申請できるのは「資本金の額または出資の総額」または「常時使用する従業員の数」などが一定以下の中小企業だ。その条件は「製造業、建設業、運輸業」「卸売業」「小売業」などの業種によって決められている。例えば「製造業、建設業、運輸業」は「三億円以下」「三百人以下」、「卸売業」は「一億円以下」「百人以下」となっている。個人事業主も申請できる。交付申請期間は二〇二〇年十二月下旬までの予定だ。期間中、一社当たり一回申請できる。

申請などの手続きは企業がＩＴ導入支援事業者とやり取りする中で進めていく。最初の交付申請は、企業がＩＴ導入支援事業者にＩＴツールの問い合わせや見積もり依頼をしてから導入が具体化したときに行う。申請データの作成や提出といった手続きをＩＴ導入支援事業者と連携しながら進めていく。

交付が決まったら、企業はＩＴ導入支援事業者とＩＴツールについて契約を交わし導入、代金の支払いまでする。その後、ＩＴ導入支援事業者と連携して補助金の支払いを受けるための手続きをしていく。

「ＩＴ導入補助金」の臨時対応でテレワーク支援

経済産業省は二〇二〇年三月、新型コロナウイルス対策として「ＩＴ導入補助金２０２０」の臨時対応の公募を始めた。在宅勤務をはじめとするテレワークの導入に取り組む企業を優先して助成するようにした。助成の対象は主にソフトウエアやクラウドサービスの費用や導入にかかる費用だ。この臨時対応の申請期限は二〇二〇年三月末だったが、二〇二〇年四月に入ると、新たに「ＩＴ導入補助金２０２０（特別枠）」の公募要領を発表した。

特別枠の特徴は新型コロナウイルス対策を踏まえて、リモートで事業を継続できるような企業のＩＴ投資を支援する制度にしている点だ。助成対象にする企業の取り組みは「テレワーク環境の整備」「これまで対面で進めてきたビジネスを非対面やリモートでできるように転換するのに必要なＩＴ投資」などがある。補助率はかかった費用の三分の二以内で、三十万円以上四百五十万円以下になる。

経済産業省は中小企業がすぐにテレワークに踏み切れるような措置も講じる。具体的には二〇二〇年四月七日から同年五月十日までの公募開始前に、企業が対象となるＩＴツールの契約や納品、支払いのいずれかを実施した取り組みについても、さかのぼって助成金を申請できるようにする。企業がすぐに

政府が用意する助成金制度の例

名　称	担当省庁・自治体	概　要	補助率、助成の金額
働き方改革推進支援助成金（テレワークコース）	厚生労働省	残業抑制などのためにテレワークを実施する中小企業に向けて、テレワークにかかった費用の一部を助成する。成果目標によって補助率や上限額が変わる。助成の対象はテレワーク用通信機器の導入や運用、保守サポート、クラウドサービスの導入にかかった費用、就業規則などの作成・変更、社内研修、外部専門家によるコンサルティングの費用など	最大4分の3、上限は300万円（1企業当たり）
新型コロナウイルス感染症対策のためのテレワークコース	厚生労働省	新型コロナウイルス対策として2020年3月に設けた時限的な制度。「2020年2月17日から5月31日までにテレワークを新規導入」などの条件を満たす中小企業に向けて、テレワークにかかった費用の一部を助成する。助成の対象はテレワークの導入や運用にかかった費用など、働き方改革推進支援助成金（テレワークコース）とほぼ同じ	2分の1、上限は100万円（1企業当たり）
IT導入補助金2020	経済産業省	中小企業があらかじめ登録されたIT企業から市販のITツールを導入したときに費用の一部を助成する。ITツールを適用する対象業務のプロセス数の違いなどでタイプがA類型、B類型の2つに分かれている。いずれも助成の対象はソフトウエアやクラウドの費用や導入にかかる費用。2020年3月にA類型について臨時対応として公募した。在宅勤務向けのテレワーク環境を導入する企業を優先的に支援する	2分の1以内、A類型の場合は30万円以上150万円未満、B類型の場合は150万円以上450万円以下
IT導入補助金2020（特別枠）	経済産業省	中小企業があらかじめ登録されたIT企業から市販のITツールを導入したときに費用の一部を助成する。2020年4月から新型コロナウイルス対策の一環で打ち出した。助成の対象はサプライチェーンの継続、非対面型のビジネスモデルの確立、テレワーク環境の整備などのIT投資。ソフトウエアやクラウドの費用、導入にかかる費用、ハードウエアのレンタル費用を含む	3分の2以内、30万円以上450万円以下

2020年5月時点の情報。一部は申請を締め切っている可能性がある

テレワークを始めなければならないという緊急性がある状況を踏まえた措置だ。交付の申請は二〇二〇年十二月下旬までを予定している。

東京都は三つの導入フェーズごとに支援

東京都も都内の中堅中小企業に向けた支援制度を充実させている。「導入検討」「試行」「本格導入」というフェーズごとに支援策を整えている。

導入検討フェーズの支援策は二つある。「ワークスタイル変革コンサルティング」と「業界団体連携によるテレワーク導入促進事業」だ。前者はテレワークの導入を検討している都内の中堅中小企業に向けて、テレワークに向く業務の洗い出しなどのコンサルティングサービスを無料で提供する。後者は二〇一九年度に実施した取り組みだ。業界団体を通して、テレワークを導入する会員企業に導入コンサルティング費用を助成した。現在は事業を終えている。

試行フェーズでは、テレワークを試行するための環境構築や、テレワークができるようにするための就業規則の整備にかかる費用を助成する「はじめてテレワーク（テレワーク導入促進整備補助金）」を用意する。ワークスタイル変革コンサルティングなどを利用した都内の企業が対象で、「常時雇用する労働者の数が二人以上九百九十九人以下」「就業規則にテレワークに関する規定がない」「東京都が実施する東京オリンピック・パラリンピック開催時の交通混雑緩和プロジェクトに参加している」などの条件を満たす必要がある。

助成の対象はテレワーク試行に向けた環境構築費用と、テレワークをするのに必要な規定を就業規則に盛り込むのにかかる費用だ。このうちテレワーク環境の構築費用は東京都が用意する専用サイト「テレワーク導入プラン」に掲載されたＷｅｂ会議、ビジネスチャット、勤怠管理といった製品やサービスの中から導入したものについて助成する。サイトからは三百種類以上の製品やサービスが選べる。かかった費用の全額が助成対象となるが上限がある。テレワーク環境の構築費用については、従業員数が三百人から九百九十九人までの企業は百十万円、百人から二百九十九人までの企業が七十万円、百人未満の企業が四十万円だ。

本格導入フェーズの企業に向けては「テレワーク活用・働く女性応援助成金（テレワーク活用推進コース）」を用意する。「常時雇用する労働者が二人以上九百九十九人以下」「都内に本社または事業所を置く」といった条件を満たす企業が対象だ。助成の対象はテレワーク機器の導入にかかった費用とサテライトオフィスの利用料。ともに補助率はかかった費用の二分の一で上限が二百五十万円だ。このうちテレワーク機器の導入については、モバイル端末やネットワークなどの整備費用、システムの構築費用、関連ソフトウエアの利用料、ＩＴ企業などに一括委託する経費が対象になる。

新型コロナ対策の助成制度を都も整備

東京都は二〇二〇年三月、新型コロナウイルス対策として「事業継続緊急対策（テレワーク）助成金」と呼ぶ事業も始めた。テレワークの導入にかかった費用全額を、二百五十万円を上限に助成する。助成対象となる科目などが細かく決まっている。助成対象の科目として「消耗品費」「購入費」「委託費」「賃借料」「使用料」があり、それぞれで規定がある。「ＩＴの知見を持った専門家の意見を聞きながら

東京都が都内の中堅中小企業に向けて用意するテレワーク支援制度の例

名称	概要
ワークスタイル変革コンサルティング	テレワークの専門コンサルタントがテレワークに向く業務の洗い出しなどを無料で支援する。コンサルティングは最大５回、各回２時間程度、方針策定や改善策の提案などを進めていく
業界団体連携によるテレワーク導入促進事業	テレワーク導入に積極的に取り組む業界団体などに向けた事業。団体に加盟する都内の会員企業がテレワーク導入コンサルティングを受けたときにかかる費用などを補助する。2019 年度に実施した
はじめてテレワーク（テレワーク導入促進整備補助金）	ワークスタイル変革コンサルティングか業界団体連携による導入促進事業を通してコンサルティングを受けた企業を対象に、テレワークの試行にかかる費用や就業規則の整備などにかかる費用を助成する。全額補助で上限額は社員数が 300 人から 999 人までの企業の場合、就業規則の整備を含めて 110 万円
テレワーク活用・働く女性応援助成金（テレワーク活用推進コース）	本格的にテレワークを始める企業に向けた助成金制度。テレワーク機器の導入やサテライトオフィスの利用にかかる費用を補助する。機器導入とサテライトオフィス利用のそれぞれ、半額補助で上限額が 250 万円
事業継続緊急対策（テレワーク）助成金	新型コロナウイルス対策として、テレワークを始めるために必要な IT の費用を助成する。助成項目には「消耗品費」「購入費」「委託費」「賃借料」「使用料」があり、それぞれで規定がある。全額補助で助成の上限額は 250 万円
東京都テレワーク導入モデル体験事業	新型コロナウイルス対策としてテレワークの導入を検討している企業に向けて、テレワーク関連ツールをインストールしたノートパソコンを１カ月、無料で貸し出す。事前ヒアリングを踏まえてツールをインストールする

2020 年５月時点の情報。一部は募集を終えている

テレワークを始めるために必要な最低限の機器などを対象にした」と助成金事業を担当する東京都しごと財団の担当者は話す。

消耗品の場合、「税込み単価が千円以上、十万円未満」と金額を決めたうえで、助成対象となる機器やソフトウエアなど十八種類を挙げている。端末はパソコンやタブレット、スマートフォン、携帯電話など。ネットワーク機器はＶＰＮルーターやファイアウオール、無線ＬＡＮなどだ。プリンターやスキャナーといった周辺機器のほか、Ｗｅｂ会議用のカメラやヘッドセット、のぞき見防止フィルムも対象だ。

委託費は機器の設置・設定費をはじめ、保守委託などの業務委託料、導入

時の運用サポート費などを含む。ただしシステムの開発や改修、構築費用は助成の対象外だ。賃借料は消耗品で指定した機器をリースする際のリース費が対象となり、レンタル料は対象外。使用料はクラウドサービスなどの利用料を指し、初期費用も含む。消耗品と同様、クラウドサービスにも細かい規定がある。

助成金制度の発表を受け、「助成金でお得に購入可能」「手数料を支払えば申請書類の作成を支援する」といったサービスを手掛けるＩＴ企業が登場した。しかし、こうしたサービスは「テレワーク助成金と一切関係がない。申請支援サービスを利用したら審査に有利になるということもない。申請する企業は注意してほしい」と東京しごと財団の担当者は話す。

都がノートパソコンを無料で貸し出し

このほか東京都は二〇二〇年四月、都内の中堅中小企業にテレワークを体験してもらう「東京都テレワーク導入モデル体験事業」を始めた。テレワーク関連ツールをインストールしたノートパソコンを一カ月、無料で貸し出す。貸し出すノートパソコンは一社当たり一台。新型コロナウイルスの感染拡大を防ぐ策の一環と位置付ける。

都がテレワークを普及するために設立している東京テレワーク推進センターのＷｅｂサイトで募集を受け付ける。貸し出す前に、事業担当者が企業へのヒアリングを行い、利用しているＩＴ環境などをあらかじめ確かめたうえで、その企業に向くテレワーク関連ツールをインストールして貸し出す。

インストールするツールはリモートデスクトップ、Ｗｅｂ会議、ビジネスチャット、ファイル共有、勤怠管理、セキュリティー対策など多岐にわたる。貸し出す際、事業担当者が企業を訪問して、ツールを利用するうえで必要な設定作業をしたり利用方法を説明したりする。利用中にツールの操作方法などで分からないことが出てきたら、電話やメール、Ｗｅｂ会議などで相談を受け付ける。

導入マニュアルとガイドライン

テレワークを導入するうえで参考になる資料はインターネット上で広く公開されている。ぜひ活用したい。例えば厚生労働省は、テレワーク全般についての情報を網羅した「テレワーク総合ポータルサイト」を設けている。取引先から委託された仕事を自宅などで進める「自営型テレワーク」に関する情報に特化したWｅｂサイト「HOME WORKERS WEB」も用意する。労務管理の体制整備については「情報通信技術を利用した事業場外勤務（テレワーク）の適切な導入及び実施のためのガイドライン」「テレワークモデル就業規則～作成の手引き～」がある。テレワークをする社員の健康を維持するうえでは「情報機器作業における労働衛生管理のためのガイドライン」も参考になる。

ガイドブックとしては、厚生労働省の「テレワークではじめる働き方改革　テレワークの導入・運用ガイドブック」やレノボ・ジャパンがまとめた「始めよう！テレワークスタートガイド」が役に立つ。テレワーク中の情報セキュリティー対策については、総務省の「テレワークセキュリティガイドライン第4版」を参考にしたい。様々なリスクと対策がまとまっている。

他社の事例を知りたいなら、総務省の「平成30年度地域企業に学ぶテレワーク実践事例集」などに目を通したい。中堅中小企業にお薦めなのは、日本テレワーク協会の「中堅・中小企業におすすめのテレワーク製品一覧」などだ。低コストで簡単に導入できるＩＴツールに絞って紹介している。

テレワークに関する情報をまとめたWebサイトの例

テレワーク情報サイト https://www.soumu.go.jp/main_sosiki/joho_tsusin/telework/furusato-telework/index.html 総務省が公開しているサイト。テレワークの概要や普及動向、導入事例や体験者の声などの情報をまとめている。総務省がまとめた「情報システム担当者のためのテレワーク導入手順書」などのガイドブックや、テレワークの相談窓口、都市部でこなしていた仕事を地方のサテライトオフィスなどでテレワークとして進める「ふるさとテレワーク」の説明コンテンツもある
テレワーク総合ポータルサイト https://telework.mhlw.go.jp/ 厚生労働省が公開しているサイト。テレワークの概要や効果・効用、導入方法などテレワークに関する情報を体系的にまとめている。テレワークを導入している先進企業の取り組みや、テレワーク関連のセミナー・イベント、テレワーク環境の整備に関する助成金制度、テレワークの労務管理に関するコンサルティングなどの情報も公開している
HOME WORKERS WEB https://homeworkers.mhlw.go.jp/ データ入力やテープ起こし、ホームページ作成、ライティングなど、取引先から委託された仕事をITを使って自宅などで進める「自営型テレワーク」の情報をまとめた厚生労働省のサイト。個人事業主に向けて、自営型テレワークの概要、セミナー・イベント情報、eラーニング、適用事例などの情報を提供している
テレワーク相談センター https://www.tw-sodan.jp/ テレワークの導入や推進に関する企業向け相談窓口。厚生労働省の委託事業として日本テレワーク協会が運営している。サイトにはテレワークの概要、効果・効用、導入方法のほか、関連資料を多数公開している。公開資料には「テレワークモデル就業規則～作成の手引き～」のほか、「輝くテレワーク賞事例集」「テレワーク活用の好事例集」などのケーススタディーも多数ある
東京テレワーク推進センター https://tokyo-telework.jp/ テレワーク普及を目的に東京都が国と運営する、東京・飯田橋にある施設。サイトにはテレワークに関するセミナー・イベントの開催情報や、テレワークの実践事例、導入ガイド、推進支援施策などの情報を公開している。都内の企業向けに相談窓口も設ける。東京都公式スマートフォン向けアプリ「TOKYOテレワークアプリ」でもサイトと同じコンテンツを利用できる
日本テレワーク協会 https://japan-telework.or.jp/ テレワークに関する調査研究や普及活動をしている業界団体。サイトにはテレワーク関連のIT製品やサービスの情報、ガイドライン、助成金・補助金などの情報を公開している。都内企業に向けて東京・飯田橋にテレワーク相談コーナーを、東京都以外の企業に向けて東京・御茶ノ水にテレワーク相談センターをそれぞれ開設して、テレワークに関する無料相談も実施している

始めよう！テレワークスタートガイド https://www.lenovojp.com/business/solution/download/002/pdf/terework_startguide.pdf レノボ・ジャパンが大規模にテレワークを実施する企業や、初めて実施する企業に向けてまとめている。2015 年から利用制限なしでテレワークを進めてきた同社のノウハウを基に、テレワークの概要、導入方法などについてまとめている。新型コロナウイルス対策としてテレワークに取り組む企業に向けて「緊急テレワーク、対応マニュアル」も盛り込んでいる
働き方改革のためのテレワーク導入モデル https://www.soumu.go.jp/main_content/000616262.pdf 総務省が公表しているテレワークの社内普及に関する資料。「経営層からテレワーク導入について理解が得られない」「自分の仕事や業種に合わないとテレワークをためらう人がいる」といった、普及時に直面しがちな課題を、解決策とともにまとめている。解決策は規模や業種が様々なテレワーク先進企業 19 社の取り組みを基に示す。先進企業の社内制度や規定も紹介している
テレワークセキュリティガイドライン 第4版 https://www.soumu.go.jp/main_content/000545372.pdf 総務省が公表しているガイドライン。「テレワークにおける情報セキュリティー対策についての考え方」「企業の経営者やシステム管理者、テレワークをする社員が実施すべき対策」をまず述べたうえで、マルウエア、端末の紛失・盗難、重要情報の盗聴、不正アクセスといったそれぞれの脅威に関する対策などをまとめている
<テレワークの導入事例に関するもの>
平成 30 年度 地域企業に学ぶテレワーク実践事例集 https://www.soumu.go.jp/main_content/000616263.pdf 総務省が公開している。全国各地の企業 15 社が取り組んでいるテレワークの事例をまとめている。中堅中小企業の経営陣とテレワークを利用している社員それぞれにインタビューしている。取り組むきっかけ、テレワークの対象業務、得られた成果、取り組むうえでの工夫などが、企業ごとにまとめられている。令和元年度版もある
都内企業に学ぶテレワーク実践事例集 https://www.hataraku.metro.tokyo.lg.jp/hatarakikata/telework/company/ 東京都が実施した「テレワークの活用促進に向けたモデル実証事業」に参加した中小企業のテレワーク導入事例をまとめている。2017 年度の事業と 2018 年度の事業それぞれで 2 種類ある。就職支援や働き方改革などの情報を提供している東京都産業労働局のサイト「東京都 TOKYO はたらくネット」の中で公開している
テレワーク業界別ハンドブック「TELEWORK 活用ヒント」 https://www.hataraku.metro.tokyo.lg.jp/hatarakikata/telework/handbook/ 「金融業・保険業」「医療・福祉」「サービス業」「建設業」「製造業」「卸売業・小売業」と業界別に事例をまとめ、東京都が公開している。労務管理の工夫や、導入のタイミング、情報セキュリティー、適する業務の選び方などを盛り込んでいる。東京都産業労働局のサイト「東京都 TOKYO はたらくネット」の中で公開している
<テレワーク関連の IT の製品やサービスに関するもの>
テレワーク関連ツール一覧 第 4.0 版 https://japan-telework.or.jp/wordpress/wp-content/uploads/2019/05/Tool-list-V4.0-.pdf 日本テレワーク協会が公開している。リモートデスクトップや仮想デスクトップなどの社外から社内ネットワークにアクセスするツール、コミュニケーションツール、勤怠や在席状況を管理するツール、ペーパーレス化ツール、セキュアブラウザー、スマホ内線化ツールなど幅広くまとめている

テレワーク導入時に役立つガイドラインの例

<法対応に関するもの>
情報通信技術を利用した事業場外勤務（テレワーク）の適切な導入及び実施のためのガイドライン https://www.mhlw.go.jp/stf/seisakunitsuite/bunya/koyou_roudou/roudoukijun/shigoto/guideline.html 企業がテレワークを実施する際の、関連法令を順守するうえでの注意点などをまとめた厚生労働省のガイドライン。同省のWebページで公表している。「労働条件の明示」「労働時間制度」「時間外・休日労働の労働時間管理」「長時間労働対策」「労働安全衛生」などについてまとめている。Webページには分かりやすく解説したパンフレットも公開している
情報通信機器を利用して自宅などで仕事をしている方へ（自営型テレワーク（在宅ワーク）） https://www.mhlw.go.jp/stf/seisakunitsuite/bunya/koyou_roudou/koyoukintou/zaitaku/ 自営型テレワークに関する情報を公開している厚生労働省のWebページ。自営型テレワークをする人に仕事を発注する企業や、仕事を仲介するクラウドソーシング事業者が守るべきことなどをまとめた「自営型テレワークの適正な実施のためのガイドライン」や、自営型テレワークを始める人向けの「自営型テレワーカーのためのハンドブック」を公開している
テレワークモデル就業規則～作成の手引き～ https://www.tw-sodan.jp/dl_pdf/16.pdf 厚生労働省がテレワーク相談センターのサイトで公開している。テレワークを始めるに当たって就業規則を変更する必要があるのはどんなケースなのか、就業規則を変更する場合、どのような規定を盛り込む必要があるのかといったことを解説している。盛り込むべき具体的な規定の文例や、在宅勤務を前提にしたモデル就業規則も盛り込んでいる
テレワーク導入のための労務管理等Q&A集 https://work-holiday.mhlw.go.jp/material/pdf/category7/02.pdf 厚生労働省が公開している。企業がテレワークを導入するときに、推進担当者が抱きがちな疑問や直面しがちな課題を挙げてその答えを示している。疑問や課題は「テレワークの導入」「労務管理」「安全衛生・労災保険」「情報通信環境・セキュリティ」「国の支援制度」と多岐にわたっていて、それぞれについて解決策などが示されている
情報機器作業における労働衛生管理のためのガイドライン https://www.mhlw.go.jp/stf/seisakunitsuite/bunya/koyou_roudou/roudoukijun/anzen/anzeneisei02.html パソコンやタブレットなどの情報機器を使う作業をする人の健康を守るために厚生労働省が公表しているガイドライン。厚生労働省のWebページ「職場における労働衛生対策」の中の「情報機器作業」の項目に、ガイドラインの内容を分かりやすく解説したリーフレットや、自宅などでテレワークをする際の作業環境の整備についての資料がまとめられている
<テレワークの導入や推進に関するもの>
テレワークではじめる働き方改革　テレワークの導入・運用ガイドブック https://telework.mhlw.go.jp/wp/wp-content/uploads/2019/12/H28hatarakikatakaikaku.pdf 厚生労働省が公表しているテレワークのガイドブック。導入するテレワークの種類、企業の職種や規模によって8つのタイプに分類。それぞれで導入するとよいITを整理して示している。加えて、テレワークの導入手順や推進体制、テレワークのためのルール作りやセキュリティー対策、テレワークを推進していくための評価や改善についてもノウハウを紹介している

テレワーク導入時に役立つガイドラインの例（つづき）

中堅・中小企業におすすめの テレワーク製品一覧 第2.0版 https://japan-telework.or.jp/wordpress/wp-content/uploads/2019/05/Tool-product-list-Ver2.0.pdf 日本テレワーク協会が公開している冊子。中堅中小企業に向けて、テレワークをするうえで最低限必要なテレワーク関連ツールを紹介している。社外から社内ネットワークにアクセスできるようにするリモートデスクトップのツールや、Web会議ツール、勤怠や在席を管理するツールなどをコンパクトにまとめている
新型コロナウイルス感染症対策：テレワーク緊急導入支援プログラムのご紹介 https://japan-telework.or.jp/anticorona_telework_support/ 日本テレワーク協会のWebページ。会員企業や団体が実施している支援サービスを紹介している。Web会議、ビジネスチャット、労務管理など、様々なサービスやテレワーク環境の構築サービスなどを紹介している。期間限定ではあるものの、無料で利用できるサービスも少なくない

2020年5月時点の情報

おわりに

新型コロナウイルスの感染拡大によって人々は外出を自粛し、多くのビジネスパーソンは在宅勤務を迫られた。急だっただけに、不便を強いられた面が少なからずあった。では危機が過ぎたら、あるいは一段落したら、毎日の出社を前提とした以前のような世界がまた訪れるのか。答えはノーである。大規模災害や新たなウイルスなど新型コロナ級の問題が起こるかもしれないからだ。危機の発生を前提にした、非常時でも仕事を続けられる仕組みの確立が求められている。

今の事態が収束した後、つまり「アフターコロナ」の時代は新しい世界が広がるはずだ。人々の生活スタイル、働き方、社会の枠組みが変わり、企業は生産や販売、研究開発、事業企画など様々な機能の在り方を根本から見直すことになる。社外や取引先とのコラボレーション、顧客との接し方、情報発信の形も一変していくだろう。

そこにはデジタル技術の活用が欠かせない。最新のデジタル技術を大前提に、従来の常識や既成概念にとらわれず、人々が能力を最大限に発揮できる方法を考え、業務プロセスと商品、サービスなどの全てを再構築する必要が出てくる。出社か在宅勤務かの二者択一ではなく、テレワークと対面それぞれの良さを生かした、新しい仕事の仕方を確立した企業だけが勝ち残る。

デジタル技術の活用、仕事の棚卸しと業務プロセス変革、経営者の決断――。テレワークとはＤＸ

（デジタルトランスフォーメーション）そのものである。

本書の第1章は日経BP 総合研究所 イノベーションICTラボ所長の戸川尚樹と上席研究員の渡辺享靖が執筆した。第2章〜第4章と第6章は上席研究員の菊池隆裕と大和田尚孝、技術系デジタルメディア「日経クロステック」記者の西村崇、フリーライターの吉田洋平氏が執筆した。日経クロステックに掲載した次の「収録記事」と、同媒体編集部の西村崇、中田敦、勝村幸博、増田圭祐、島田優子、榊原康らが執筆した記事も編集して掲載した。第5章はIT企業ドリーム・アーツの伊勢川暁氏が情報化の総合誌「日経コンピュータ」に寄稿した連載「職場活性化の切り札 ビジネスチャット活用術」を再編集した。全体の企画と編集は大和田尚孝が担当した。

日経BP 総合研究所 イノベーションICTラボ所長
戸川 尚樹

■ 収録記事（本書掲載順）

「値段は高いが確かに速い、Wi-Fiメッシュネットワークを実機検証」（田代祥吾、フリーランスライター）

「沈黙が生まれるテレワークのWeb会議、仕切り役の上司に足りない『一言』とは」（天笠淳、アネックス）

「テレワークのチャット中に突然『音信不通』になる上司、原因はあの禁じ手に」（天笠淳、アネックス）

「部下のテレワークを邪魔する上司の『あの行為』、ノウハウ欠如が破綻を招く」（天笠淳、アネックス）

「テレワークで肩こり・腰痛に苦しむ人が続出、原因はズバリ『あれ』」（稲垣宗彦、スタジオベントスタッフ）

「テレワークもWeb会議もNG、変わろうとしないIT職場」（沢渡あまね、あまねキャリア工房）

「不真面目な社員は認めない、テレワーク制度でもめないルール」（杉本一裕、特定社会保険労務士／行政書士）

「必要ないのに今日もまた『テレワーク』、出社しない部下に悩む上司」（杉本一裕、特定社会保険労務士／行政書士）

「働き方改革は『隠れ残業』を生むだけ、経営者が責任持って長時間労働を是正せよ」（田中芳夫、東京理科大学大学院教授）

「『テレワークは正社員限り』、残念な制度がIT職場のチームを壊す」（沢渡あまね、あまねキャリア工房）

「テレワークでの残業が認められず、納得できないSE」（杉本一裕、特定社会保険労務士／行政書士）

「議論ばかりで前進せず、『コロナ禍テレワーク』実験で見えた問題の深層」（有賀貞一、AITコンサルティング代表取締役）

「『勝手BYOD』を始める、怖いもの知らずの新人」（岡本ゆかり、ライター）

「テレワークの強い味方、コンビニ複合機の徹底活用術」（稲垣宗彦、スタジオベントスタッフ）

「社長が『経営オンチ』だと、新型コロナ対策のテレワークもDXもできない」（白川克、ケンブリッジ・テクノロジー・パートナーズ）

■ 参考記事

「Microsoft Teams passes 44 million daily active users, thanks in part to coronavirus」（EMIL PROTALINSKI、https://venturebeat.com/）

■ 著者紹介

日経BP 総合研究所 イノベーションICTラボ

日経BP 総合研究所 イノベーションICTラボは、日経BPのICT（情報通信技術）領域のシンクタンクである。ICT企業の動向・事業強化策や、ICT利活用企業のDX（デジタル変革）戦略などについて、高度な情報収集・取材・編集・分析力を用いて、調査研究・コンサルティングを含む様々なソリューション（課題解決策）の立案・実現を支援する。

テレワーク大全
独自調査と徹底取材で導くアフターコロナ時代の働き方

2020年 6月 8日　第1版第1刷発行
2020年 8月 3日　第1版第3刷発行

著者　日経BP 総合研究所 イノベーションICTラボ
発行者　小林暢子
発行　日経BP
発売　日経BPマーケティング
〒105-8308
東京都港区虎ノ門4丁目3番12号
装幀　小口翔平＋岩永香穂（tobufune）
制作　クニメディア株式会社
印刷・製本　大日本印刷株式会社

本書籍に関するお問い合わせ、ご連絡は下記にて承ります。
https://nkbp.jp/booksQA

ISBN978-4-296-10687-5